本书由山东警察学院国家级一流本科专业（经济犯罪侦查专业）
建设经费支持。

网络非法集资犯罪的预警监测与
安全治理

潘璐　著

现代出版社

图书在版编目(CIP)数据

网络非法集资犯罪的预警监测与安全治理 / 潘璐著
. -- 北京：现代出版社，2021.10
ISBN 978-7-5143-9614-0

Ⅰ. ①网… Ⅱ. ①潘… Ⅲ. ①互联网络 – 金融诈骗罪
– 预测 – 中国②互联网络 – 金融诈骗罪 – 治理 – 中国
Ⅳ. ①D924.334

中国版本图书馆CIP数据核字(2021)第209196号

WANGLUO FEIFA JIZI FANZUI DE YUJING JIANCE YU ANQUAN ZHILI

网络非法集资犯罪的预警监测与安全治理

作　　者	潘　璐
责任编辑	刘　刚
出版发行	现代出版社
地　　址	北京市安定门外安华里504号
邮政编码	100011
电　　话	010-64241641　64245264（传真）
网　　址	www.1980xd.com
电子邮箱	xiandai@cnpitc.com.cn
印　　刷	三河市百福春印刷有限公司
开　　本	787毫米×1092毫米　1/16
印　　张	14
字　　数	212千字
版　　次	2021年10月第1版　　2021年10月第1次印刷
书　　号	978-7-5143-9614-0
定　　价	78.00元

前　言

随着信息时代的发展，我国金融改革不断深化，金融市场创新发展迅猛，行业混同迹象日益突出，行业监管和治理难度加大。伴随着互联网高效便捷的普及应用，民间借贷行业逐渐由传统的线下转为向线上迁移。网络非法集资作为非法集资发展演化中的升级版，迅速借助网络空间恣意蔓延，其中以网络借贷、股权众筹和以区块链虚拟货币名义实施的非法集资犯罪最为严重。

近年来，金融监管部门研究行业状况总结监管漏洞，金融法制也紧跟时代积极变革，一系列金融监管政策密集出台，坚决抵制打着金融创新旗号的"伪创新"，吸收借鉴不同国家的先进成果，利用大数据、云计算技术发展，摆脱过去信息孤岛式的风控体系，利用区块链、人工智能等新兴技术将保障金融安全提升到国家战略高度。紧跟互联网金融潮流的变迁，升级网络非法集资预警监测手段，以"依托数据、社会联动、综合治理、打防一体"为基本思路，在先进信息技术及多层次保障体系的基础上，利用刑事立法和刑事司法来促进智慧金融的创新和有序发展。搭建"科技助防、政府督防、民众自防、立体布防、高压设防"的网络非法集资犯罪多面立体化防控体系，形成全方位的网络非法集资犯罪安全治理新格局。

《网络非法集资犯罪的预警监测与安全治理》一书是山东省社会科学规划研究项目"山东省互联网金融犯罪防控体系研究"课题（编号：17CHLJ26）和山东省软科学研究计划项目"网贷平台非法集资的数据化排查方法"（编号：2018RKB03006）的研究成果。课题组研究人员由该领域的专家教授，公安机关、省地方金融办等部门的一线人员和其他研究人员组成，多次召开课题的学术研讨会以及书稿修订会，大家在研究探讨中不断交流、相互切磋。本书由潘璐老师主笔，负责构建全书的框架结构，并对全文进行了多次修订和整体把握。全书按照一定的逻辑关系布局而成，共分为三部分六个章节：

第一部分包括第一章、第二章，是网络非法集资的基础理论研究。全面系统梳理网络非法集资犯罪研究的背景和意义，通过对网络非法集资犯罪概念、特点的比较研究，有针对性地分析了网络非法集资犯罪常见的各类行业生态、行业特征及其民事和刑事风险。

第二部分包括第三章、第四章，厘清在网络融资领域不同业态的合规与违规、罪与非罪的界限。研究思路是全面分析当前网络融资行业风险专项整顿的现状，汇总近年来行政监管部门陆续出台的行业法规，辩证思考网络融资创新、风险与犯罪之间关系。从刑事司法角度具体研究非法集资罪与非罪的界限，介绍了网络借贷、网络众筹和虚拟货币领域内可能存在的刑事法律风险以及相应违法犯罪的侦查取证。

第三部分包括第五章、第六章，分别介绍了网络非法集资犯罪预警监测和安全治理问题。第五章是对网络非法集资犯罪预警监测研究，从大数据和人工智能预警的可能性分析入手，通过对大数据预警的核心要素和区块链技术整合金融大数据角度概括了基于大数据的网络非法集资预警体系的框架；在人工智能预警方面以P2P为例，借助机器学习算法研发P2P网络借贷非法集资监测预警系统，实现对非法集资网贷平台的数据化监测和预警排查。第六章关注的是网络非法集资犯罪安全治理问题。

以上是本书的基本框架，课题组成员在做了大量调查与研究的基础上，充分结合实务经验，将主要的观点呈现。在本书的完成过程中，特别感谢山东省经侦总队、山东省金融办、北京市公安局经济犯罪侦查总队、浙江省公安厅经侦总队金融犯罪侦查支队、中国互联网金融协会、北京金信网银金融信息服务有限公司等单位领导、战友的大力支持，不断地丰富充实互联网金融案件的办案经验，有助于本书中的各个难点和重点问题的深入研究。要衷心感谢山东警察学院经侦系的领导和同事们的关心、支持和帮助，为课题的研究和本书的写作提供了方便，没有你们的支持我将难以将研究和写作进行到底。

由于研究时间所限，再加之经济社会发展迅速，书中不足之处在所难免，我们衷心欢迎理论界和实务界同人批评、指正。

潘　璐

2020年3月

目 录

第一章 导 论

1.1 网络非法集资犯罪研究背景及意义

1.1.1 网络非法集资犯罪爆发式增长的时代背景

《资本论》一书将资本定义为："用于剥削雇佣工人而带来剩余价值的价值，它体现着资本家和雇佣工人之间的剥削和被剥削的生产关系。"[①]因为意识形态、政治经济制度、思想认识等原因，国人对资本的认识很长一段时间都停留在这一水平：资本是资本主义特有的范畴，社会主义应当将其排除在外。邓小平在1990年12月指出："我们必须从理论上搞懂，资本主义与社会主义的区分不在于是计划还是市场这样的问题。社会主义也有市场经济，资本主义也有计划控制。"[②]打破了人们思想中"姓社还是姓资"问题的束缚，各界开始更深入地关注和探讨资本主义和社会主义的差别问题。随着我国改革开放逐步推进，国人对一系列基础经济理论范畴，诸如资本、剩余价值、利润、劳动力商品等的认识已发生改变。"资本"这个词相继出现在党和国家的重要文件中，也出现在国家的法律规范中。1993年11月党的十四届三中全会通过的《中共中央关于建立社会主义市场经济体制若干问题的决定》就明确提出要建立"资本市场"，1993年12月29日第八届全国人民代表大会常务委员会第五次会议通过的《中华人民共和国公司法》（以下简称《公司法》）也使用了"资本"一词，党的十六大进一步肯定性提出了"资本的活力"，要求放宽民间资本的市场准入领域。国人逐渐接受资本概念，并对其认识越来越深刻，在我国也出现了"民间资本""外国资本""国有资本""集体资本"等词语，资本市场逐渐发展和完善。

---

①马克思，恩格斯：《资本论》，人民出版社，1975年。
②邓小平：《邓小平文选（第3卷）》，人民出版社，1993年。

1. 传统金融机构供给乏力

从供给端出发，传统金融机构由于存在资源配置效率低下、成本高昂、服务层次单一等问题，面临金融资源供给乏力的困境。长期的供给乏力在互联网高速、便捷的时代背景下愈加突显，传统金融机构的创新业务愈加滞后于数字经济的发展步伐和用户消费方式的改变，用户对传统金融体系的不满成为金融创新的重要动力。

（1）金融资源配置效率低下

一般地，金融资源配置效率的高低可以从储蓄投资转化率、M2/GDP指标两方面得出初步判断。从储蓄投资转化的角度看，传统机构由于存在较大程度的垄断性，导致储蓄转投资途径单方面依靠银行信贷，大量资金沉淀在国有商业银行等金融机构，并未有效转化为生产性资金。而从M2/GDP指标角度看，广义货币M2的存量与GDP之比居高，通常反映出货币供应量超过经济增长的实际需要，经济增长表现出明显的信贷推动特征，运行效率低下。以我国为例，2014年中国M2/GDP指标已接近200%，在世界主要经济体中最高，通过变革以实现金融资源配置效率提升迫在眉睫。

资源配置效率低下的原因众多，包括传统金融机构历史路径依赖、组织形态庞杂等。其中较为突出的是源于传统金融机构保有较强风控意识，对风险采取零容忍的态度，这往往会牺牲效率。为规避个人操纵风险，往往导致金融各个部门分工审批程序繁复。而为避免操作性风险，常导致工作人员谨小慎微，甚至会牺牲部分用户体验以及经营效益，以达到控制风险的目的。比如实体零售银行线下排队取号、叫号耗时过长；用户须反复填写、修改各项表格；柜台工作人员缺乏耐心；等等。对风险的过度把握以及对细节的过分追求，无疑会导致效率下降、客服体验欠佳等现象的发生。

（2）金融资源供给成本高昂

高昂的成本源于两个方面：一是传统金融机构需要凭借垄断地位和利差保护政策取高额的垄断利润；二是资本经营收益及日常运营需承担高额的成本。

传统金融机构本身具有偏高的利润率，与非金融部门之间利润率差距巨大。根据美国《财富》杂志发布的《财富：2013世界财富500强》报告显示，中国商业银行有9家榜上有名，且利润率均在20%以上，其中工商银行利润率最高，达到28%、29%，此外，传统金融机构会出于避险意识而提高风险溢价，避险意识本身是十分必要的，但由于信息的不对称性，传统金融机构充分了解中小微企业的真实信息是非常困难的，这意味着金融机构风险意识的抬升，以及自身风险偏好的下降，并造成一系列的问题。例如，不少银行在为企业提供贷款时，不仅需要满足严格的担保要求，甚至需要联保或者互保，导致个别银行的风险有所下降，但整个银行体系的系统性风险却有所提升，过高的风险意识必然会导致融资成本的上升，抬高风险溢价，抑制实体经济的发展。

传统金融机构的经营及日常运营也均需要承担高额的成本。从资本经营收益的角度看，实体网点扩张是传统金融机构经营收益提升的方式之一，而网点的铺设需要高额的资金投入，从日常运营的角度看，传统机构在金融信息的甄别、匹配、定价、交易等日常运营中需要耗费大量成本，而其扮演国家经济的中介人的角色，具有信用中介、支付中介、信用创造、金融服务等职能，也需要承担资本金管理、贷存比管理等诸多方面的资金成本，并且，传统金融机构经营成本总体呈现出持续上升的趋势，以银行为例，大部分银行在竞争中采取了价格策略和费用策略，前者会增加银行的利息支出，后者则会增加银行的营销支出。

（3）金融服务层次单一

传统金融体系以标准化的金融产品为中心，存在以标准化产品解决个性化需求的矛盾，且提供的服务往往是后延的、被动的，在灵活性、便利性等方面难以满足用户的需求。又由于相比网点铺设需要的高额资金投入和运营成本，以及有限的扩张和资本的优化是传统金融机构更为有效的收益方式，传统金融偏向于设立较高的准入门槛，聚焦于"20%"的高净值用户，大力开展优势资本的专业化运作，服务的对象大多是具有良好信用基础的高价值用户，对广大的小额金融需求用户则无暇顾及造成中小微企业、个人消费信贷融资难，融资贵等问题。

2. 消费者金融服务需求高速

从需求端看，传统金融往往聚焦于最有购买力的"20%"高价值用户，忽视"80%"普通用户的基础金融需求，据世界银行估算，直到2014年全球仍有近20亿人无法获得基础金融服务，但这些人往往同样保有较高的金融服务需求，以我国为例，据波士顿咨询公司2013年全球财富管理数据库的统计显示，财富水平较低（金融资产少于10万美元）的家庭数占中国内地家庭总数的94%，这部分"长尾"群体通常达不到传统金融机构的理想门槛，缺乏有效的抵质押物和完善的信用记录，也缺乏专业的知识和经验。由于缺乏投融资渠道，只能选择基础的储蓄服务，并难以获得银行贷款。

一方面，最具代表性的是中小微企业融资难、融资贵的问题。中小微企业由于固定资产不足、经营规模较小、内部制度不完善等原因，一般无法进入股市或债市进行直接融资。又由于信息不对称、信用度较低、道德风险相对较高，难以通过商业银行获得货款。与此同时，中小微企业作为国内数量最大、最具创新能力的群体，在促进经济增长、推动创新、增加税收、吸纳就业、改善民生等方面具有不可替代的作用，其所获得的金融服务与其切身需求及在国民经济中的贡献度均是不相匹配的。融资难、融资贵不仅使企业融资需求无法得到满足，更严重制约着企业的创新和持续发展，进而影响整体经济的平稳、健康发展。传统金融未能满足中小微用户的庞大金融需求，而这些微小的金融市场恰恰代表了大部分的金融需求，聚沙成塔可产生与主流相匹敌的能量。

另一方面，随着全球范围内经济的发展及生产力水平的提升，居民可支配收入持续增加，越来越多的家庭正从"温饱型"向"小康型"过渡，财富的积累亟须寻求保值增值的投资渠道，并希望决定和主导自己获得的金融服务及投资决策，而传统金融机构更多的是依靠信息不对称、资源不对称等赚取利差，忽略了服务功能的差异化和创新化发展，导致金融服务无法有效满足高净值用户日益多样化的需求，进而倒逼整个金融行业的变革。伴随着信息技术高速发展，用户更追求操作透明、便利快捷，低成本、高回报的金融服务，用户更希望能够随时随地享有金融服务和产品，更需要个性化、生活化的金融服务，这些都迫使传统金融机构尽快改革。

3. 中国资本市场监管不足

资本市场参与主体复杂多样，交易形式也形态各异。对于资本市场的监管也非常复杂。从目前来看，我国当前主要从法律监管、业务监管、资格准入管理三个角度实现对资本市场的监管。

（1）法律监管。我国现行的资本市场法律体系从指定主体来看，首先，国家法律，如《中华人民共和国证券法》（以下简称《证券法》），《中华人民共和国公司法》等；其次，行政法规，如《中华人民共和国外资金融机构管理条例》《金融资产管理公司条例》等；再次，部门规章，如《证券交易所管理办法》《证券投资基金运作管理办法》等；最后，其他规范文件，如《关于上市公司重大购买、出售、置换资产若干问题的办法》《证券公司内部控制指引》等。以上这些法律法规是资本市场有序规范化运行的法律制度基础，通过法律法规实现对金融业态准入资格的审核确认，才能够规范各类资本经营行为，形成合理公平竞争氛围。

（2）业务监管。中国证监会对证券公司进行严格的自营业务监管、经济业务监管和机构风险控制管理，中国银保监会统一监管银行业和保险业，防范和化解金融风险，维护金融稳定等。

（3）资格管理和准入。我国现行的资本市场监管体制是在分业集中监管的前提下，由财政部、中国人民银行实行适度的统一监管。如各地市证券公司或类似金融机构必须经中国人民银行审批才可获得《经营金融业务许可证》；为了提高证券从业队伍人员专业素质，证监会施行严格的证券从业人员资格管理。

然而，目前中国资本市场的基本特征是"新兴加转轨"，处于发展的初级阶段，与资本市场成熟发展的国家还有很大的差距，自身也存着很多问题，例如主板市场与其他市场地位差距悬殊，仍然以全国性的资本市场为主，其他市场相对狭窄；场内市场相对完善发展迅速，区域性和场外资本市场发展滞后、监管滞后；市场层次设置相对滞后，无法满足交易双方多样化的需求；监管制度有待完善，监管的有效性和执法效率有待提高。其中资本市场法律监管体系存在的问题比较严重，最突出的就是有关资本市场的相关法律、法规不健全。中国资本市场起步晚，走的是"先起步后完善规范发展"的道路，因此出现了金融市场法制建设滞后于市场发展的局面，由此也出现了诸多问题。一是金融资本市场中法律文件层级较低，缺少国家立法的法律，如期货和国债的法律尚未出台，使得相关业务活动无规制。二是目前的法律法规之间存在相关名词涵盖不统一，管理权限和要求之间存在结构层次上的矛盾。据统计，目前中国有关金融资本市场的法律法规和规范性文件有三百多件，其中全国人大及其常委会和国务院制定的法律和行政法规所占的比重不足10%。法律文件整体等级效力低，缺乏权威性，规范性文件之间存在矛盾，监管法律法规存在缺陷，实际操作性差，难以为资本市场有效运行提供强有力的法律保障。例如，国家对上市公司退市问题存在法律盲点，难以准确把握执法尺度；《证券法》没有明确对证券监管部门进行监管，以及由谁来监管等。三是在刑法规制方面，很多有关资本市场犯罪的规定在司法实践中往往被混淆使用，有些执法人员、司法人员对相关问题缺乏明确的认识。四是对涉及投融资的金融机构和相关组织的成立、运行、信息披露、信息查询等方面制度建设落后，监管不到位或多头监管。而且对投融资行为的正面引导不足，多层次资本市场构建和完善仍然滞后，再加上对防范网络非法集资犯罪的社会宣传效果都不够理想，使这类违法犯罪呈爆发式增长。

近年来，随着国家战略计划"互联网+"技术的多触角深度发展，网络借贷、网络众筹利用覆盖面广泛、平台操作便利等优势，拓展了资金融通、支付和信息中介功能，便捷高效地解决了民间借贷需求，触动了中国金融格局，创新了金融思维理念。但由于行业发展迅猛而缺乏规制，导致集资跑路等恶性事件频发，资本市场的发展加上监管不力，导致资本市场出现了一系列极端现象。例如席卷全国乃至扩展到美国的"炒房"运动，以及"炒煤""炒绿豆""炒黄金"等极端市场现象，反映了社会对逐利的普遍追求，而其带来的负面影响也应该反思对这种"炒制"应不应该限制。目前互联网金融快速发展，金融创新产品频繁更迭，导致实际的产品、经营模式与已有法律法规脱节，成为监管套利的工具、风险的导火线。这种逐利越发没有底线，当房子、煤矿、绿豆、黄金等达不到逐利预期时，民间借贷、民间融资成了新的逐利场。在追逐暴利的过程中，个人和企业逐渐丧失了底线，迷失了方向。在这个过程中，一些犯罪分子见有机可乘，突破法律和道德底线追求利益，而一些投资者或借款人也因为高收益、高回报，无视其中的风险。二者因逐利出现交集，产生犯罪，这反映了当今社会价值的变迁，拜金主义影响下逐利无限化，反映了社会的病态心理，也催生了大量集资型犯罪行为。

透过表面现象看清业务实质，综合全流程来认定业务属性，开展业务的实质应符合取得的业务资质。整治重点和难点是问题较多的网络借贷平台、股权众筹和虚拟货币，网络融资平台需要打破刚性兑付和期限错配问题，平台资金必须委托第三方机构托管，杜绝资金池问题；不得绕道将银信业务资金违规投向限制或者禁止领域，导致资金去向不明，风险状况不清楚等诸多问题。①全国拉开一场对众多网络借贷平台运营情况地毯式的摸底排查，对问题网贷平台进行预警和停业整顿。近年来发生了多起震惊全国的网络非法集资案件，这些案件触动着国人的神经，也使各界对网络非法集资犯罪深感震撼，对投资境遇和种种问题深感忧虑，网络非法集资犯罪的预警监测和安全防治工作受到社会各界的重视。

1.1.2 网络非法集资犯罪研究意义

1. 理论意义

在欧美等金融市场较为成熟的地区，互联网技术早在20世纪90年代就实现了与传统金融业务的迅速融合，成为金融业务不可或缺的部分。部分国家通过设立专门网络融资监管部门或者通过发放机构业务执照实施监管，美国实行注册制度，并且在2012年通过JOBS法案，通过立法规范了众筹市场发展。近十年来，我国大多数学者的研究集中于网络借贷平台风险监管角度，如银监会政策研究员张晓朴《网络借贷监管原则》（2014年第二期《金融监管研究》）通过梳理网络借贷起步较早的发达国家监管经验，提出有效的网络借贷新监管原则和模式；杨东，文诚公著《互联网金融风险与安全治理》，从建立数据信息共享机制、构建风险防控平台、统一的犯罪线索管理系统等方面构建网络非法集资经济犯罪的预警监测机制；李为民，单家和《P2P平台集资犯罪的司法治理——以浙江省29个涉案P2P网贷平台为例》（2017年第278期《中国检察官》），从网贷平台司法治理角度的研究，如提出规范市场准入秩序，发挥信息工具的预警作用，构建有效保护投资者权益的融合型网络借贷法律规制体系；也有从网络借贷平台预警角度的研究，如张颖，黄洁婷，

---

① 戴新福，胡斌勇，袁维：《互联网金融发展现状与经济犯罪风险防范》，载《上海公安高等专科学校学报》2015年第2期。

贺正楚《基于非线性组合模型的P2P网贷平台危机预警研究》（2017年第6期《财经理论与实践》），通过业内门户网站、网贷之家、网贷天眼数据收集。选取平台每日成交量、平均利率、投资人数、平均贷款期限、借款人数、累计待还金额等指标作为危机预警的指标，通过领域粗糙数据收集进行指标约简后得到相应指标体系。李森林《构建经济犯罪预警机制的思考》提出以情报信息为重点，以执法协作为基础，搭建以网络主体为基础的经济犯罪预警信息平台；吴建卫，李善娟《经济犯罪预警机制建设浅探》通过对经济犯罪预警机制的紧迫性、建立依据的分析，提出经济犯罪预警机制建设的主要内容；赵芳《经济犯罪动态分析与防范对策——广东经济犯罪实证研究和特点分析》结合对广东经济犯罪现状与特点的分析，提出联合全社会力量、建立经济犯罪预警防控体系等对策；王龙等《信息化背景下经济犯罪预警系统的建立》提出建立在信息化基础上的经济犯罪预警系统，充分履行打击、服务、参谋职能；陈金英，唐丽玉《基于Sniffer的网络经济犯罪预警系统设计》通过嗅探器Sniffer收集公民通信数据，利用分词检索技术，研究设计网络经济犯罪预警系统。

2. 政策和现实意义

纵观研究现状，在近两年严苛的"穿透式"金融监管背景下，研究网络非法集资犯罪预警防控对策和安全治理对策的研究项目寥寥无几，但这个研究领域可以高效精准发现案源，按照早预警早打击的方针，快速打击网络非法集资，降低涉众型非法集资对地区经济造成的恶劣影响，也可以有效地从大数据风险评级和风险管理的安全治理角度提出治理对策。研究从有效利用互联网大数据信息技术的角度出发，通过公安一线联合调研，了解网络融资业务发展状况和网络非法集资犯罪样态，梳理归纳有非法集资嫌疑的网络融资平台的数据化特征，并应用数据化侦查手段提出网络融资平台非法集资的预警防控对策，具有较为独特的学术价值。

目前的网络融资监管政策层出不穷，利用大数据手段研究网络非法集资犯罪预警监测和治理对策方面的研究就更加欠缺，相关的专著和文章并不丰富，现有的研究成果也大都是对国外已有方法的简单借鉴，没有数据化预警和治理对策方面的深入研究。本课题将从目前网络集资监管要求入手，分析近年来网络融资行业发展新特点，研判问题网络融资平台违法违规的各种运作样态，梳理归纳有非法集资嫌疑的网络融资平台的数据化特征，并应用数据化侦查手段提出网络融资平台非法集资的排查方法。在过去打击普通金融犯罪的有效方法基础上，拓展思路，从有效利用互联网大数据信息技术的角度，探索一条整体布防、大数据预防、信用助防、法制设防、民众自防的网络非法集资犯罪立体化防治体系。在理论上，展开网络融资平台风险预警防控对策的专题研究，将在抑制网络非法集资犯罪方面具有较高应用价值。

1.2　研究综述

研究发现有关网络非法集资的论文发文量与国家互联网的相关政策的完善密切相关。中国数字经济政策在早期以信息化建设和鼓励电子商务发展为主，自2015年起"互联网+"相关政策呈现井喷式增长，网络非法集资犯罪也呈现泛滥增长，同年《关于进一步做好防范和处置非法集资工作的意见》出台并实施，从法律角度规制网络集资行业发展，网络非法集资的犯罪数量急剧增长的势头才得到初步遏制。

截至2020年3月31日，在中国知网搜索"网络非法集资"的文献，共有214篇。结合关键词分析，涉及网络融资、股权投资、区块链领域的研究文献有192篇，占到了90%左右。反映了近年来网络融资、股权投资、区块链领域的非法集资犯罪问题是学术研究热点。

民间融资和非法集资之间存在长期的协整关系，近年来，受社会发展趋势和政策导向的影响，民间借贷逐渐向线上迁移，由此而使网络非法集资趋势越发严重。但是国内外关于网络融资平台风险量化监测预警防控的研究文献较为缺乏，且应用场景大多集中于控制金融风险的行政监管层面，从公安机关非法集资的刑事打击层面研究网络融资平台非法集资犯罪风险的监测预警模型还处于尝试阶段；针对网络非法集资犯罪数据预警防控对策研究更是处于空窗期，现有文献研究明显不足，迫切需要研究跟进和突破。

针对网络非法集资安全治理对策方面的研究，彭冰认为，现有的集资活动定性存在争议，目前的处置制度不能准确界定集资活动的违法性，以非法吸收或者变相吸收公众存款定性和处理所有的非法集资行为，实际是以间接的融资手段处理了所有直接融资问题，没有为民间融资的合法化预留空间，也无法实现保护投资者的目标。建议扩大直接融资监管领域，扩大《证券法》的适用范围，使现实中花样翻新的各类集资活动归类纳入监管范围。[①]熊迟认为，非法集资严重威胁社会稳定和经济发展，根据对九大类非法集资案例的总结与特征分析，处置非法集资问题应当健全工作机制、加大监测预警、完善法规制度、提升宣传效果、改革金融服务。[②]黄韬认为，治理非法集资的刑事司法实践活动反映了我国当下金融刑法规范的诸多不足，具体表现为罪刑法定原则和罪责刑相适应原则没有很好地得到落实，同时还存在对正常民间融资活动扩大打击面的倾向。[③]丁建臣，刘亚娴认为，20世纪90年代以来，政治经济制度变迁与非法集资呈现出较强关联性，非法集资大案要案频发，政府、金融机构、企业、家庭等部门都难辞其咎，转变政府职能、完善法制建设、提升监管能力、创新金融制度、转变企业经营方式成为有效处置非法集资的重要途径。[④]闵钐，朱亮认为，非法集资案件频发的原因在于投资渠道狭窄、企业融资困难、社会存在暴富冲动、群众难以识别集资行为、缺乏监管预防机制等，并提出了扩宽融资渠道、明确监管主体、加强风险控制和强化责任追究、增强宣教、强化服务、审慎刑事打击等六个方面的对策建议。[⑤]

通过以上的文献梳理，笔者发现，目前针对网络非法集资预警防控和安全治理对策问题的研究尚有留白，仍有较大的研究价值。网络融资作为市场融资发展阶段化的一个产物，情况日益恶劣和严峻。面对网络非法集资常态化的现状，笔者认为有必要将网络非法集资的预警防控和安全治理对策作为专门课题研究。

[①]彭冰：《非法集资活动规制研究》，载《中国法学》2008年第4期。

[②]熊迟：《处置非法集资问题探析》，载《中国证券期货》2012年第11期。

[③]黄韬：《刑法完不成的任务——治理非法集资刑事司法实践的现实制度困境》，载《中国刑事法杂志》2011年第11期。

[④]丁建臣，刘亚娴：《非法集资与金融制度》，载《社会科学辑刊》2012年第6期。

[⑤]闵钐，朱亮：《非法集资类案件实证研究——以江苏省S市数据为基础》，载《中国刑事法学杂志》2013年第1期。

1.3 研究成果的框架与创新之处

近年来，金融监管部门研究行业状况总结监管漏洞，金融法制也紧跟时代积极变革，一系列金融监管政策密集出台，坚决抵制打着金融创新旗号的"伪创新"，吸收借鉴不同国家的先进成果，利用大数据、云计算技术发展，摆脱过去信息孤岛式的风控体系，利用区块链、人工智能等新兴技术将保障金融安全提升到国家战略高度。紧跟互联网金融潮流的变迁，升级网络非法集资预警监测手段，以"依托数据、社会联动、综合治理、打防一体"为基本思路，在先进信息技术及多层次保障体系的基础上，利用刑事立法和刑事司法来促进智慧金融的创新和有序发展。搭建"科技助防、政府督防、民众自防、立体布防、高压设防"的网络非法集资犯罪多面立体化防控体系，形成全方位的网络非法集资犯罪安全治理新格局。

1.3.1 研究框架

第一部分包括第一章、第二章，是网络非法集资的基础理论研究。全面系统梳理网络非法集资犯罪研究的背景和意义，通过对网络非法集资犯罪概念、特点的比较研究，有针对性地分析了网络非法集资犯罪常见的各类行业生态、行业特征及其民事和刑事风险。

第二部分包括第三章、第四章，厘清在网络融资领域不同业态的合规与违规、罪与非罪的界限。研究思路是全面分析当前网络融资行业风险专项整顿的现状，汇总近年来行政监管部门陆续出台的行业法规，辩证思考网络融资创新、风险与犯罪之间关系。从刑事司法角度具体研究非法集资罪与非罪的界限，介绍了网络借贷、网络众筹和虚拟货币领域内可能存在的刑事法律风险以及相应违法犯罪的侦查取证。

第三部分的第五章和第六章分别介绍了网络非法集资犯罪预警监测和安全治理问题。第五章是对网络非法集资犯罪预警监测研究，从大数据和人工智能预警的可能性分析入手，通过对大数据预警的核心要素和区块链技术整合金融大数据角度概括了基于大数据的网络非法集资预警体系的框架；在人工智能预警方面以P2P为例，借助机器学习算法研发P2P网络借贷非法集资监测预警系统，实现对非法集资网贷平台的数据化监测和预警排查。第六章关注的是网络非法集资犯罪安全治理问题，尝试搭建"科技助防、政府督防、民众自防、立体布防、高压设防"的网络非法集资犯罪多面立体化防控体系，形成全方位的网络非法集资犯罪安全治理新格局。

1.3.2 创新之处

本课题将从目前网络集资监管要求入手，研判近年来网络集资行业发展新特点，分析问题平台违法违规的各种运作样态，梳理归纳有非法集资嫌疑的网络融资平台的数据化特征，并应用数据化侦查手段提出网络融资平台非法集资的排查方法，根据非法集资网络融资平台的数据化监测排查指标体系，继而采集平台数据标本建立数据模型，研判网络融资平台非法集资风险，总结网络融资平台风险预警监测方法和非法集资犯罪安全治理对策。

1. 总结归纳网络融资平台非法集资的数据化特征，有针对性提炼总结数据化监测技术，以及利用网络爬虫技术进行数据分析碰撞研判的预警排查方法。

2. 构建网络融资平台非法集资研判数据库模块，确定数据化监测网贷平台的基本指标，这也是本项目的重点和难点问题，是解决数据化预警排查的核心。基本指标是根据问题网络融资平台区别与正常平台的数据化特征比对，确定监测排查指标及指标相关度。

3. 采用随机森林算法的思想建立完整的监测预警模型。先根据无监督学习算法建模，根据样本内部特征进行初步分流，再根据有监督学习算法建模，随机森林算法在选取样本数据的时候是纯随机的，我们采用无监督学习算法进行分类，实现对数据的有针对性选取及对原始数据的最大化利用。

4. 为公安一线实战探索灵活有效的整体管控办法，包括有效利用互联网大数据信息技术提升预警防范，逐步构建并完善互联网征信体系，完善互联网经济犯罪立法，加大民众教育宣传工作力度等。探索一条侦查手段整体布防、大数据信息全面导防、法制法规高压设防、高科技信息技术有效助防、人民群众自防的网络融资犯罪立体化安全治理对策。

第二章 网络非法集资犯罪概述

  非法集资最初主要集中在保险领域、养老领域，不过近年来非法集资已逐渐披上了"互联网金融"或"金融科技"的外衣，并衍生出诸如P2P、区域链、虚拟币、相互保险、众筹、养老金融等涉网新形式，涉众性、欺骗性以及庞氏骗局等特征也越来越突出，网络非法集资领域的相关案件也呈现出高发多发特征。网络融资模式作为传统金融的"异军"就其本质而言，属于金融。它是以创新的互联网渠道发展金融业务、提供金融服务。由于网络融资交易成本低、风险分散，且不受地域空间、规模等限制，致使其在现代化信息社会中得到迅速发展。网络融资这种具有颠覆传统金融的力量在一定程度上诱发了违法犯罪对该领域的介入，其违法犯罪的发案总量呈上升趋势。根据最高人民法院的相关数据显示，2016年新发非法集资案件中，跨省案件190起，集资金额超亿元案件345起，集资人数超千人的案件235起。"E租宝案"是新中国成立以来最大的非法集资案件，涉案金额达762亿余元，集资参与人数达115万余人，涉及全国31个省份，未兑付缺口380亿余元，案件审判、处置难度非常大。"非法集资组织化、网络化趋势日益明显，线上线下相互结合，传播速度更快、覆盖范围更广，大大突破了地域界限，涉案地区快速从东部向中西部扩散，从一二线城市向三四线城市蔓延。"非法集资类案件利用参与人图利的心理，不断变换名目和花样，并且通常跟着政策的风向跑，打着投资理财、众筹、资源开发、养老等噱头，迷惑性较强。而非法集资的钱款，一般用于犯罪分子挥霍，支付前期参与人的高额利息（以吸引后来的参与人），用于企业运作、推广中的费用，还有一些被犯罪分子转移和隐匿，因此一旦资金链断裂后，追赃的难度较大。

  这些日益增加的案件不仅包括一些涉众性的，具有一定影响的社会事件，也包括因业务活动打"擦边球"或者游走法律红线，带有传染性危害金融秩序的复杂犯罪案件，尤其是涉网而伴随的涉众案件，对其潜在的风险更是疑窦丛生。本章针对网络融资违法犯罪的样态进行分析，从而探索其较为集中的违法犯罪类型，借助于对其违法犯罪的增幅与上升，引发社会各界对其带来威胁的忧虑与不罪趋势的预测，为指定刑事政策、刑事规制策略以及控制犯罪机制提供实证资料。

2.1 网络非法集资犯罪的概念

一直以来，民间融资与非法集资之间存在共生关系：民间融资利率波动会影响融资规模，民间融资规模与非法集资规模正相关，民间融资利率提高是非法集资猖獗的重要诱因。这两种行为性质截然不同不能混为一谈。民间融资是指自然人、法人或其他组织之间，在不违反法律规定前提下发生的借贷行为，是为了生产经营需要，解决资金短缺的合法民事行为，由民间自发组织形成的融资形式，只要自然人、法人、其他组织之间表示真实且不违反民法典民间借贷司法解释中关于无效合同的规定，即可认定民间融资有效。而非法集资犯罪大多向社会不特定对象募集资金，其目的通常是将吸收的资金用于发放贷款或个人非法占有牟利，从而破坏金融秩序影响国民经济的发展和社会稳定。是否向社会不特定对象募集资金以及是否以非法占有为目的是区分非法集资和民间借贷的重要界限，应坚决防止将非法集资犯罪等同于民间借贷，坚决防止非法集资活动蔓延发展。

从改革开放后，伴随着互联网高效便捷的普及应用，民间借贷行业也逐渐由传统的线下转为向线上迁移。在某市2016—2020年有关非法集资的判决中发现95%以上的犯罪分子都是通过网络化的运作方式实施的犯罪。[①]由此可见，非法集资的"网络化"趋势日益明显，其中以网络融资、股权众筹和以区块链虚拟货币名义实施的非法集资犯罪最为严重。网络非法集资作为非法集资发展演化中的升级版，迅速借助网络空间恣意蔓延。

网络非法集资犯罪是非法集资和网络犯罪交叉融合的产物，指行为人利

---

①赵文聘：《公司+网络+传销：非法集资犯罪的新模式及预防》，载《犯罪与改造研究》2014年第10期。

用计算机网络实施的违反国家金融管理法律规定，向单位或个人等社会公众吸收资金的犯罪行为。其非法集资行为既可以是全部犯罪过程都发生在线上，也可以同时跨越线上和线下两个空间。[①]近年来，互联网非法集资犯罪案件频频发生，涉案金额巨大、受害群众众多，严重危害了正常金融秩序及社会稳定。

非法集资犯罪并非《刑法》明确规定的犯罪类型，而是一个被司法解释采用[②]并在学术研究上广为使用的概念。尽管并未因为互联网金融创新而创设出新的罪名，但如何运用现有刑法理论及刑事法律法规评判互联网金融中的相关行为亦存在争议，因此，有必要厘清互联网金融领域合规与违规、罪与非罪的界限，促进行业健康发展。与非法集资相关的犯罪，主要是违反现有金融监管规则的民间金融犯罪，涉及犯罪的罪名包括非法吸收公众存款罪，集资诈骗罪，欺诈发行股票债券罪，擅自发行股票、公司、企业债券罪，组织领导传销活动罪等数种犯罪。其中，作为网络非法集资在实践中最常见的罪名是非法吸收公众存款罪，集资诈骗罪和组织领导传销活动罪。

网络非法集资犯罪的主要法律特征表现在：随着互联网时代下犯罪手段和犯罪模式的变化，犯罪目的和刑法所保护的法益并无本质的变化。从犯罪手段上看，区别于传统犯罪，从加害者与受害者多表现为一对多的侵害方式，侵害对象具有不特定性的特点，其侵害后果具有很强的叠加性。[③]这类侵害多重法益的犯罪，不仅直接损害当事人的合法财产权益，也威胁到金融秩序乃至社会稳定。因此，我国刑法对金融犯罪往往采取严厉的打击手段。借助互联网金融创新模式进行的犯罪对传统金融刑事立法和执法提出了新挑战。

2.2 网络非法集资犯罪的特点

我国网络融资行业发展乱象丛生，有些网络融资平台先兼并一些中小企

---

①单丹，王锑：《大数据在网络非法集资案件侦查中的应用》，载《中国人民公安大学学报（社会科学版）》2017年第4期。

②最高人民法院于2010年11月22日发布的《关于审理非法集资刑事案件具体应用法律若干问题的解释》。

③单丹：《网络非法集资案件侦查研究》，中国人民公安大学出版社，2019年。

业为自己的融资对象，再通过编造资金用途包装成借款人，把虚假的借贷标的信息发布在平台上，通过大肆广告宣传或者请名人站台，以高息为诱饵，诱骗公众资金聚集，待吸收了大量公众资金后，采用借新债还旧债的庞氏骗局手法，都是假借网络融资名义的非法集资。所以目前，非法集资犯罪呈现了非法集资网络化和网络非法集资常态化的趋势。

近几年面对网络融资各种乱象，针对网络融资监管整治力度也是空前，相关政策密集出台，网贷行业迎来大洗牌。从2012年到2018年六年时间，P2P在中国经历了一轮从天堂到地狱的轮回。2012年P2P网贷平台起步阶段，全国P2P网贷机构不到150家，不到三年的时间迅猛增至3400余家，三年间数量增长了22倍之多。①中国一跃成为全球最大的P2P市场，平台数量全球第一，交易额是美国的数倍。在网络融资行业野蛮增长的背后的金融风险也越来越大，由于早期行业发展盲目无序，行业监管措施滞后，造成网络融资乱象丛生。

2015年一直在裸泳的网络融资行业正式进入整顿洗牌阶段，全国拉开一场对网贷平台数量和运营情况地毯式的摸底排查，在这场轰轰烈烈的网贷行业大洗牌中，P2P非法集资风险也进入集中爆发期。根据公安部通报，仅2018年全国"爆雷"平台总数达到284家，利用P2P网络融资实施非法集资类犯罪涉及全国投资人数达六百万余人，涉案的集资金额约4000亿元。这类非法集资涉众范围大，造成的社会经济损失都极其惨痛。近年来网络非法集资的平台呈现以下八大特点：

1. 与监管政策相悖

网络融资行业处于野蛮生长状态之时，央行已为其划定四条监管红线——平台本身不得提供担保，不得归集资金搞资金池，不得非法吸收公众存款，更不能实施集资诈骗。凡是与上述红线相左的平台，都是处于重大雷区。比如，平台本身为投资提供本息担保的模式已经被监管层明令禁止。即使是第三方的担保或者是其他组合形式的担保，其实都蕴含着相当的风险。据数据显示，大部分中小平台的第三方担保公司，均是"某某信用担保公司"

---

①网贷之家：网贷数据 https://shuju.wdzj.com/industry-list.html。

"某某投资管理公司"等非融资性的担保公司，这种非融资性的担保公司其担保能力堪忧。比如，某中型网络融资平台上运营着近7000万元的贷款项目，均由一家投资管理公司提供担保，但该担保公司注册资金仅1000万元。而根据其社保信息，该公司正式员工只有4人。这种担保公司的担保信用堪忧。

2. 单笔融资借款金额巨大

如果网络融资平台单笔借款金额过大，借款人或借款机构过于集中，只要有一单大额借款发生偿债风险，对网络融资平台的冲击都将十分巨大。况且，在网络融资平台进行融资的大额借款项目，几乎都是无法通过银行风控的项目，坏账风险本身就很高。2016年8月24日银监会、工信部、公安部及网信办联合发布《网络融资信息中介机构业务活动管理暂行办法》（以下简称《办法》），2015年12月，国务院法制办网站上发布了该管理办法的征求意见稿，经过8个月的反复讨论，网贷管理办法最终落地成型。并给予了12个月过渡期的安排，在过渡期内通过自查自纠、清理整顿、分类处置进一步净化市场环境，促进机构规范发展。《办法》定位于把网贷限定在普惠金融领域，对融资限额规定：单个自然人在同一平台融资金额不超过20万元，单个法人或其他组织在同一平台融资余额不超过100万元，单个自然人在不同平台融资的总金额不超过100万元，单个法人或其他组织在不同平台融资总金额不超过500万元，这一规定对一些网贷机构产生不小影响。《办法》已经明确，网贷机构不得将融资项目进行拆分来规避网贷借款上限的限制，网贷机构规避借款上限的难度陡增，以大额融资标的为主的网贷平台将面临较大的业务调整压力。银监会也表示，希望网贷机构与传统金融机构相互补充、相互促进，在完善金融体系，提高金融效率，弥补小微企业融资缺口，缓解小微企业融资难以及满足民间投资需求等方面发挥积极作用。

3. 担保机构实力偏弱

采用担保也是网络融资平台较常见的运营模式。引入第三方担保公司进行风险保障的模式，项目如期偿付，各方相安无事。一旦发生到期风险，如果担保公司又没有实力进行垫付，最终埋单的还是投资人。届时平台的信誉也将大打折扣。实际上，不同的担保机构在资质、信誉、担保实力方面都大相径庭。一旦在选择合作担保公司时，没有仔细甄别，引入了实力不足、信誉不佳、资质不全的担保机构，就犹如在市场中裸泳。

从担保方风险来看，担保公司跑路的原因主要有以下几条：手里担保金额太多，不想长久经营，卷款跑路，涉嫌集资诈骗；亏损太大，难以偿付，跑路躲债涉嫌非法吸收公众存款；违法经营，跑路逃避法律制裁，涉嫌非法从事金融业务、高利贷。首先，担保公司跑路，债务关系不会消失。担保公司在合同中扮演的是担保方，而借贷双方的债务关系不会因为担保方的跑路而消失，债务关系依然存在。其次，通过公证申请强制执行。有公证书每一笔投资担保不必通过法院判决即可申请强制执行，投资人的权利可以得到加强。最后是赔偿准备金。担保公司要把一定比例的"赔偿准备金"存在指定的银行账户，担保公司由于担保能力有限，实际并不能为平台兜底，只要是网络融资平台不出问题，单纯的担保方出现问题对投资人的影响并不是很大。

从担保公司角度分析，第三方担保中的担保方主要是些融资性担保公司、小额贷款公司、典当行、融资租赁公司、商业保理公司，非主流的有投资担保公司、资产管理公司、投资公司，甚至某某贸易公司。非主流的这些第三方担保方由于没有注册资金、团队人员行业经验等限制，也没有实质信息披露，担保可靠性根本无从考证，很多问题平台混淆第三方担保的概念，让投资人信以为真。分析第三方担保机构与网贷平台之间的商业模式和交易结构就会发现，典当行、融资租赁公司和保理公司严格意义上都不是为平台项目担保，其交易模式其实是将其现有的、已经完成的业务以债权转让形式销售给投资人以达到回笼资金目的并继续开展新的业务。比如，小额贷款公司发放了500万元贷款给一家企业并成为这家企业的债权人，之后小贷公司以这家企业债权人身份将上述债权以相对较低的利率在网贷平台发售，收回发放的资金同时赚取差额利润。而后，为顺利销售取信于投资人，小贷公司会与投资人签订债权回购协议，以示担保之诚意。融资性担保公司是唯一以担保服务为主业的担保方，它强调担保业务与注册资金的杠杆关系，比如单笔业务不得超过注册资金的10%，总担保业务不得超过注册资金的10倍。总而言之，担保行业强调的是高门槛和强化违约代偿能力，而小贷公司、典当行及融资租赁公司追求的是资金的流动性，他们根本不具备违约代偿能力。所以相对而言，融资性担保公司更加安全。担保行业本身也存在行业监管不到位、资金挪用等风险，针对这些风险，国家近年来对担保行业规范和整顿取得了一定的效果。

4. 对项目风险掌控不足

虽说网络融资平台属于信息中介，不承担项目风险，但如果平台风控能力太弱，会带来两种后果，要么项目不能吸引投资人，导致流标现象增加；要么标的项目又接连爆雷，影响到平台信誉。随着网络融资行业的发展，行业竞争加剧，功能和产品相对丰富的一些细分领域平台逐渐显现其优势，比如汽车抵押贷款方面的平台，因抵押物相对稳定，发挥了自身的优势，取得了一定的发展。

5. 现金流不好，资金链持续紧张

保持流动性，才能保证有大量资金来源使网络融资平台正常运转，保证业务经营不断延续。资金链是否宽裕的一大衡量指标就是未来一段时间内（3个月到半年）平台待偿付金额与新增交易量之间的匹配程度。如果代偿付金额远远高于新增交易量，平台的资金链就亮起了红灯。这是非常危险的一个信号，需要投资人特别注意。我国网络融资平台面临流动性风险的主要原因是平台承诺了保本付息以及在"拆标"中的期限和金额的错配。错配主要是网络融资平台通过拆标的方式，把长期借款标的拆成短期，大额资金拆成小额，造成了期限错配和金额错配。因为平台之间竞争激烈，而且整个行业的信用尚未建立，为了吸引资金，大部分平台推出了本金保障甚至本息保障计划。也就是说如果借款出现违约，平台必须自己垫付本金或利息。而很多平台的担保额已经大大超过了其自身的注册资本，如果出现借款人大面积违约，出借人提出要取现，那么平台的资金不足以承担全部风险，就会面临流动性的困难。P2P网络平台主要从期限和金额两方面对标的进行拆分，把大额的标的拆成小的，把长期的标的拆成短期的，从而使标的在金额和期限上出现长短不相匹配的情况。"拆标"虽然既可以满足借贷双方的需求，又能提高平台的成交量，但也需要平台不断地借旧还新，流动操作。因此，当行业中一有风吹草动就会影响出借人的积极性，导致资金链断裂，引发流动性危机。中小微企业巨大的融资需求促使网络融资方式的发展壮大，对于促进我国民间金融的阳光化、规范化发展，进一步推动金融市场的改革具有重要意义。

6. 虚拟融资项目，实为自融资金

所谓自融平台，就是很多通过传统融资手段无法获得资金的中小型企业利用P2P网络融资的火爆，通过成立网络融资平台，短时间内吸收大量投资为自身或者相关联企业"输血"，将平台当作企业的资金池，但后续常常因为运作不善导致资金链断裂。自融平台一般有以下几个特征：

（1）透明度较差。因为自融是网络借贷所明令禁止的，自融平台在发标时由于没有真实的借款业务，所以只能在借款标的项目公开的信息的描述上语焉不详，信息透明度较差。

（2）源源不断地发标，待收金额无节制地攀升。真实借贷业务可能出现比较明显的淡旺季情况，而自融平台注定会走上借新还旧的庞氏骗局之路，由于不断地发布借款标的，用借新还旧的方式维持资金链的稳定，持续推高待收金额，所以出现代收金额持续无节制地攀升。

（3）有实体企业关联公司。自融平台设立的目的多数是为背后的实体企业"输血"。这些企业多数是在银行和其他渠道难以获取资金，所以想借用P2P网贷平台获取资金。所以，多数自融平台老板同时也是实体企业的老板。

（4）有较高的收益率。因为要快速地获取大额资金用于支持背后的实体企业，自融平台一般会给予较高的收益率，但也是无力维持如此高昂的成本和之后激进型出借人的撤离，造成了诸多高息自融平台的覆灭。

（5）过于注重门面。一些急于融资的自融平台，邀请出借人来考察项目时往往做足排场，豪车接送，五星级大酒店吃住，邀请当地电视台广告宣传报道，邀请名人代言等，这些平台都是故意伪装其自融的事实。

（6）没有分工明确的团队，平台没有借贷业务员，分工不明确。自融资金的网贷平台属于双重身份，既是运动员又是裁判员，一旦项目爆发偿债风险，后果不堪设想。从部分自融平台公布的标的项目信息上很容易识别，比如平台后台工作人员发布虚假标的时，懒得修改项目信息，直接采用复制粘贴的方式操作，导致发布的不同借款项目的借款周期、借款金额、借款利率等大量核心因素非常雷同，这些项目很有可能是虚假项目。另外，投资人需要重点关注项目的借款方、担保方、网贷平台公司三方是否隶属同一实际控制人，或三方公司地址是否雷同，如果雷同，那么基本可以确定该项目属于自融性质，类似"左手倒右手"的行为，对此投资人需要特别警惕。

7. 进行期限错配，形成资金沉淀

期限错配现象普遍存在于P2P行业，期限错配指的是业内有些网络融资平台往往将长期融资项目拆成短期，以达到实现快速融资的目的。比如平台想通过网络融资实现较长期项目的投资，他们将1年期的标，拆成12个1个月期的标先发出去，平台在1个月后，又发行一款投资期限为1个月的理财产品，然后把融来的资金还给上个月到期的投资人，如此循环往复，简单说就是用"发新偿旧"来满足到期兑付，也可以说是"短存长贷"。首先，这种期限错配背后资金链断裂的风险很大，一旦"发新偿旧"其中一个环节出现了问题，下个月的投资者减少了他们的购买或退出理财产品，那么就有可能导致资金链断裂，平台倒闭，投资人的钱拿不回来；其次，期限错配从本质上来说十分接近类似庞氏骗局，有的理财产品由于期限错配要用"发新偿旧"来满足到期兑付，本质上就是庞氏骗局。

2.3 网络非法集资犯罪的常见业态

2.3.1 P2P网络借贷

P2P网络贷款指平台利用自用资金，面向电商群体开展商业贷款服务，即个体和个体之间通过借贷平台实现的直接借贷。随着P2P网络贷款自身发展，已逐渐从网络小贷中脱离，成为一种独立的模式。P2P网络借贷平台模式的本质是搭建贷款人与投资人的中介，以中介平台实现资金借贷双方的匹配。需要借贷的人群通过平台找到具有出借能力且愿意基于一定条件出借的人群，平台方提供服务并进行审核，以帮助贷款人通过与其他贷款人一起分担一笔贷款额度来分散风险，帮助贷款人在充分比较的信息中选择有吸引力的利率条件。P2P网络贷款能够满足投资人与贷款人双方的需求，贷款人可以付出更少的贷款成本获得比民间借贷更便利的信用融资渠道，而投资人则可以获得比银行存款更高的回报率。

2.3.1.1 网络借贷业务流程及模式

P2P平台的一般业务流程为，由借贷需求的贷款人在P2P平台上提出需求，平台对贷款人的信用资质做出一定审核后，允许贷款人在平台上向投资者发布需求（包括借贷金额、利率、期限等信息）。投资人通过P2P平台，找到意向的贷款人提供资金，发放贷款。当借贷款项到期之后，贷款人会通过P2P平台，向投资人偿还本金和利息，而P2P网络贷款平台，通过收取中间服务费用获得盈利。

传统的P2P网贷模式中，借贷双方直接签订借贷合同，P2P平台提供的是单纯的中介服务，既不承诺投资人的资金保障，也不实质参与借贷关系。但随着P2P网贷的发展，又衍生出"类担保"模式，即当贷款人逾期未还款时，P2P网贷平台或其合作机构会垫付全部或部分本金、利息，弥补投资人的损失，垫付资金的来源包括P2P平台的收入、担保公司收取的担保费，或是从贷款金额扣留一部分资金形成的"风险储备金"，此外，还有"类证券""类资产管理"等其他模式。

P2P网贷模式拥有目标用户、业务模式、风险控制、平台定价、盈利模式、经营风险、营销方式几大核心要素。[1]从目标用户看，P2P网络贷款的贷款人主要是普通个人用户以及小微企业，出于资金周转、偿还信用卡、生活消费等原因，具有强烈的贷款需求。而投资人主要是具有闲散资金的个人，具有获取高收益投资的强烈需求。从业务模式看，P2P网贷向线上交易与线下审查、管理相结合的模式转变。从风险控制看，P2P网贷一般采取"人工智能+人工"的方式对信用进行审核，并设立资金保障机制以保证投资人资金安全。从平台定价看，P2P网贷一般采用贷款拍卖和模型定价两种定价方式：其中，贷款拍卖即贷款人根据自身需要资金的急迫性对借贷利息进行出价拍卖；而模型定价指P2P平台根据贷款人的信用情况、借贷额度、借贷期限等指标对贷款风险进行模型定价，确定贷款利率。从盈利模式看，P2P平台主要通过从贷款人收取一次性费用以及向投资人收取评估和管理费用获得盈利。从经营风险看，P2P模式面临的两大主要风险为逾期违约风险和外部风险，解决的核心在于风险控制及风险定价。从营销方式看，P2P平台一般采用口碑营销和

---

①Weiss G. N., Pelger K., Horsch A., *Mitigating Adverse Selection in P2P Lending ——Empirical Evidence from Prosper. com*, Social Science Electronic Publishing, 2010.

网络营销的方式进行用户发展。[①]

2.3.1.2 网络借贷特点优势

P2P网贷的本质是搭建中介平台提供贷款服务，是一种典型的平台经济。平台一端连接贷款人，另一端连接投资人，极大改变了传统借贷市场的状况。作为智慧金融模式创新，P2P网络贷款相比于传统的金融模式具有公开透明、低门槛的突出优势，为贷款人与投资人提供了更便捷、高效的选择。

1. P2P模式使有闲散资金的投资人找到并甄别资质好且有资金需求的贷款人，获得比银行存款更高的收益。且投资人可以通过P2P平台直接了解贷款人的身份信息、信用情况以及贷款目的后，一对一地签订借贷合同，提供贷款，并及时获知贷款人的还款速度，获得投资回报。

2. P2P使有资金需求的贷款人通过线上简单操作即可完成借贷申请、进度查看、归还借贷等步骤，极大提高了融资效率。使由于资信相对较差、贷款额度相对较低、抵押物不足等原因，难以通过传统金融渠道获得融资的贷款人，通过P2P平台获得融资途径。此外，信息指标的公开化，在一定程度上降低了金融市场的信息不对称程度，对利率市场化等革新及金融市场的健康发展具有积极的推动作用。

3. P2P借贷平台可以充分发挥借款人与投资人的双边网络效应，即借款人的数量越多，借款需求越旺盛，就会吸引越多的投资人。在双边网络的正反馈激励之下，平台用户的数量及交易额可以实现指数级的增长，进一步降低平台的运营成本，提高资金的利用效率。

总的来说，基于互联网的P2P借贷改变了基于传统银行之间的间接资金融通方式，形成了新的借贷模型，基于互联网借贷扁平化金融中介，提高了资金使用效率；采用去中心化的技术手段改变了风险传播模式，让借贷双方都能够从中获益，实现了金融普惠的思想和价值。

2.3.1.3 网络借贷非法集资风险

根据非法吸收公众存款罪的法律认定要素来看，网贷平台业务极易触碰

---

①赵铭，刘佳佳，苗晋瑜等：《我国P2P借贷信息服务平台发展模式研究》，载《科技促进发展》2016年第2期。

未经批准、公开宣传、面向社会公众这三项标准，只有利诱性不能"承诺还本付息"这一要素可以作为底线。2017年网络借贷风险专项整治工作领导小组办公室下发的"57号文"明确禁止网贷机构使用风险备付金的方法提供借贷担保，并且要求对于各平台逐步取消使用风险备付金，未来只允许由保险公司或者第三方担保机构提供担保。从目前担保模式整改情况来看，不少网贷平台为规避风险找监管漏洞，从貌似合规整改背后玩起了"猫腻"。譬如部分网贷平台把计提的担保费用改名叫风险备用金，还有些网贷平台通过控制一个由第三方成立的融资担保机构来为网贷平台担保，其实质还是平台自身提供担保。另外，一些企业信用不好的融资担保机构担而不保也是常态。融资担保机构往往是在承担很大风险的前提下赚很少的钱，基本上属于一门风险大利润薄的"苦生意"，所以一些信用不太好的融资担保机构设计复杂的担保条款，在项目出问题后找种种借口"拒不担保"，拒不履行合同。

通过公安机关深入研判，我们发现有些网贷平台通过注册大量空壳公司交叉持股隐藏实际控制关系，网贷从业高管在多家平台交叉任职问题严重。调查中发现有三百多家在营平台与五百多家停运平台在股东出资、管理人员甚至实际控制人方面有多方的交叉任职，并根据交叉次数形成数十个核心圈，每一个核心圈都由多层交叉逐步减少为单层并扩展延伸。在2019年多起非法集资案件侦办过程中，我们发现部分平台的实际控制人利用本人或关联人员身份注册多家空壳公司，利用这些空壳公司直接或间接控制多家网贷平台，这些网贷平台往往是采用盗版软件迅速上线，并通过编造的虚假借贷信息高息揽储，由于没有进行银行资金存管，一旦一个平台出现资金链断裂风险时，控制人往往通过挪用另一平台资金池内的资金来补充资金风险敞口，这种拆东墙补西墙的方法极易发生风险的快速传导，并导致风险在在营平台间迅速蔓延。更有甚者一旦发生资金链断裂或者被监管层盯上，就迅速转移资金、关闭平台逃之夭夭，不久后再利用控制的其他平台重出江湖另起炉灶，继续利用网贷平台非法集资。这种网络融资平台之间由于交叉持股而引发金融风险的传导效应将有可能引起金融系统性风险。

网贷平台在工商登记时一般标注为小额贷款公司，这类公司市场准入门槛低，再加上工商登记审核不严格，使得很多问题平台法定代表人和实际控制人不符，工商注册地址与实际经营地址不符等问题。还有些平台公示信息极不完备，连公司高管组织架构都没有。这类有虚假工商信息数据的平台大多是一些资本力量较为薄弱的小平台，有些小平台，他们只需要花几百上千元购买一个网贷盗版模板，再招聘人员即可开展业务。他们充分利用部分投资人赚快钱贪小便宜的心理，编造虚假标的，标的期限经常为短期限的"天标"，按天计算回报期，并向投资者承诺零风险高收益保本保息，打动诱骗投资者参与。这种标的吸引"羊毛客"蜂拥而入后，两三个月后资金募集到位，立马关闭平台跑路，这类非法集资网贷平台就属于集资诈骗。

另外，具备庞氏骗局性质的非法集资网贷平台更是屡见不鲜，这类有"庞氏骗局"嫌疑的网贷平台实际还是利用信息披露监管不严的漏洞，编造虚假借款标的信息，只不过他们利用明星站台大肆鼓吹包装企业背景和雄厚财力，全方位打造虚假的高大上企业形象，使平台看起来正规、财力雄厚并值得信赖。正是这种"完美"的企业形象，增强了投资人信心，形成良好客户黏性，使得平台可以源源不断地获得投资，可以用借新债还旧债的方法保持资金流的稳定，从而使得这类平台存续期较长，融资的规模和体量也更大，涉案投资人也更多，但一旦谎言被戳破，就犹如大厦倾塌而使投资人损失惨重，社会危害性也更加严重。

2.3.2 网络众筹

众筹融资是通过互联网展示宣传计划内容、原生设计与创意作品，并向大众解释如何通过募集资金来实现作品的量产或实现理想中的计划。支持、参与的群众，则可借由"购买"或"赞助"的方式，投入该计划，实现计划、设计或梦想。在一定的时限内，达到事先设定募资的金额目标后即为募资成功，开始使用募得的资金进行计划的实施。一般而言，众筹是通过网络上的平台连接起赞助者与提案者，用来支持各种活动，包含灾害重建、民间记者、竞选活动、创业募资、艺术创作、免费使用的软件（Apps）、设计发明、科学研究以及公共专案等。本质上，众筹融资平台扮演了投资人（支持者）和筹资人（创造者）之间的中介角色，使筹资人从认可其创业或活动计划的资金供给者中直接筹集资金，这一点与P2P网络贷款具有极大的相似之处。①

---

① 刘宪权：《互联网金融股权众筹行为刑法规制论》，载《法商研究》2015年第6期。

众筹在中国一时间兴起的主要原因有两个方面：第一，民间资金缺少合理的投资渠道。同时，许多中小微企业拥有核心技术和创新能力，但无法从银行和资本市场融资，众筹模式在某种程度上消除投融资双方的信息不对称，也降低了中小微企业的融资成本，中小微企业的融资变得容易了。第二，众筹模式使社交网络与"多数人资助少数人"的募资方式交叉相遇，通过P2P或P2B平台的协议机制来使不同个体之间融资筹款成为可能，信息成本进一步降低，投融资双方对众筹模式的接受度得到提高。同时，国外众筹平台发展案例，对于国内众筹的发展也具有启示和创新作用。

2.3.2.1　网络众筹模式

我国众筹行业经历了2011—2013年的萌芽起步阶段和2014—2015年的爆发增长阶段之后，自2016年至今均处于行业洗牌阶段。2016年在运营中的众筹平台数量达到顶峰，共有532家。截至2019年6月底，在运营中的众筹平台仅有105家，其中股权型平台39家，占比37%，在各类型平台中数量最多。[①]据前瞻产业研究院发布的报告，众筹平台按照业务种类的不同可分为以人人创、众筹客为代表的股权型平台，以点筹网、淘宝众筹为代表的权益型平台，以水滴筹、腾讯公益为代表的公益型平台，和以苏宁金融、众筹网为代表的综合型平台。

根据众筹的筹集目的和回报方式，可以分为商品众筹和股权众筹两大类具有回馈性质、捐赠性质、债权性质、股权性质和代币性质等。众筹的模式仍在不断探索和发展之中。

1. 回馈性质的众筹包括电影推广、免费软件开发、创造发明性项目、科学研究和公民项目等。研究人员已经确定了基于奖励的众筹的许多特征，也称为非股权众筹。在这类众筹平台上，项目的资金分配不均，少数项目占总体资金的大部分，而且众筹款项会随着项目接近目标而增加，鼓励所谓"从众效应"。相关研究还表明，在众筹中，提案者朋友和家人会贡献早期筹款的大部分，而这样的大部分资金可能会激励后续赞助者投资该项目。在基于奖

---

① 中国众筹行业发展报告2018：众筹的过去、现在和将来［2018-05-23］ttps：//www.sohu.com/a/232666972_264613。

励的众筹中，资助者往往对项目回报抱有太大希望，并且必须在不满足回报时修改他们的预期。

2. 捐赠性质的众筹是指赞助者投入资金后提案者并无承诺回馈，是单纯的捐赠性质的众筹。基于慈善捐赠的众筹是项慈善事业，其资金用于解决环境或社会问题，也有许多关于个人的捐赠性质众筹案例，常常与救助伤病有关，或者捐助者聚集起来创建一个围绕共同事业的在线网络社区，以帮助资助服务和对应的项目计划来解决问题。捐赠没有奖励，没有任何利他主义动机。

3. 债权性质众筹指提案者向个人或组织募集资金，并在未来某个承诺的时点偿付本金与利息。提案者必须证明自身的信用及还款能力，以取得他人的信任。

4. 股权性质众筹是个人通过以公平形式提供融资来支持其他人或组织发起的集体，赞助者投入资金后，获得组织的股权。若未来该组织营运状况良好，价值提升，则赞助者获得的股权价值也相对应的提高。①与非现金众筹不同，股权众筹包含更高的"信息不对称"。创作者不仅要生产他们筹集资金的产品，还要通过建立公司来创造更大价值。

5. 基于债务的众筹，也称为"点对点""P2P"或者"市场网络融资"。借款人可以免费在线申请，并由自动化系统审查和验证，自动化系统也决定了借款人的信用风险和利率，投资者在一个基金中购买证券，该基金向个人借款人或一批借获人提供贷款，投资者通过无抵押贷款的利息赚钱。系统运营商通过贷款的定比例和贷款服务费来赚钱。

6. 订阅者集资是另一种类型的众筹，是持续性集资，通过被订阅者所制定的时间（通常是每月）与资助门槛，订阅者可以按照不同的资助级别而获得相等的回馈，适合持续有小型创作的内容创作者们。持续性集资与一次性集资最大的差别在于，订阅者集资的目标设定在创作者与品牌本身，这样可以使创作者被其粉丝所支持，也能让创作者以更好的作品来回馈给支持者。②

---

① 刘志硕，郭海峰，张杰：《股权众筹：创业融资指南》，机械工业出版社，2017年。
② 杨东，苏伦嘎：《股权众筹平台的运营模式及风险防范》，载《国家检察官学院学报》2014年第4期。

众筹的模式还在不断探索和发展之中，目前还出现了众筹的数字货币属性，是由项目组织者向赞助者提供基于数字的价值代币作为对赞助者的奖励，用于激励网络的客户端计算机在维护协议网络上花费稀缺的计算机资源。这种基于区块链的众筹筹集的资金也可以代表股权、债券。

2.3.2.2 股权众筹的乱象和风险

通俗地讲，股权众筹就是私募股权互联网化。股权众筹作为实现"大众创业，万众创新"的重要手段和方式，并且正在与新三板、新四板等融合形成真正意义上的多层次金融市场体系。尽管股权众筹模式具有诸多优势，以及良好的发展前景。但也应清醒地认识到，这种众筹模式并不是完美的，在其融资过程中同样具备风险。第一，最为突出的是在非法集资、知识产权、信用环境等方面面临严峻的法律风险，众筹平台本身的合法性难以保障，出资人的权益更难以得到保障。第二，众筹融资本身缺乏监督，受参与主体的分散性、空间的广泛性，以及平台自身的限制，在现实条件下难以完成对整个资金链运作的有效监督，难以有效进行风险防范。第三，采用众筹方式的多是初出茅庐的创业者，参与者对众筹项目的收益形式及风险认知不足，在项目宣讲等方面的准备也不够充分，难以接收到理想的投资。[①]由此可见，众筹模式的规范化之路依旧任重而道远。

1. 筹资项目欺诈风险

股权众筹平台作为第三方起居间作用，我国的股权众筹多采用"领投—跟投"的投资方式，该模式可以通过专业投资人把更多有资金和投资意愿但没有专业能力的人聚集起来，使长尾零散资金发挥更大价值。但在政策与监管缺失的情形下，若领投人与融资人恶意串通就会产生对跟投人的合同欺诈。这种投资方式往往会暗示诱导投资者的投资心理，投资人在不明投资风险的情形下盲目跟风，若项目跟投的人数众多，便会产生投资行为的"羊群效应"，一旦融资人携款出逃发生投资纠纷，解决的成本也过高。这种投资合同欺诈的风险往往是由投融资和中介三方之间的信息不对称，以及缺乏相

[①]邓建鹏：《互联网金融时代众筹模式的法律风险分析》，载《江苏行政学院学报》2014年第3期。

应监督制约机制所造成的，加上"羊群效应"的激发作用，会使这种欺诈风险成倍地增加，最终酿成惨重的后果。

2. 投资者审核的风险

投资者审核机制不完善对投资者、初创企业和平台都可能带来风险。"天使汇"属于国内规模较大的众筹平台，虽设有立法上的控制，但都有自己内控的投资者审核标准，对于未提供任何证明的投资者不允许其看筹资方的项目信息，更不允许其进行投资。这些认证要求，在一定程度上保证了投资人拥有相当程度的风险判断能力和风险承担能力。但这种审核标准并未量化，是否通过资格审核受人为因素影响较大，存在一定风险。"天使汇"的投资者审核要求较为严格，对投资者的资质有一定程度上的要求，而更多的众筹平台没有对投资者筛选，因此不能保证投资者拥有相当程度的风险判断力和风险承担能力。

3. 资金流风险

资金流的风险一方面由众筹平台产生，另一方面也可能由项目发起人产生。目前的众筹模式中，项目发起人的介绍中会包含项目的未来设计、回报的设定等内容，但一般都不会包括资金使用情况计划。即便有的项目在介绍时承诺了较为固定的使用渠道，项目在众筹网站上筹资成功后，众筹网站就会将资金支付到项目发起人的账户中，而支付一旦完成，资金的使用权就由发起人掌握，具体使用情况只能依靠发起人主动披露，如若项目发起人既没有承诺公开资金使用状况，又没有后续的行动，那么出资人和众筹平台对其资金使用情况就一无所知、缺乏持续的监督。

4. 超募风险

在股权众筹过程中，也存在一些股权众筹平台允许项目实际的筹资总额高出预期筹资额，直到筹资期限届满后再将实际的筹资总额交付给筹资人以进行项目建设。有些众筹对单个投资人的投资金额未设定门槛，并允许超额募资。超募资金的处理方式和股权稀释是造成超额募资风险的主要原因，如果未对超募资金的处理作规定，容易产生企业挪用超募资金的可能，投资人对企业的权利也无法保证。

虽然股权众筹的超募资金可以尽可能多地吸收民间资本，让实力较弱的投资人同样参与到众筹之中。但对于实力较弱的投资人，他们可能不清楚的是，他们在初创企业投资的股权可能很快会在之后连续两轮的融资中被稀释。他们所拥有的股东利益将大大减少。如果跟投人为了初创企业的高回报率而与创业者和领投人签订协议，由领投人或某一投资人代持超额募资的跟投人的股权，则可能产生隐名股东的股权归属、股权代持等法律风险。并且，超额募资并不一定能得到创业者和领投人的同意，创业者有权拒绝跟投人的认投，跟投人存在被踢出投资人范围的可能，也会因而承担一定的时间成本。

5. 募资期限的风险

不同的股权众筹平台会设定项目筹资的期限，以督促项目在限定的时间内完成筹资，否则便撤销项目。设定特定的募资期限一方面能够降低参与者的时间成本，提高交易的效率；另一方面可以使得那些有竞争力的项目脱颖而出，使那些价值不高的项目被淘汰，从而实现优质项目资源的不断更新。

6. 入资方式的风险

我国《证券法》第十条中规定未经核准的单位或个人向特定对象发行证券不得超过200人。为了规避法律条文中的这一人数限制，一些股权众筹平台便采取有限合伙企业的形式参与股权筹资活动。平台一般会对领投人和跟投人依据目标筹资额设定不同的投资最低限额，从而保证项目投资的人数最多可以控制在40~50人，再由平台以投资人的名义成立有限合伙企业，以有限合伙企业的名义加入项目的投资中，成为项目的股东。这打擦边球的做法在挑战"非法集资"或违法犯罪的"红线"，从2016年证监会等十五部委印发的《股权众筹风险专项整治工作实施方案》来看，这种通过各种方式突破人数上限者的行为均属违规。

7. 知识产权风险

当前众筹项目主要是集中在文化创意和科技领域，在当前我国的制度背景下，知识产权相关法律法规缺乏对创新性众筹方面的规定，这导致项目发起人存在知识产权被侵犯、创意被剽窃的风险。一方面，创意类众筹项目的时效性非常显著，不管是已经面世的项目产品，还是半成品，经过众筹网站长期的展示，创意被他人窃取的可能性非常大。在这个创新匮乏的现实环境中，偶尔出现的创新极易成为各商家瞄准的目标。因此，各个众筹网站都会建议项目发起人在网站上展示项目时，尽可能避免将关键信息披露出来，然而这并不能排除项目创意被剽窃的可能。另一方面，有的众筹项目是建立在剽窃他人创意的基础上完成的。如果众筹平台没有认真审核项目，使抄袭他人创意发起了众筹，如果被抄袭者发起知识产权诉讼，项目发起人可能会承担停止侵害和其他赔偿责任，出资人的出资也就失去回报的可能性，有剽窃嫌疑的筹资人应该把所筹资金剩余按比例返还出资人，这些尚未明确的问题都使得创意者的知识产权保护难以实现。

2.3.3 虚拟货币

21世纪初，随着互联网游戏和互联网通信的兴起，腾讯公司的Q币，百度公司的百度币，盛大公司的点券等虚拟货币逐渐走入大家的视野，随即引发了对于虚拟货币法律地位，金融地位的讨论研究。2009年比特币诞生，2013年以来莱特币，夸克币等"货币"种类纷纷登场，虚拟货币又开始引发一阵狂热。[1]对于虚拟货币的性质如何界定、对金融秩序和经济秩序有何影响、存在何种风险、如何制定监管措施等问题的讨论方兴未艾。在2015年"互联网金融元年"以来，更有许多犯罪嫌疑人混淆和过分夸大虚拟货币的性质和作用，借助互联网金融发展的概念进行犯罪，引发了一定的社会不稳定因素。

2.3.3.1 虚拟货币的概念

虚拟货币是在互联网中进行流通的具有一定货币价值的数据流或信息流，由私人开发者发行且拥有自己的计价单位。对于虚拟货币的定义尚未有统一的说法，随着虚拟货币行业的迅速发展演变其定义和范畴也存在改变的可能。广义的虚拟货币包括网络银行或其他网络金融中的流通资金即电子货币，也包括区块链数字货币。狭义的虚拟货币仅指区块链数字货币，由各互联网机构自行发行，需要通过法定货币兑换才能实现其价值，没有形成统一的发行和管理规范。[2]近年来，"类货币"的产生和发展引发了社会的高度关注和人们的广泛参与。此类加密型虚拟货币与网络游戏币或其他积分虚拟币相比，具有更高的技术含量，且具有更强的流通性，更具货币的功能。此类虚拟货

---

①何东，卡尔·哈伯梅尔，罗斯·莱科等：《虚拟货币及其扩展：初步思考》，载《金融监管研究》2016年第4期。

②张力：《比特币的风险及其监管》，载《经济师》2016年第8期。

币也是本章讨论的重点。在全球虚拟货币中，以比特币为典型代表，有莱特币（Litecoin），弗雷币（Freicoin）等。由于此类虚拟货币是近年来研究重点，且研究其对金融机构的冲击以及发展风险等问题与网络游戏币相比具有更大的意义。因此，本章以下所称虚拟货币，指以比特币为代表的区块链加密新型虚拟货币。

2.3.3.2 虚拟货币的特点

1. 去中心化。比特币是第一种分布式的虚拟货币，整个网络由用户构成，没有专门金融机构进行发行，没有中央银行为其价值背书，没有任何机构能操纵发行数量。比特币的发行与流通是通过计算机的挖掘实现。去中心化是比特币安全与自由的保证。

2. 世界流通性。这里的流通性是指比特币作为电子数据在互联网上的流转，而非指其可以在全世界范围内作为货币在现实生活中的流通（其本质并非货币）。在全世界网络内，只要有一台接入互联网的电脑，任何人都可以挖掘、购买、出售或收取比特币。

3. 交易便捷性。传统金融机构国际间的钱款往来，汇款交易记录都"有迹可循"。但如果用比特币作为支付方式进行交易，在网络上大量资金无须经过任何管控机构，也不会留下任何跨境交易记录。比特币这一交易特征易被跨境洗钱等违法犯罪行为所利用，从而成为比特币监管之重点。

4. 安全风险性。比特币既是存在于互联网的电子数据，不可避免地具有互联网产品的劣势，即存在技术安全风险。比特币交易平台容易遭到黑客攻击，或者被监管部门强制关闭，从而导致比特币的被盗、灭失等损失。比特币被盗事件时有发生。2014年2月，位于日本的全球最大的比特币交易平台Mt.Gox，其比特币交易系统的一个软件BUG被黑客利用，导致无法完成的比特币交易次数越来越多，最终黑客利用这一BUG盗走了大批比特币，造成85万个比特币丢失，损失价值已经超过了5亿美元，后该公司资不抵债，已经申请破产保护。[①]

5. 平等性与不平等性并存。由于比特币的去中心化特征，理论上任何人

---

①袁勇，王飞跃：《区块链技术发展现状与展望》，载《自动化学报》2016年第4期。

都可平等参与比特币的"生产"，挖掘比特币创造利润需要使用更先进的设备，需要耗费大量电力能源，随着挖掘难度的提升，挖掘成本也不断上升。从而导致使用先进设备的前期挖掘者获得比特币更多，本质上造成计算机运算能力与成本的比拼，近年来，普通人想通过"挖矿"实现财富跨越式增长的梦想越来越难以实现。

2.3.3.3 虚拟货币的乱象和风险

1. 各类新发"宝宝"类虚拟货币，容易发生非法集资风险

这些国内比特币交易平台，主要是通过收取交易费和增值服务费获得收入。不过，这些比特币交易平台的交易费率都非常低，为了能够寻找到其他更多的盈利点，开发衍生产品及推出新的交易币种便成为交易平台提高效益的突破口。由于一些比特币交易平台因价格上涨过快，庄家操盘，对散户的风险提示不足等，导致一些中小投资者投机行动十分频繁，且比特币融资融币业务缺乏银行托管，容易发生非法集资风险。因此2014年央行在"中国金融稳定报告（2014）"中用较大篇幅提示比特币投机风险，为此，火币网，比特币中国等国内五大比特币交易平台曾联合发布声明表示将暂停融资融币业务，以此实现行业自律，为比特币投资市场降温。

2. 虚拟货币的信用风险

信用风险往往来自给传统虚拟货币以价值背书的发行商，其因企业倒闭、被并购或者其他企业原因导致已发行的虚拟货币无法使用，给虚拟货币使用者造成经济损失。

3. 易成为逃避外汇管理的工具

在中国，随着资本市场对货币敏感性的增强，尤其是随着人民币的贬值，许多人通过使用人民币购买比特币，然后换成美元等外汇，即可逃避外汇的兑换限制。据大型比特币交易所火币网表示，"2016年11月，为将资产转移至海外的交易出现激增"，火币网将每天的汇款上限定为200比特币，相当于15万美元，中国将个人的外汇兑换限制为每年5万美元，但比特币并未受到限制。网民在比特币交易平台上用人民币买入比特币，然后转到国外交易平台上，立刻就能变现成美元，整个过程迅速、操作上简单，加上投资人兑汇的大量需求，导致利用虚拟货币"蚂蚁搬家"式的逃汇成为许多人的选择。

不仅如此，不法分子还充分利用虚拟货币去中心化和匿名性质，进行点对点交易，为赌博、贩毒、逃税、恐怖活动等违法犯罪活动提供洗钱渠道。我国监管机构已经察觉其存在的洗钱风险并展开一系列排查，包括平台外汇管理、反洗钱等金融法律法规执行情况，交易场所管理情况等，并加强了对虚拟货币交易限制其买入数额或限制其兑换成法定货币的一系列管控措施。

4. 虚拟货币成为传销等犯罪活动的传销商品

近年来网络上出现了大量的虚拟货币诈骗平台，他们设定了购买挖矿机的规则，并且制定了发展下线人数、获得额外超高收益的"传销式"分配机制，其收益率往往是惊人且富有诱惑力的，但这个收益率完全违背了真正按照比特币开采算法区块链技术生成的比特币规则。由于货币价值的不稳定，价格往往大幅度波动。不法分子利用虚拟货币为传销商品，借助"区块链"技术概念炒作，通过组织"传销式"的洗脑宴会、聚会、出国游来吸引投资人，待吸纳众多资金后卷款跑路，这是典型的借助虚拟货币的名义进行的传销行为。

2.4　网络非法集资犯罪陡增的成因分析

网络非法集资犯罪和其他经济犯罪一样，其产生的根源与经济发展生产力与生产关系之间的矛盾密切相关，既与我国市场经济发展阶段以及科学技术发展、人文习俗有关，又与我国现在的金融市场机制、法律制度、执法环境等社会因素相关，还与行业企业内部监管因素密切关联，是众多因素综合作用的结果。

2.4.1　金融体系改革滞后于实体经济发展，融资信息不对称中小企业融资困难

1. 金融体制改革滞后，社会管理存在真空和漏洞

改革开放以来，我国借鉴发达国家经验，建立一套外植型金融体系，即以低利率吸收存款以高利率放贷，但经济的飞速发展，使银行信用难以满足当今实体经济的资金需求。网络融资是对传统金融在交易技术、交易渠道、交易方式和服务主体等方面的创新，它具备信息对称透明、快捷便利、低成本、大众化等优势，这种跨空间跨时间的资源配置方式，透明便捷地实现了

信息中介交换，为大众提供普惠金融服务。但是在金融体制改革的新旧交替中，出现各种各样的摩擦和问题，产生许多管理制度上的漏洞环节，法律保障制度也不规范，使网络融资产品出现近乎失控状态，这在客观上为一些经济犯罪提供了可乘之机。犯罪分子便趁机钻金融管理中的漏洞和法律保障制度落后的空子，采用高科技信息技术手段实施经济犯罪活动，使网络非法集资犯罪出现短期陡增的状态。[①]

2. 社会闲散资金投资渠道不畅，中小企业融资信息不对称融资困难

近年来人民生活水平在逐步提高，受中国人储蓄习惯的影响，群众手中的闲散资金日益增多，理财需求也日渐旺盛。传统社会投资渠道中的股票市场、银行理财以及保险等投资种类较少，群众迫切需要便捷高效的投资方式。另外，自2008年全球金融危机后，国内存贷款利率持续走高，对资金有高度依赖性的中小企业融资需求迫切。投资需求和融资需求存在信息割裂和不对称，使得一些缺乏投资常识的老百姓面对"高回报、零风险"的网络融资广告诱惑时，不加辨别盲目投资。这都给网络非法集资犯罪滋生和蔓延埋下了极大的风险隐患。

2.4.2 政府监管措施不力、立法滞后是犯罪陡增的社会政治因素

网络融资的过度创新使其脱离了网络融资的客观内涵和实践基础，从而衍生出新的变体，有的带有非法集资的色彩从违法走向了犯罪。例如起源于欧美、繁荣于中国的P2P网贷，经营模式五花八门，突破了信息中介的定位，逐渐演变成信用中介、担保机构、信用评价机构、理财顾问等角色。由于缺少政府行政监管、法律制度约束，平台违规问题、资金流动性中断、平台违约、恶意误导投资者等许多风险屡见不鲜。

1. 监管职责不清，措施不力

2015年7月18日中国人民银行等十部委出台了《关于促进网络融资健康发展的指导意见》，这个指导意见对网络融资的各个业态所涉及的制度构建和对应的监管主体做出了纲领式的指引，并且提出了不同的业态制度监管的

---

①薛紫臣：《互联网金融流动性风险的成因和防范》，载《中国发展观察》2016年第12期。

要求。

但是由于监管部门头绪众多，监管职责和要求不够明确，加上指导意见的效力不足，在718指导意见之后，互金行业发展出现了更为丰富的产品模式和细分业态，甚至超出了718指导意见中所允许的范围。2016年国务院办公厅印发了《网络融资风险专项整治工作实施方案》，网络融资各个细分行业的监管办法征求意见稿陆续出台，监管规则进入了探索和落地的环节。但网络融资产品的混业跨界、无地域边界性、虚拟性、高科技化在一定程度上加大了行政机关监管的难度，各监管部门未能针对网络融资特殊性而制定适应性监管措施，只能是在察觉问题时采取措施，监管严重滞后不力。

2. 法律法规立法滞后，现行的规制操作性差

网络融资缺乏明确的法律地位。网络融资行业要遵从金融法律法规和互联网法律法规的双重规制。网络融资既要遵守《银行法》《保险法》《证券法》《非金融管理机构支付管理办法》等金融法律法规，又要符合互联网行业所应遵从的《网络安全法》《金融机构计算机信息系统安全保护工作暂行规定》《电信网络运行监督管理办法》等规定。虽然党的十八届三中全会的决议明确提出"发展普惠金融、鼓励金融创新、丰富金融市场层次和产品"，随后人民银行等十部委也发布了《关于促进网络融资健康发展的指导意见》，但至今未与网络融资相关的《银行法》《证券法》《保险法》《期货管理条例》等所涉及的内容进行修订，网络融资的法律地位仍不明确，打击犯罪力度不够。

2.4.3 网络融资征信系统数据库不完备，投融资信息不对称

网络融资门槛低、覆盖广、效率高，但这些特点和优势都需要严格把控投融资对象的征信情况。我国目前的征信体系由人民银行征信系统、百行征信系统，以及132家企业征信机构和97家信用评级机构，共同构成了"政府+市场"双轮驱动的征信市场格局。人民银行征信系统作为国家金融信用信息基础数据库，它的数据来源于传统金融机构的运行数据，它既具有个人征信系统和企业征信系统功能，还承担了央行信贷登记系统（服务于央行监管）的作用。但由于整个金融市场服务不完善，普通消费者和大量小微企业无法从银行信贷机构获得贷款，网络融资机构的相关信息没有进入金融机构信息库中，导致央行征信系统覆盖的人群和企业有限。2018年随着百行征信系统

的启航，中国的征信体系发生了真正的变化，由中国网络融资协会牵头，八家网络征信公司联合正式拿到央行颁发的国内首张个人征信牌照，解决了央行征信中心未能覆盖到的个人客户网络金融信用数据整合问题。这个数据库借助淘宝、天猫等商务网站的交易数据、以及支付宝、微信等第三方交易的记录，将海量的购物、支付、社交、出行、P2P、网络融资等数据放在"信联"进行有效的整合共享，赋值个人网络交易信用，构建一个国家级的网络信用基础数据库。但目前"信联"系统还存在信息壁垒和保护，八家公司对个人征信的数据库还没有完全打通，从而导致网络金融数据还没有纳入百行征信系统并对外提供服务。

就目前而言，个人征信服务和快速发展的互联网经济是不匹配的，不仅缺乏丰富的征信产品和服务，甚至还没有向全社会提供类似美国FICO评分一样可以用于基本自动化信用决策的信用评分，因此中国征信格局并未成型，还没有走向成熟，还需要继续探索。网络融资公司需要非信贷类信用信息进行风控，但是数据太分散而且成本很高，从而导致平台线下的信用调查任务有时只是浮于形式走过场，没有条件运用大数据分析借方客户信用状况，容易出现借款人多重负债、逃避债务问题；而投资方受获取信息渠道及能力的制约，无法获取借款人个人信用、借款公司企业信用的相关信息，受网络融资广告的影响，未详细调查就盲目投资，投融资信息的不对称为网络非法集资犯罪提供了可乘之机。①

2.4.4 案件性质认定复杂，执法打击不力，助长了犯罪分子作案的嚣张气焰

1. 案件定性困难

网络非法集资犯罪主要涉及非法集资、洗钱、非法经营等罪名，而这些罪名都是在经济犯罪侦查中存在此罪彼罪、一罪数罪、是否为共同犯罪等认定难题，对同一犯罪事实公、检、法机关意见相左的情况也是屡见不鲜。例如网络非法集资犯罪中最为常见的非法集资犯罪案件，目前实践部门的认定

---

① 谢平，邹传伟，刘海二：《互联网金融监管的必要性与核心原则》，载《国际金融研究》2014年第8期。

标准主要从"向社会不特定对象吸收资金""承诺保本保息""公开宣传""具有非法占有目的"等为要件。一些非法吸收公众存款嫌疑人会辩解与集资参与人是债务人与债权人关系，不是"不特定对象"；一些集资诈骗嫌疑人辩解其没有虚构事实的诈骗行为，没有非法占有目的；一些非法集资案的参与人基于对自身投资利益的考虑，有的要求司法机关对犯罪嫌疑人不以犯罪论处立即释放行为人继续经营公司，有的认为行为人构成犯罪，应当严惩和追回款项。所以侦查时既要面对案件取证的复杂性，又要接受罪与非罪界限的模糊性，接受认定困难的挑战。因此，面对这类新型犯罪的认定困难，公安机关查处打击力度不够，从某种程度上纵容了犯罪分子的嚣张气焰，催生了网络非法集资犯罪的不断蔓延。

2. 警力不足执法打击不力

首先，网络非法集资犯罪混杂在正常经济活动中，具有跨地域性、网络技术性、分工合作性等特点，犯罪分子逐渐掌握系统监测规则，并利用互联网的智能功能来反侦查，或者利用管理上的混乱采取隐蔽手段应对打击查处，致使公安机关难以发现犯罪线索，执法打击不力。其次，网络非法集资犯罪案件的民刑交叉问题集中、分歧较大、矛盾突出，在刑事案件侦查、起诉、审判、执行程序中，常常遇到与之相关联的民事案件另案立案、审理、执行的情况，其先后程序上的协调和处理存在争议，致使公安机关打击效率低下。最后，一些地方和部门出于地方经济保护主义，对打击网络非法集资犯罪这一新生事物多数持宽容态度，受害人不报案一般不会主动介入，或者降格查处以罚代刑。多重因素作用下致使公安机关执法不严打击不力，大大削弱了法律的威慑力。

第三章　网络融资风险专项整治

3.1　网络融资行业整顿现状

3.1.1　监管力度空前，政策密集出台，网贷行业迎来大洗牌

2007年国内第一家纯信用无担保的P2P拍拍贷上线，自此拉开了全国网贷行业飞速发展的序幕。特别是2013年到2015年，P2P网贷平台从150余家迅猛增至3400余家，三年间数量增长了22倍多。[①]网络融资行业从萌芽发展到野蛮增长，行业发展乱象丛生，金融产品层出不穷，产品之间的区分特征也越来越不明显。繁杂创新的金融模式在对传统金融带来挑战的同时，因监管缺失和能量过度释放也不断催生新的犯罪手段或者开辟金融犯罪的新渠道，给社会金融安全秩序制造麻烦，政府对非法集资的治理从未停歇。2016年4月，国务院办公厅公布了《网络融资风险专项整治工作实施方案》，紧接着银监会、证监会、保监会、中国人民银行、中国工商总局等相关监管部门陆续出台相关业务口的专项整治工作方案，网络借贷已经纳入国家的金融监管体系中，国家在鼓励金融创新发展的前提下，为防止系统性风险从非常规领域爆发，揭开了对网络融资严苛的"穿透式"分类监管。2018年3月，网络融资整治办出台的《关于加大通过互联网开展资产管理业务整治力度及开展验收工作的通知》（即"29号文"）中进一步明确规定网贷平台需要将互联网资产管理业务剥离，分立为不同实体。拆分后的实体一并进行排查验收，重点解决金融市场业务中跨行业联动的监管缺失问题。这也就意味着，今后监管和整治工作会以平台从事的具体业务性质来定性，那些改名不叫P2P，打着金融科技创新旗号的平台并不能规避监管和整治。整顿备案工作直面风险盲点，

---

①网贷之家：网贷数据 http://shuju.wdzj.com/industry-list.html。

进一步扎紧了制度的笼子。这令许多拥有资金管理业务的大平台整改难度升级，对于未能通过合规备案的平台，良性退出或者整合并购是当前监管层给出的两条路径。2018年8月P2P网贷整治办下发《关于开展P2P网络融资机构合规检查工作的通知》（网贷整治办63号文）并附10条网络融资信息中介机构合规检查问题清单，并且银保监要求四大AMC主动作为化解P2P网贷平台爆雷风险，一系列行业整顿组合拳使网贷平台合规检查不是整改工作的天花板，而是行业底线，行业迎来大洗牌。

3.1.2 网贷行业风险逐步释放，监管政策引导企业由恶性竞争转为规范运营

自2016年全国网络融资专项整治以来，银监会、工信部、中国人民银行、网络融资专项整治小组、中国网络融资协会以及各地方金融办陆续出台若干相关规定。2017年密集出台15份重磅监管网贷平台的文件，被称为网贷行业"合规规范年"。经过两年多专项整治，P2P网贷平台经营环境在持续净化，行业发展由野蛮式增长转变为合规式发展。自2015年来首次出现下跌。截至2018年12月底，正常运营平台数量相比2017年底减少了1219家，已经连续三年出现下降。①近几年数据反映了P2P网贷行业受监管政策影响，成交量以及贷款余额双双出现下跌，网贷行业风险逐步释放，监管政策引导各网贷平台由恶性竞争转为规范运营，未来行业竞争更加考验平台实力。

2015—2018年网贷行业数据

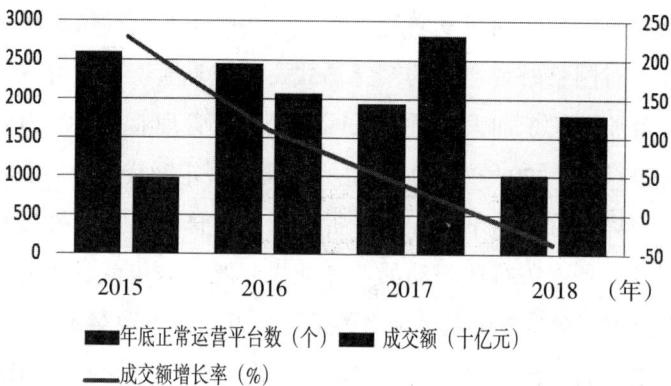

年底正常运营平台数（个） 成交额（十亿元）
成交额增长率（%）

---

①网贷之家：网贷数据http://shuju.wdzj.com/industry-list.html。

3.1.3 网贷行业出现二八分化，行业人气向垄断平台聚集

网贷行业逐步出现二八分化现象，大平台优势开始体现，并逐步形成垄断势头，人气指数持续走高，大平台资金成交额稳中有升。根据网贷天眼平台数据统计，截至2017年底，正常运营平台1931家，业务排名前50家平台的累计成交额已接近网贷行业总量的30%，[①]从规模占比来看，交易数据越高的平台越吸引投资者。2017年随着信而富、拍拍贷和信贷三家平台成功赴美上市，这一消息鼓舞了网贷全行业士气，这对于正处于困境中的网贷行业和投资人来说无疑是重大利好消息，这次全国范围内的P2P合规检查也将推动整个行业朝更健康方向发展。

根据网贷之家提供的数据显示，2018年12月，P2P网贷行业成交量前100的平台成交量占到同期全行业成交量的比例为91.69%，贷款余额占到全行业贷款余额的比例为87.94%。同比2017年12月的数值，分别上升了15.37个和13.08个百分点。[②]由此可见，2018年雷潮过后，社会资金和行业人气进一步向行业龙头聚集，网贷企业数量逐年降低，行业集中度出现了上升态势。

3.1.4 专项整治力度加强，合规经营上升到首要位置

2016年10月13日，国务院正式发布了《网络融资专项整治实施方案》。随后，中国人民银行、银监会、证监会、保监会、工商总局等部委相继跟进发布主管领域的整治方案，网贷行业专项整治正式拉开帷幕。2017年，中央以及地方的监管细则相继出炉，"1+3"监管体系正式形成，P2P网贷进入"强监管"时代。2017年12月，《关于做好P2P网络融资风险专项整治整改验收工作的通知》明确要求，各地应在2018年4月底前完成辖内主要P2P机构的备案登记工作，6月底之前全部完成。

2018年，网贷备案再次确定延期，但是随着专项整治的加强和备案的推进，行业集中度继续走高，合规经营也上升到首要位置。据零壹数据统计，2017年年底正常运营的网贷平台有2030家，同比减少14.4%，相比2015年的最高点（2886家）减少29.7%，专项整治从源头上限制了新公司的注册，继

---

①2017年P2P成交额TOP50排行［2018-02-07］http://www.sohu.com/a/221450599_100093.

②网贷之家：网贷数据 https://shuju.wdzj.com/industry-list.html。

而影响到新平台的上线，2017年上线的平台数量仅296家，同比减少59.4%，2018年上半年新上线平台继续减少至35家。在成交额方面，据零壹数据2017年网贷成交额榜单显示，前十大平台成交额占行业整体的23.9%，2018年3月这一比例提升到26.3%，9月提升至40%左右。随着专项整治的推进，众多平台关闭或者转型，使得平台用户逐渐迁移到安全稳健、拥有较强品牌效应的头部平台，使得行业集中度进一步提升。

合规方面，除了停止并压缩不合规的业务，北京、上海、广州等地还要求"辖区内网贷机构不得增长业务规模"，并在2018年多次重申这一"双降"原则。据零壹数据统计，自2017年10月开始，行业待还余额便出现下滑并持续至今，大量平台暂停或减少发标。自2018年6月起，网贷行业持续爆雷，其表现特征为：倒闭跑路平台加速增多、活跃借款人和投资人数量锐减、交易规模大幅下滑、标的满标时间延长、违约导致的债权转让持续攀升且利率畸高等。若不考虑欺诈、恶意逾期等因素，违规期限错配（主要表现为"集合标+债权转让"）是导致平台流动性危机的重要原因。事后，一些平台紧急下线集合标或停止债权转让，一些平台优化产品和风险提示不承诺债权成功转出。银行存管、信息披露、投资人教育、合规自查等事项也成了各平台的首要任务。

3.2　网络融资行业法规

3.2.1　P2P网络借贷

P2P行业近几年规模增长势头过快，业务创新偏离轨道，从而导致发展呈现"偏、快、乱"的现象，资金链断裂风险扩张事件时有发生。2015年e租宝事件爆发，随即引起了政府及监管部门高度关注，监管政策陆续出台，到2018年唐小僧、善林金融等P2P头部平台持续爆雷，投资者损失惨重，造成恶劣社会影响。随即政府及监管部门加大了引导行业规范发展的力度，防止风险事件对经济大环境带来不利的冲击，从而引发其他社会问题。 P2P行业是在缺规则、缺门槛、缺监管的情况下野蛮生长了十多年的时间，问题和风险积压严重，亟待全行业的专项整治，从而使得《网络借贷信息中介机构业务管理暂行办法》出台尤为必要，提高了行业整治效率，为金融改革创新营造了更健康的创新环境，也为"大众创业，万众创新"带来更健康的发展氛围。

2014年最高人民法院、最高人民检察院和公安部联合发布了《关于办理非法集资刑事案件适用法律若干问题的意见》，其中对非法集资做了进一步解释，这也为网络融资敲响了警钟，规定了不可逾越的"红线"。从2015年起，P2P网贷行业开始正式纳入监管，全国及地方性政策频出。从2016年开始，针对P2P网贷行业的政策监管主要分为银保监会出台的各类行业监管政策和互联网金融风险专项整治小组所出台的各类行业自律规范通知。这两条线双管齐下并互有交叉。

首先是银保监会出台的各类行业监管政策，到2017年8月为止，网络借贷行业行政监管"1+3"体系基本已经形成，可以概括为一个《办法》加三个配套指引方案，即《网络借贷信息中介机构业务管理暂行办法》和网络借贷中介机构备案登记指引，资金存管指引、信息披露指引。针对合规类、整改类、取缔类不同风险级别的平台实行分类处置。并在总体培训的基础上，持续在后期组织进行分类处置和总结督导阶段的培训，以全面落实"1+3"的P2P整治方案。其次从行业自律角度出发，互联网金融风险专项整治小组出台各类行业整顿通知，自我检视行业发展问题。从2016年4月开始整顿互联网金融领域的各种乱象，监管部门及时出手出台一系列政策文件积极化解行业风险，全国网络融资风险持续收敛，缓和行业恐慌情绪，行业整体风险有序化解，整治工作取得阶段性成效，但依然未结束，并且在未来一段时间内将持续加大监测监督工作力度。可以预计，未来较长一段时间内行业将仍以退出和转型为主。

根据2016年银保监会下发《网络借贷信息中介机构业务活动管理暂行办法（征求意见稿）》正式对P2P平台给出明确的定位，P2P是一个信息中介平台，是交易的撮合者，不应该碰到货币，不应该有资金池。信息中介跟信用中介是有根本区别的，这一系列监管细则的出台深刻地影响着这个行业。

第一，要求所有的P2P平台与银行进行资金存管，很多案件是因为道德风险所致，道德风险是P2P行业的核心风险。银行资金存管模式有三个要点：一是用户资金自交易之初就在银行体系内运转，避绝了资金池；二是银行对用户的账户进行独立的管理和簿记；三是用户的交易密码由银行管理，平台无法触碰。银行资金存管尽可能地避免了平台的道德风险，这是资金存管很重要的一点。监管细则的落地对整个网贷行业产生了很大影响，仅从银行资金存管的硬性要求来看，目前真正完成的平台不到1%。整改期限过后，能完成银行资金存管的平台数量也是非常有限的。

第二，坚持小额分散的定位。在新的监管细则要求单个平台对单个借款人的额度限制不能超过20万元，同一个借款人在多个平台的借款额度不能超过100万元。对企业来讲，单个企业在单个平台的借款额度不能超过100万元，单个企业在多个平台上的借款额度不能超过500万元。从这条细则传递出的信息来看，P2P平台本身还是需要跟银行有相应的互补，坚持小额分散的定位。

第三，不允许平台的资金端，也就是理财业务，通过线下推广。在P2P行业发展初期，很多平台采取线下直接找理财人的模式，但是这样的线下推广行为是监管所明令禁止的。

第四，指定详细的负面禁止清单。对于负面清单中的十三项禁止行为，可以归纳为三大类：第一大类为非法集资、欺诈等违法行为。其中针对自融行为、平台开展资金池行为和平台承诺保本保息，都属于非法集资违法行为，应该严厉禁止平台参与。第二大类为银行开展的业务。P2P网络借贷平台是信息中介，不能做信用中介的业务，不能发放贷款、搞资金池做类银行业务，进行期限错配和拆标等。第三大类为除银行外其他金融机构从事的业务。网络借贷平台是不能做归保险、证券等监管机构监管的金融业务，如不能销售保险、基金、信托产品等，不能做股权众筹、金融信用评级等业务。

需要特别注意的是，《办法》正式稿比征求意见稿增加了限制线下活动和不能做债权转让的两项规定，主要是吸取了"e租宝"等案件的教训，债权本身不管是平台产生的，还是转让其他平台产生的债权，类似于资产证券化的业务P2P平台不能做。

总之，国家出台这样的规定不是简单限制你不能做什么，而是从整个商业模型来讲，有很多业务P2P平台是做不了的，这其实是背后真正的核心商业逻辑。打击违规只是手段，规范行业发展才是目的。专项整治的目标在于规范行业秩序，营造"大众创业，万众创新"的健康发展环境，保护那些真正回归P2P本质的平台，保护创业和创新的常态化，可持续发展。

3.2.2 网络众筹

2015年7月份，人民银行等十部委发布了《关于促进互联网金融健康发展的指导意见》，对股权众筹融资定义为通过互联网形式进行公开小额股权融资的活动。但这个指导意见给出的股权众筹融资的定义并未得到大家的认可，因为文件中关于公开、小额问题并未做出明确规定。随即在2015年底，中国证券业协会在私募股权众筹融资管理办法的征求意见稿中明确了股权众筹融资业务由证监会负责，结束了众筹从业人员和监管者无法可依的状况。但是合格投资者的"门槛"较高，大部分投资者不能达到这个标准。中国证券业协会在2015年8月发布的场外证券业务备案管理办法中正式将"私募股权众筹"定义为"互联网非公开股权融资"，这是对股权众筹融资业态的正式界定。[①]

根据《证券投资基金法》《私募投资基金监督管理暂行办法》等有关规定，私募基金管理人不得向合格投资者之外的单位和个人募集资金，不得向不特定对象宣传推介，合格投资者累计不得超过200人，合格投资者的标准应符合《私募投资基金监督管理暂行办法》的规定。从中国证券业协会和证监会的文件中可以看出政府对股权众筹融资的支持和鼓励，对于股权众筹融资试点的观点由李克强总理在2014年的国务院常务会议上提出后，各地纷纷推进试点工作。近年来互联网金融飞速发展，金融创新产品更迭频繁，导致产品实际的性质与原本经营形态已完全脱节，相关法律法规无法有效监管这些演变而来的金融产品。这些金融产品成为监管套利的工具、风险的导火线。2016年在互联网金融风险专项整治工作中提出了"穿透式"监管的理念。明确将股权众筹划归证监会监管。相比以往"牌照式"的监管方式，"穿透式"监管方法，剖开对象的表象，根据业务实质，明确监管责任，从实质出发认定业务属性和应执行的相应行为规则与监管规定，相同业务的政策、规则、标准一致，以实现保障公平竞争，避免监管套利和风险漏洞的形成。在监管方面，证监会2018年即提出制定《股权众筹试点管理办法》，2019年度立法

---

① 杨东，文诚公：《互联网金融风险与安全治理》，机械工业出版社，2016年。

工作计划中再度提及《股权众筹试点管理办法》。2018年12月，中国互金协会发布《互联网金融信息披露互联网非公开股权融资》的团体标准公告，明确规范信息披露的基本原则、披露内容以及披露时间等。本次"实施方案"所推出的"穿透式"监管，面对目前金融混业，跨界综合经营的现状，应当穿透伪众筹平台面具，发现其业务实质，采取功能监管、综合监管、行为监管的统合监管路径，顺应新技术冲击下市场变革的实际状况。

3.2.3 虚拟货币

由于不同种类虚拟货币主要风险来源不同，监管措施也各有侧重。虚拟货币发行组织者和参与者表面上呈现民事法律关系特点，缺乏监管和司法关注。ICO往往编造成各类区块链投资项目，投资者和平台之间签署委托理财、投资等合同，使得形式上显得是民事行为，适用于民商事法律调整。有关监管部门和司法机关往往将此类行为视为自然人和法人的自治行为，并未透视到其犯罪本质。而用于投资的资产（主流币）在国内不具有合法性，司法保护力度不够。犯罪分子放弃直接吸纳法定货币进行融资的方式，转而采取以主流币作为投资单位（如以比特币、以太坊进行投资），实际上就是利用司法机关和监管部门对这些主流币认识不够，当前我国不承认虚拟货币的合法地位等法律漏洞，使虚拟货币本身不容易被法律保护。

司法解释滞后于部门规章，刑事法网对此类案件尚有漏洞待补。首先，因ICO集资的对象不是存款，所以客观上不构成非法吸收公众存款罪；其次，由于刑法规定非法经营罪的前提条件是"违反国家规定"，虚拟货币之间兑换、法币和虚拟货币之间兑换因其账户基础不属于银行账户，并不在银行支付体系内进行，所以法币和虚拟货币之间的兑换、币币交易并不属于从事资金结算业务，而对于上述行为的禁止性规定，只存在于2017年9月4日央行和七部委联合发布的《关于防范代币发行融资风险的公告》（简称"央行9.4文"）之中，该文件虽然明确了比特币不是真正的货币，要求各金融机构和支付机构不得以比特币作为支付结算工具为产品或服务定价，不得为客户提供比特币登记、交易、清算、结算等服务买卖，不得开展比特币与人民币及外币的兑换服务。但是从立法效力上，该文仅属于部门规章而非行政法规，很难视为违反"国家规定"，纵然有人民银行或市场监督管理部门认定的属于违反"央行9.4文"的情形，从刑事证据格式上，该认定也不是构成非法经营罪的必然条件。

从组织领导传销活动罪名的法律认定角度分析，由于虚拟货币交易是币币交易，投资者的投资行为是否能被认定为"参加者以缴纳费用或者购买商品、服务等方式获得加入资格"便存在疑问，因为虚拟货币并不具有货币属性，所以"币币交易"既不能被视为购买，更不能被视为缴纳费用。所以，该行为适用组织、领导传销活动罪存在着法律障碍。最后，如果适用诈骗罪，则更无助于此类案件的整体遏制。以诈骗罪对ICO投资受损者进行保护的主要缺陷是，它突出强调了刑法对个人财产的保护作用，却大大忽略了刑法对社会行为的指导和规范作用，因而使投资者过于痴迷于收益的可能性，漠视了投资行为的风险和应秉持的谨慎态度，特别是持投机心态的投资者，投资1CO的行为变得肆无忌惮。如果ICO带来的部分投资者利益受损还是社会可承受之重的话，那么ICO带来的资源配置扭曲的现象便是行业发展所不能容许的。

2017年9月，央行联合七部委发布《关于防范代币发行融资风险的公告》，对代币融资行为进行了定性，代币发行融资是指融资主体通过违规发售代币在市面流通，向投资者筹集比特币、以太币等所谓"虚拟货币"，本质上是一种未经批准非法公开融资的行为，涉嫌非法集资，金融诈骗，传销等违法犯罪活动。公告中全面禁止ICO，严格规范虚拟货币交易行为，全面否定了虚拟货币的流通价值，将ICO定义为涉嫌违法犯罪活动。公告要求任何组织和个人不得非法从事代币发行融资活动，要求各类代币发行融资活动应当立即停止。已完成代币发行融资的要做清退安排，妥善处置风险，同时为国内虚拟货币交易平台提出了限时清理的明确要求。

自此，我国对图标以及虚拟货币的监管态度已经十分明晰，这样严厉的整顿意味着虚拟货币国内市场"凛冬"的到来。此文一发，已开始的代币融资活动纷纷停止，进行清退；虚拟货币交易平台均作出回应，如"比特币中国"在2017年9月30日就全面停止所有交易业务。与此同时，针对ICO监管的"关于对代币发行融资开展清理整顿工作的通知"（整治办函〔2017〕99号文）已经由国家互联网金融风险整治办下发至各省市的金融办，全国各地已经开始对虚拟货币交易平台等进行清理整顿。2018年8月24日，银保监会等五部门发布《关于防范以"虚拟货币""区块链"名义进行非法集资风险提示》，明确指出不法分子以"ICO""IFO""IEO""IMO"等花样翻新的名目发行代币，并非真正基于"区块链"技术，而是炒作"区块链"概念，以"金融创新"为噱头，实质是"借新还旧"的庞氏骗局，涉嫌非法集资和传销活动，严重侵害了公众的合法权益。[①]为此，比特币等虚拟货币价格狂跌，曾经如火如荼的虚拟货币市场，一夜之间哀鸿遍野。

3.3　网络融资创新、风险与犯罪

网络融资创新、网络融资风险与网络融资相关的犯罪，三者之间并非存在自然的内在联结以及应然的逻辑关系，也不代表网络融资创新必然带来金融风险及其金融犯罪。也就是说，网络融资创新不应该被认为是网络融资犯罪的根源，网络融资风险更不完全是网络融资犯罪的诱因。由此，在金融改革过程中将网络融资创新、风险与犯罪放置在一起似乎有"拉郎配"之嫌，在探讨网络融资犯罪时将它们并行关注似乎也有失偏颇。将创新、风险和犯罪问题联系起来思考不仅具有现实性，且具有一定的合理性与必要性。

网络融资创新在适应金融体制、环境发展变化的同时规避传统金融管制，游走于合法与非法的边缘，但是还是难免引发涉嫌犯罪的疑问。如支付宝推出的"余额宝"引发了基金销售是否属于非法经营的疑问，余额宝将"利息"转"收益"的行为是否是规避了吸收公众存款的质疑。这些借助于金融创新不断推出新的金融业务能够发挥"普惠金融"的特殊功能，但在其创新过程中又无法避免一些影响金融稳健的不确定性因素。一旦"东窗事发"，其风险便会转化为犯罪，作为新金融业态的网络融资充当创新失败的"替罪羊"而被作为违法犯罪予以打击与惩治。探索网络融资创新、风险与犯罪之间的内在关系，避免其误入金融犯罪泥潭或者受到不公正待遇，已成为需要研究的重要课题。

网络融资作为金融业务与互联网的嫁接品，它不仅借助互联网的移动通

---

①李丽萍：《互联网非公开股权融资法律风险及防范逻辑》，载《西南金融》2017年第8期。

信技术实现资金融通支付的功能，而且突破了现行金融运营壁垒，对我国金融体制改革有着独特的推进意义。然而，在网络融资的创新发展过程中也不乏一些打着创新的旗号利用"监管真空"的假创新，充当信用中介而触碰了"非法吸收公众存款""集资诈骗""传销"等刑法框定的犯罪禁区，影响金融安全和社会稳定。正是因为网络融资业务具有互联网和金融的双重领域属性，金融领域具有资金流动性风险，互联网领域具有虚拟空间的技术性风险，再加上国家政策性风险，使得网络融资行业在一定时机可能发生风险的叠加和传导，导致系统性金融风险。尽管金融体制创新需要付出尝试的代价，但互联网金融领域的风险应当是当前金融法律制度所需要关注的热点问题。

网络融资行业需要刑事法律适时介入，需要各行政监管主体充分发挥监管职能，双管齐下不断净化网络融资行业的生态环境，从而实现网络融资行业走入正轨并持续发展的道路。但是，打击网络融资行业中的违法犯罪也应当充分尊重市场规律并包容一定的创新风险，在网络融资风险控制与效益平衡的基础上，体现刑法保障谦抑的功能，不宜也不应对网络融资风险的不确定性或者仅依据网络融资改革出现的不良结果非理性地扩大刑罚适用范围，将打击间接融资的犯罪惩治手段嫁接于直接融资行为上，甚至偏好地以刑罚手段抑制网络融资创新改革的生机活力，以至违背了刑法作为社会最后屏障的初衷。这些问题解决的妥当与否，不仅需要审慎适用刑罚的观念，更需要将网络融资创新、风险与犯罪作为一个系统予以考察、分析与探索。

网络融资创新与网络融资风险并存，虽然从主观上并不希望由此产生与网络融资相关的犯罪，但客观上存在自然的内在联结以及对应逻辑关系。改革创新带来进步，也会伴随一定的风险，因此网络融资创新必然带来金融风险和金融犯罪。在金融改革过程中我们必须将网络融资创新、风险与犯罪放置在一起予以统筹考虑，事实也一再证明在金融改革创新过程中有些金融风险确实已陷入金融违法犯罪泥淖中，这些不争的现象与严峻的事实使得将三者联系起来思考具有一定的合理性、必要性、必然性。

3.3.1 网络融资创新与集资型犯罪

网络融资是传统金融业与现代信息技术，特别是搜索引擎、移动支付、云计算、社区网络和数据挖掘等互联网技术相结合而催生的新金融业态。它突破了传统金融无法满足中小微企业融资的困境，形成对传统金融革命性的冲击与颠覆。这股源于民间融资诉求被"金融压抑"而释放出来的变革与创新力量已对传统垄断金融体制形成一场深刻变革。这种与传统金融分庭抗礼的"异军"倒逼传统金融不断改革，例如，有些银行将电子银行部升级更名为"网络融资部"，如广发银行、上海农商行；有些银行内部单设了与电子银行部并行的"网络融资部"，如农业银行正在开发全新互联网平台——"磐石平台"；有些银行出现所谓直销银行的新业务模式，如平安银行的"橙子银行"、上海银行的"上行银行"、南京银行的"你好银行"以及在沪上线的航空产业网络融资平台"中航生意贷"等。可以说，网络融资是一种不同于传统间接融资的具有革命性的新金融。这种新金融在对传统金融带来新挑战与竞争的同时，因监管缺失和能量过度释放也不断衍生涉嫌违法犯罪的风险，甚至催生一些新的犯罪手段，给金融秩序和社会稳定制造麻烦。

网络融资是一场金融科技革命，是传统金融业与现代信息科技相结合而催生的新金融业态。它带来的不仅是对传统金融无法满足中小微企业融资的破冰与挑战，是源于我国传统金融体系中"金融压抑"而释放出来的变革与创新力量，是现代信息技术发展促发的传统垄断金融体制的一场深刻革命。网络融资创新过程中面临许多不确定性因素，倘若某种创新模式过于超前但相关配套政策措施不健全，或者对相关风险认识不足、创新不切合当地经济实际，一旦产生危机不能有效控制就会"伴生"出一些违法犯罪活动，后果不堪设想。

作为独立第三方支付平台"支付宝"打造了一项余额增值服务——"余额宝"。"余额宝"把货币市场和资本市场连接起来使之具有吸收存款、发行基金的功能，为投资者带来了收益，并创造了新金融业态。随着这些"宝宝们"规模的不断扩张与发展跨界，悄无声息地打破了只有金融机构才能吸收存款的限定与界限，在一定程度上"搅乱"了传统金融的秩序。"余额宝""支付宝"的资金作为客户网上购买和支付的预付保证金，实际上是借助互联网手段吸收"存款"。当这些被吸收的"存款"或者资金越滚越多，尤其作为投资收入返还给客户时，其行为类似于间接融资的变相吸收公众存款，存在违反非银行机构不得吸收存款规定的嫌疑。一旦跨界越走越远或者沉积巨额资金无限发挥时，利益的冲动难免会触及非法吸收公众存款犯罪或者闯入不得设立资金池的政策"红线"，使之与犯罪可能仅有一步之遥。

网络融资创新应学会如何守住区域性风险以及不发生系统性风险，对于网络融资在创新过程中的政策性红线是网络融资创新必须守住的。采取何种规制手段才能严禁其利用网络融资从事非法集资、洗钱、非法经营等违法犯罪活动，这些问题是网络融资创新必须警惕的，也是研究网络融资创新必须探索的，更是在网络融资犯罪化时需要深思与省察的。

3.3.2 网络融资风险与集资型犯罪

网络融资行业在发展上没有成熟的经验可循，难免有些风险会游离于金融管理秩序之外。况且，网络融资除了传统金融的操作风险、信用风险等固有风险之外，其开放性以及网络自身的安全不可小觑。金融机构网银遭遇黑客袭击，个人金融信息被盗，网络融资平台因网络技术不过关遭受黑客的攻击，资金安全和网站正常运作受到影响，这些问题都成了目前犯罪攻击的重灾区。[1]由于网络融资安全性也存在潜在风险，这无疑又给网络融资增添与叠加了一些新的风险。

将金融与互联网绑定在一起，致使风险问题没有明确的法律规范调整，其行业也在摸索中发展，其中不乏个别网络融资企业违规经营或者利用监管缺失进行"监管套利"，从而导致运营资金流动性风险集中爆发。网络融资企业对其自身流动性风险预估不足或者经营失策，极易导致资金集中挤兑时出现提现困难，引发涉众事件。一旦涉众事件涉及相关纠纷则会演变为违法犯罪案件。然而，在这些体系缺乏监管缺失的情况下，出现问题往往习惯直接采取刑事制裁措施，从而导致处理网络融资犯罪评价扩张。因此，如何架构网络融资监管体制机制，构建网络融资行政执法与刑事司法的衔接机制，借助于风险管理而遏制违法犯罪的发生，完善监管机制抑制违法犯罪蔓延而又不阻碍网络融资的创新等问题，始终是需要探讨的热点与重点。

对于网络融资风险引发的犯罪，需要区分哪些是网络融资体制创新的必然风险，哪些是外在环境强加于网络融资的社会风险，哪些风险是行政监管

---

[1]苏培添：《"互联网+"背景下的金融犯罪问题》，载《赤子》2016年第22期。

的对象，哪些风险是司法监管的对象。同时，还需要在网络融资固有的风险与违法犯罪风险之间作出较为科学的界分与合理适当的评价，对网络融资活动的固有风险和非法经营、集资等危害金融秩序的风险予以识别，保障网络融资企业的创新发展不因刑罚过度而抑制创新。

1. 网络融资平台引起金融系统安全性风险与犯罪

网络融资平台也会因网络技术不过关遭受黑客的攻击，出现平台瘫痪、资金丢失、客户个人信息被盗取等诸多安全问题，从而使平台正常运作受到影响，甚至有些网贷平台已经出现受黑客敲诈勒索的情况。网络融资的虚拟性和高流动性，使社会流动资金供应量起伏较大，对货币政策目标和金融市场的运行及传导机制产生一定影响。另外，网络融资便捷、快速、隐蔽的特性，极易诱发洗钱犯罪的风险。例如，有些网贷平台进行频繁的债权转让，并出现自融、诈骗等犯罪，尤其是在不规范、违规的业务运作中放大了平台的运营风险，导致行业风险集中爆发，以至酿成系统性的地域风险，衍生了一些违法犯罪现象。网络融资模式安全的风险很有可能诱发洗钱、非法吸收公众存款、擅自设立金融机构、信用卡诈骗、非法经营以及盗窃、诈骗、侵占等违法犯罪的多发、频发。网络融资本身的业务与传统金融机构从事的支付结算、信用贷款以及投资理财等大同小异，如果其系统性安全风险不断扩大，在一定意义上就意味着这些违规业务在向犯罪一步一步逼近。尤其是在资金流动的安全性无法获得保证的情况下，关闭平台卷款出逃成为违法犯罪的一种趋势。

2. 网络融资金融监管缺失风险与犯罪

目前，由于网络融资没有明确的法律规范调整，其行业也在摸索中发展，其中不乏个别网络融资企业违规经营或者利用监管缺失进行"监管套利"，从而导致运营资金流动性风险集中爆发。网络融资企业对其自身流动性风险预估不足或者经营失策，极易导致资金集中挤兑时出现提现困难，引发涉众性事件，一旦涉众事件涉及相关纠纷则会演变为违法犯罪案件。由于网络融资在资金融通过程中起到信息中介作用，大量社会和个人的闲散资金在平台直接交易，不仅加剧了金融"脱媒"的速度，还有可能不断弱化传统金融机构的资金集聚功能，一旦监管缺位就会出现套利而加大网络融资自身的经营风险，促使风险向违法犯罪蔓延。同时，网络融资不同于民间融资，其对象具有突出的不特定性与陌生性，这就需要行业本身有更为严格的信用制度、监管制度、风险评估制度。然而，在这些制度缺乏的情况下，出现问题往往习惯直接采取刑事制裁措施，从而导致处置网络融资违法犯罪问题的扩张化。因此，如何架构网络融资监管体制机制，构建网络融资行政执法与刑事司法的衔接机制，借助于风险管理而遏制违法犯罪的发生，完善监管机制抑制违法犯罪蔓延而又不阻碍网络融资的创新等问题，始终是法学研究需要探讨的热点与重点。

例如，资金池问题是网贷业务顽疾，也是目前行业金融监管原则中明确禁止的问题。根据《网络融资信息中介机构业务活动管理暂行办法》，资金必须通过签订资金存管业务的银行来流转，用户资金与平台资金必须隔离分账，不允许网络融资平台充当信用中介的角色而存在资金池。但有些网贷平台仍采用虚假资金存管业务暗藏资金池。有些平台对外宣称已经与银行签订资金存管协议，实际上通过第三方支付手段使银行资金存管账户还是由平台控制；还有的平台与银行签订资金存管协议后，真实的银行存管业务迟迟不上线，网贷平台实质还是采用信用中介模式。即先以公司某个人名义将钱贷出去形成债权，再把贷款形成的债权包装成借贷产品进行拆分并销售。[①]这些掩人耳目而采取的换汤不换药的做法都是网贷资金池模式，只不过采用更隐蔽方式运行，均存在主观故意行为，如果平台还向社会不特定对象以承诺还本付息而吸纳资金，就涉嫌构成非法吸收公众存款犯罪。

另外研判团队从中国基金业协会获取了近年来失联私募机构以及被投诉私募基金管理人员名单，并将人员数据与网贷平台资金数据信息进行关联比对，发现有近80家私募机构与网贷平台资金往来频繁密切，并且资金交易体量较大，这些失联私募机构本身信用风险很大，网贷平台频繁与这些私募机构资金往来也间接证明平台资金存在资金池问题，资金使用存在一定非法性、随意性和高风险性。

---

①袁小萍：《网络借贷非法集资犯罪风险侦防对策研究》，中国人民公安大学出版社，2015年。

基于以上的判断，无论是网络融资监管部门、公检法机关还是网络融资企业，不仅需要认识、发现与正视网络融资固有的风险，更应关注网络融资创新过程中容易诱发的违法犯罪问题以及利用互联网平台"卷款跑路"等现象。这其中不乏一些不法分子利用网络融资创新过程中的漏洞，甚至打着网络融资的旗号从事违法犯罪活动，也有创新失误导致难以收拾的残局。对于网络融资风险引发的犯罪，需要区分网络融资体制创新带来的必然风险和现存金融垄断环境附加的外在风险，在网络融资固有的风险与违法犯罪风险之间作出较为科学的界分与合理适当的评价，风险的界分也决定了哪些需要借助刑法，哪些风险仅作为行政监管的规制对象，同时，还需要对网络融资活动的固有风险和非法经营、集资等危害金融秩序的风险予以识别，保障网络融资企业的合法权益不因刑罚过度介入受到损害，不因犯罪化评价而抑制网络融资创新的动力，或者不简单地以网络融资创新作为借口而放纵犯罪。

3. 庞氏骗局风险与犯罪

目前网贷平台在工商登记时一般标注为小额贷款公司，这类公司市场准入门槛低，再加上工商登记审核不严格，使得很多问题平台法定代表人和实际控制人不符，工商注册地址与实际经营地址不符等问题。还有些平台公示信息极不完备，连公司高管组织架构都没有。他们充分利用投资人赚快钱贪小便宜的心理，编造虚假短期标的，并向投资者承诺零风险高收益保本保息，待"羊毛客"蜂拥而入资金募集到位后，立马关闭平台跑路，这类非法集资网贷平台就属于集资诈骗。

另外，具备庞氏骗局性质的非法集资网贷平台实际还是利用信息披露监管不严的漏洞，编造虚假借款标的信息，他们往往重金聘请明星站台大肆鼓吹包装企业背景，伪装具备雄厚财力，全方位打造高大上企业形象，使平台看起来正规、财力雄厚并值得信赖。正是这种"完美"的企业形象，增强了投资人信心，形成良好客户黏性，使得平台可以源源不断地获得投资，持续投资的用户可以带来资金流的稳定，从而使得这类平台存续期较长，融资的规模和体量也更大，涉案投资人也更多，但一旦谎言被戳破投资人不再投入，就会发生资金链断裂，就犹如大厦倾塌而使投资人损失惨重，社会危害性极大。

4. 网络融资业务不断扩张的风险与犯罪

网络融资在实践中因政策不明朗和缺乏法律规范，使一部分业务游走于"合法"和"非法"之间，以至跨入违法领域演变为犯罪。就网络融资理财模式而言，"余额宝"主要将资金投资于货币市场基金等，风险较低，收益也不算高。一旦其投资高风险、高收益理财项目，加上信息披露不到位，就有可能出现一些经营上的风险，会因信息不对称在一定程度上误导金融消费者行为甚至构成欺诈，使其走入欺诈性的犯罪圈。由于第三方支付平台的安全性与银行账户相比较低，资金被盗风险与传统银行相比较大，由"支付宝"等第三方机构出具的电子存款凭证存在因网络安全问题造成资金损失的风险，极易诱发一些网络盗窃、黑客诈骗等犯罪。有些网贷公司不断扩大线下业务，甚至违规发行理财产品，期限错配和金额错配的风险相当突出，稍有不慎有可能会触碰"非法吸收公众存款"或"非法集资"的红线，陷入犯罪的巢穴。网络融资业务的扩张与跨界还会对公民个人信息尤其是交易信息安全造成损害，特别是信用保证数据挖掘和数据分析极易对公民个人和企业交易信息安全构成威胁，一旦这些个人信息被泄露或者被出售则会涉嫌犯罪问题。尽管在网络融资创新模式下，获取数据相对便利，其可获得性大大增强，但是如果数据本身存在问题，基于数据分析所进行的金融活动也就存在制造虚假信息的风险，构成欺诈性违法犯罪。如非法利用公民的个人信用信息，在互联网上设立钓鱼陷阱进行诱骗得到信用卡密码，从而进行信用卡诈骗等犯罪。

根据2017年网络融资风险专项整治工作领导小组办公室下发的"57号文"明确禁止网贷机构使用风险备付金的方法提供借贷担保，并且要求对于各平台逐步取消使用风险备付金，未来只允许由保险公司或者第三方担保机构提供担保。从目前担保模式整改情况来看，不少网贷平台貌似合规整改背后玩起了"猫腻"。譬如换汤不换药，把计提的担保费用改名不叫风险备用金，或者通过控制第三方融资担保机构来为网贷平台担保，其实质还是平台自我担保。另外，一些融资担保机构往往是在承担很大风险的前提下赚很少的钱，基本上属于一门风险大利润薄的"苦生意"，一些企业信用不好的融资担保机构在项目出问题后找种种借口担而不保也是常态。

3.3.3　网络融资创新、风险与犯罪

无论是网络融资创新跨界误入非法集资犯罪圈还是其风险向犯罪领域不断蔓延，均脱离不了对其创新、风险与犯罪的辨识与界限范围的厘清，尤其是对犯罪进行打击的刑事政策。在此问题上，需要理论解决的是，在刑法谦抑性原则下如何促使刑法在网络融资领域由"国权主义"制裁向"民权主义"保障发展，避免偏向犯罪化的刑法扩张。[①]

网络融资创新本身不仅无法摆脱传统金融固有的风险，也难以消除网络融资本身的创新风险，特别是网络融资采用了一些有争议、高风险的交易模式，极易为不法分子所利用，又极易将这些累积的风险转嫁给创新，致使网络融资创新背负不应背负的罪名，引发网络融资犯罪问题。金融活动的本质其实是一种管理风险，而不是一味地减少风险或者杜绝风险。任何金融投资如果一味地追求低风险或者无风险，而不考虑控制风险的成本，最终必然会回归低收益率，这种影响创新的做法最终会导致失去发展的机遇，带来比犯罪化更加严重的社会危害性。但是需要分清哪些是网络融资创新带来的风险，哪些是打着网络融资创新旗号的假"创新"带来的风险。[②]即使是网络融资创新带来的风险，也要分清哪些是可控制的风险，哪些是无法控制的风险，不可对风险及其带来的后果不明原因就等同对待。

对网络非法集资犯罪的探讨，是以目前存在的问题为导向，同时兼容分析刑事政策以及金融犯罪化的理论，力求在降低或者消弭风险的同时，实现网络融资持续的创新，借助犯罪化处理来保障网络融资创新，利用刑事政策、刑事立法与刑事司法来促进网络融资不断创新。而不是一味为了片面应对不断衍生的风险，简单地将控制风险的手段嫁接在犯罪之网上，进而不断使"违规"行为陷入"入罪"的陷阱与治罪的泥潭，甚至武断地借助犯罪化来抑制、压制网络融资创新，出现所谓不作为的"懒政式"犯罪化、打击型的泛

[①]郭华：《互联网金融犯罪概说》，法律出版社，2015年。

[②]谢平：《互联网金融的现实与未来》，载《新金融》2014年第4期。

刑事化规制。[1]在网络融资创新、风险与犯罪的分析与评价中，需要摆正创新、风险与犯罪之间的内在关系，不应仅局限于现实出现的严重后果，还要对打着创新旗号的"伪创新"以及可能发生的系统性风险借助犯罪化机制予以有效控制，使其防控机制能够发挥积极预防网络融资犯罪的功能。

①郭华：《互联网金融犯罪概说》，法律出版社，2015年。

第四章 网络非法集资犯罪的入罪和出罪

近年来，互联网金融犯罪案件频频发生，其中涉案金额巨大、受害群众众多的不在少数，严重危害了正常金融秩序及社会稳定。尽管并未因为互联网金融创新而创设新的罪名，但如何运用现有刑法理论及刑事法律法规评判互联网金融中的相关行为亦存在争议，因此，有必要厘清互联网金融领域合规与违规、罪与非罪的界限，促进行业健康发展。

关于网络融资领域违法犯罪的认定问题，我们可参阅最高人民检察院办公厅于2017年6月2日印发的《高检院公诉厅关于办理涉互联网金融犯罪案件有关问题座谈会议纪要》（以下简称《纪要》）。这是最高人民检察院对互联网金融风险及其案件审理的一次全面阐释。《纪要》对办理涉互联网金融犯罪案件中遇到的有关行为性质、法律适用、证据审查、追诉范围等问题进行了研究。《纪要》对互联网金融本质、涉互联网金融犯罪的审理依据、互联网金融涉非法吸收公众存款行为的认定标准进行了全面释义。例如高检院《纪要》中对互联网金融企业是否存在非法吸收公众存款认定时，应重点审查互联网金融企业归集资金、沉淀资金的方式，调查是否存在资金被挪用、侵占的事实情形。《纪要》还提出，不允许中介机构与借款人双方合谋拆分融资项目期限，不允许通过实行债权转让等方式为借款人吸收资金，一旦发现会根据各自在非法集资中的地位、作用追究中介机构、借款人的刑事责任。

非法集资是个通俗的说法，非法集资犯罪并非《刑法》明确规定的犯罪类型，而是一个被司法解释采用并在学术研究上广为使用的概念。与非法集资相关的犯罪罪名包括非法吸收公众存款罪，集资诈骗罪，组织领导传销活动犯罪，妨碍信用卡管理罪，欺诈发行股票债券罪，擅自发行股票、公司、企业债券罪，擅自设立金融机构罪等数种犯罪。其中，在网络融资活动中最为典型的也是在实践中最常见的罪名是非法吸收公众存款罪，集资诈骗罪和组织领导传销活动犯罪。2021年1月26日国务院颁布《防范和处置非法集资条例》，并于2021年5月1日起施行。《条例》明确了非法集资的三要件：非法性、利诱性和社会性，具备了三个条件就构成了非法集资犯罪。目前由于网络融资行业门槛低，且无强有力的外部监管，各类运营模式的网贷平台利用一些貌似合理的手段规避非法集资犯罪所需的构成要件，伪装成非法信用中介金融机构，私设资金池，因此存在向不特定对象进行非法集资的行为。这种金融经营行为，在被扣上"非法金融机构"经营"非法金融业务"帽子的同时，目前也面临着被取缔的法律风险。由于这类案件具有跨区域、人数众多、金额巨大、社会影响重大的特点，较容易引发集资参与人不稳定因素，给维稳带来巨大压力。

近年，最高院针对网络非法集资案件的总体态度是"从严惩处""严厉打击"。2019年1月30日，最高法、最高检、公安部联合发布了《关于办理非法集资刑事案件若干问题的意见》（下文称"《2019年意见》"）《2019年意见》是自2001年以来，最高法单独或联合最高检及公安部发布的关于办理非法集资案件司法解释或规范性文件之后的最新文件。该意见针对非法集资行为特征、非法集资单位犯罪认定、非法吸收公众存款罪的数额认定标准、管辖问题、涉案财物追缴处置问题、国家工作人员相关法律责任问题等诸多方面给出了详细的司法解释。从2019年开始公安机关对网贷平台刑事案件的态度明确了以保护"金融消费者权益"为宗旨，对部分涉案人员暂不羁押，开放更多的回款渠道，让涉事一方有足够的时间和自由度去"催收"和"挽损"，并且严厉打击逃废债问题，这使网贷涉刑案件的处理越来越稳妥，越来越有章法，既符合案件需要也保护了集资参与人利益。

4.1　非法吸收公众存款罪的认定

非法吸收公众存款罪是《刑法》分则第三章经济犯罪中破坏金融管理秩序的一种犯罪。从该罪名侵犯的法益上看，非法吸收公众存款主要侵犯的是我国金融管理秩序。依据《刑法》第一百七十六条规定，非法吸收公众存款或者变相吸收公众存款，扰乱金融秩序的，即构成本罪，应追究刑事责任。

在我国，金融业务属特许经营领域，国家尤其重视保护特殊机构对"吸收公众存款"这一权限的垄断地位，严令禁止非法金融机构开展"吸收公众存款"的业务。考虑到设立本罪时我国采取的抑制性金融立法，打击该罪所维护的金融秩序实质上表现为以传统银行机构为核心的金融秩序——在这种金融秩序下，任何可能被视为从事银行业务的民间金融活动都成为秩序排斥和打击的对象。

4.1.1 网络借贷

网贷行业发展初期由于门槛低，且无强有力的外部监管，各类运营模式的网贷平台利用一些貌似合理的手段规避非法集资犯罪所需的构成要件，突破资金不进账户的底线，最终演变为吸收存款、发放贷款的信用中介金融机构。直到2016年银监会发布的《网络借贷信息中介机构业务活动管理暂行办法》，才正式将网络融资企业性质一锤定音，即"专门从事网络借贷信息中介业务活动的金融信息中介公司"，更为直白地说，P2P企业是撮合投资方和融资方借贷的中介机构。正是网贷行业发展初期平台到底是信息中介还是信用中介的定位一直不明确，造成大多数网贷平台涉嫌非法吸收公众存款的非法集资行为。[①]这种风险主要存在于债权转让模式和自融、天标、秒标等的网贷平台之中。中介机构自融行为是指以提供信息中介服务为名，实际从事直接或间接归集资金为自己所用。变相自融行为是指中介机构通过拆分融资项目期限、实行债权转让等方式为自己吸收资金。这类行为都应当依法追究中介机构的刑事责任。

1. 非法性

根据2010年最高法的司法解释中首次明确了"非法性"的含义，即违反国家金融法律法规规定吸收资金和借用合法经营的形式吸收资金。但《2019年意见》则明确将监管部门规章和规范性文件也纳入"非法性"认定的参考依据中来，大大降低了"非法性"构罪的认定标准。这一政策的重大调整，主要针对目前网络借贷领域的非法集资行为，基于目前网络借贷金融法律的滞后性，这类新型的非法集资手段难以在短期内被现有法律规制，在这种情

---

① 刘永斌：《法律风险防范实务指导》，中国法制出版社，2015年。

况下，行政主管部门规章或规范性文件能够及时有效地提供监管规范参考，成为司法机关辨识"非法性"参考的标准与依据。

2. 公开性

公开性，是指通过媒体，推介会、传单、手机短信等途径向社会公开宣传。众多网贷平台吸收资金信息宣传渠道主要分为线上和线下两种。线上渠道最为常见，即利用自身网贷平台或者第三方网贷推广平台，如网贷之家、网贷天眼等宣传项目情况；线下渠道主要包括向公众发放纸质广告、户外媒体广告、电话营销、电视报纸广告以及一些博览会和赛事冠名等宣传活动。不管是线上宣传还是线下宣传，都属于通过公开途径向公众传播吸收资金的信息，都具备"公开性"的非法集资属性。网贷平台与生俱来的互联网属性，决定了其天生具备公开性特征。对于公开性的证明，可以将公司网站平台的截图、线下宣传所用的传单以及其他用于产品推广的微博信息、微信公众号信息、电子邮件群发记录等作为证据。

3. 利诱性

一般来说，无论是存款、贷款利率，均由央行统一制定和发布。在我国，除了央行以外，任何其他单位、团体包括其他金融机构均不得擅自提高存贷款利率。凡是以不法提高利率的办法来吸收存款，其行为均违反我国金融竞争秩序。然而，2013年7月5日国务院办公厅发布的《关于金融支持经济结构调整和转型升级的指导意见》要求"稳步推进利率市场化改革，最大限度地发挥市场在资金配置中的基础性作用"。经国务院批准，中国人民银行决定，自2013年7月20日起我国全面放开金融机构贷款利率管制，取消金融机构贷款利率0.7倍的下限，由金融机构根据商业原则自主确定贷款利率水平，取消票据贴现利率管制，对农村信用社贷款利率不再设立上限。尽管我国存款利率市场化改革没有放开对存款利率的管制，但是对涉及存款利率方式吸收存款"入罪"产生的影响不大。在实践中，有些P2P网贷平台公司超越网络融资信息中介的角色，直接以融资者的身份出现，向社会公众募集资金。对于众筹模式是否构成非法吸收公众存款罪的关键是，它是否"承诺在一定期限内以货币、实物、股权等方式还本付息或者给付回报"。对此不能仅解读为以货币、实物或股权等作为对价或回报。

4. 社会性

根据最高人民法院、最高人民检察院、公安部《关于办理非法集资刑事案件适用法律若干问题的意见》第3条规定：针对特定对象吸收资金的行为，应当认定为向社会公众吸收资金：（一）在向亲友或者单位内部人员吸收资金的过程中，明知亲友或者单位内部人员向不特定对象吸收资金而予以放任的；（二）以吸收资金为目的，将社会人员吸收为单位内部人员，并向其吸收资金的。另外，社会性还包括以变相提高利率的方式吸收存款、扰乱金融秩序的问题。比如在实践中，行为人以体外循环、有奖储蓄手法以贷吸存，或者采用在存款中先行补足自己擅自抬高的利率息差的方式非法吸收存款，这些都属于以变相提高利率的方法来吸收存款的方式。

根据2010年最高法司法解释，网贷平台借款的对象属于亲友和单位员工，可以作为"特定对象"而不作为非法吸收公众存款的"社会性"构成要件，其所涉及的金额往往也可以被排除在涉案金额之外。但《2019年意见》在此基础上增加一条：但凡涉案主体在向亲友和单位员工吸收资金的同时，也在向社会公众吸收资金的，亲友和单位员工所涉及的金额，也必然作为涉案金额，不得排除在外。特别是在吸收资金的过程中，放任亲友或者单位内部人员向不特定对象吸收资金，或者为规避监管将社会人员吸收为单位内部人员，再向其吸收资金，其涉案金额都不得排除在外。《2019年意见》明确的三种情形，其实是对《2010年解释》和《2014年意见》的整合和明确。[①]至此，但凡涉案主体在向亲友和单位员工吸收资金的同时，也在向社会公众吸收资金的，亲友和单位员工也划为了"不特定对象"，具备"社会性"特征，其所涉及的金额，也必然作为涉案金额。这一变化使公司的亲友和单位员工也可能作为一般非法吸收公众存款的主体而涉案，需要引起重视，不可再有侥幸心理。

4.1.2 网络众筹

众筹通常是项目发起人在互联网平台发布创业项目信息，吸引网友为该

---

①王拓：《P2P网贷平台非法吸收公众存款行为的司法认定》，载《中国检察官》2016年第1期。

项目筹集资金的融资方式。众筹模式的核心是吸引网友募资，条件是提供合适的回报形式。从互联网众筹业务经营方式和推广方式来看，众筹平台均通过网站等媒体向社会不特定对象公开宣传融资项目，承诺在一定期限内以实物等方式给予回报，众筹在涉嫌违法方面基本同时具备上述四个要件。由于最高人民法院通过司法解释对非法集资犯罪的构成要件做了扩张性的补充，众筹可能涉及刑法罪名方面，众筹与变相吸收公众存款行为更为接近。

众筹活动可能涉及的违法犯罪存在三种可能：其一，众筹融资的行为本身可能因突破证券和公司法律法规的限制而涉嫌违法犯罪，由于证监会尚未对股权众筹业务正式开始审批并发放牌照，现有的互联网非公开股权融资项目均应只针对特定投资者非公开发行，发行人数不得超过200人，通过各种方式突破人数上限者的行为均属违规；其二，众筹平台通过众筹项目实施违法犯罪行为，股权网络众筹平台如果在无明确投资项目的情况下，公开宣传吸引投资项目上线，借助网络归集投资者资金，形成资金池，再对项目进行投资，往往涉及非法集资罪，就涉嫌违法犯罪的风险；其三，融资方利用众筹平台实施众筹项目涉嫌违法犯罪。在众筹项目中，融资活动仍必须由融资方和众筹平台共同完成，缺一不可。①股权回报类项目发起人可能存在故意虚构项目方案和盈利前景，而众筹平台明知融资人提供虚假信息或从事违法的融资行为，仍有意帮助发布项目信息，则项目发起人与平台可能构成共同犯罪。

4.1.3 虚拟货币

比特币基于不受政府控制、相对匿名、难以追踪的特性，和其他货币一样， 也会被用来进行非法交易，成为犯罪工具或隐匿犯罪所得的工具。早期的比特币用户挖矿较为容易，随着未被挖出的比特币越来越少，挖矿成本越来越高，比特币的汇率在不断地上涨，因而比特币曾经被指控为"庞氏骗局"。欧洲中央银行曾对这一虚拟货币进行仔细认真的研究，并在2012年发表的分析报告中表示，以现有资料难以判断比特币是或不是庞氏骗局，一方

---

① 张影：《P2P网贷债权转让模式的法律风险与防范》，载《哈尔滨商业大学学报（社会科学版）》2015年第2期。

面，买入比特币的人需要找到其他愿意买入方可取回资金，许多人认为这符合庞氏骗局的特征；另一方面，比特币白皮书从来没有向任何人承诺高回报，报告认为如果以金钱作考量，比特币对于使用者而言是一个高风险系统。

ICO是指数字加密货币的首次公开募集，投资者使用比特币等虚拟货币购买其发行的数字加密货币，从而实现融资的形式涉及的刑事法律风险首先让人想到的就是非法集资。但ICO项目是否属于刑法意义上的非法集资，仍有不同观点。有部分伪科技公司一定期限内以货币、实物、股权或代币回收等方式给付回报，通过ICO，积分返利与虚拟货币相结合等方式骗取大量社会不特定人员资金。而这些公司往往在融获资金后就人去楼空、集体失联，导致投资人损失惨重。这类ICO可以认定为非法集资。但是若某数字加密货币在首次公开募集时，要求投资者以其他虚拟货币购买代币，并通过发展代币的应用场景提升服务体验来提升代币价值，升值的代币可以在虚拟货币交易平台上自由交易代币或其他虚拟货币。在这个过程中，代币收益凭证仅是代币的收益，而不是承诺的法定货币的收益。ICO代币发行募集的既不是资金，并没有承诺货币或实物的回报，也没有对投资人的资金进行控制，现有刑法体系难以认定其为非法集资。

然而，基于对融资的渴求，许多ICO项目游走在非法集资的"灰色边界"。在一些ICO发布平台上，人民币作为虚拟货币，以太币、泰达币并列的代币买入形式，可以直接购买ICO发行的代币，实现了一些企业直接募集法定货币的目的。在一些企业ICO的募集白皮书中"我要认投"的部分，把人民币作为认投的首要方式，位于比特币和以太币、泰达币之前。钱数虽然不大，对于普通网民，不一定持有比特币或以太币，但肯定持有人民币，在此种情形下，使用人民币的概率是非常大的。同时，还有一些ICO项目发布平台，还有别的方式可以使用法定货币进行ICO，即拥有智能货币这一基于智能合约的法定货币等价物，如bitCNY、 bitUSD等，投资者完全可以用人民币等价换取bitCNY参与ICO，即使用人民币投入，这一智能合约能够根据人民币的数量自动等价成比特币（但并非真正交易兑换成了比特币）；项目团队也完全可以将其筹得的bitCNY通过网关兑换成人民币。这时ICO项目团队募集的并非虚拟货币，而是实打实的法定货币，不必通过其他形式进行掩饰。因此，许多ICO的最终目的还是募集法定货币，这样的违规行为就涉嫌了非法吸收公众存款犯罪。[1]

通过查阅部分ICO项目的募集说明书发现，多数对于投资回报的描述比较谨慎，多是通过发放代币进行奖励，鼓励在应用场景中使用代币，承诺努力提高代币市场地位从而实现转让，这些是代币的特别应用，并非司法解释中的以货币、实物、股权等方式进行还本付息或给付回报。但有些"回购自毁计划"却值得研究。这一计划是为了控制代币的数量，确保其稀有价值，承诺"从2019年开始的十年间，每年用10%的利润回购自毁代币，且回购价不低于发行价"，这一承诺是否构成"还本付息，给付回报"发行价约定的则有法定货币如人民币、美元，也有比特币或以太币。这种情况下如果发行的价格、约定回购的价格均为法定货币，由于承诺回购，而且回购价不低于发行价，可以认定为司法解释中的"承诺在一定期限内还本付息或给付回报"，可以证明这样的募集资金具有利诱性的特征。因此，这样的ICO形式可以认定为刑法意义上的非法集资。[2]

在一些ICO募集书的最后也附有风险提示，即"虚拟货币投资，交易具有极高的风险（预挖，暴涨暴跌，庄家操控，团队解散，技术缺陷等），参考国家五部委《关于防范比特币风险的通知》，企业对ICO项目及其代币，某某币的投资价值不承担任何审查，担保，赔偿的责任，您需要完全对自己的投资损失承担责任，如果您不能接受，请不要参与本次平台代币发售和投资"。这一提示似乎与前面论证的承诺保本付息有所冲突。但是根据金融"穿透式监管"的精神，和刑法中实质审查的原则，进行了风险提示不代表着就不存在回报承诺，还应该具体分析其实质行为。

总而言之，目前我国存在的ICO项目确实存在非法集资的风险，一些试图踩在灰色地带，却已经实际触及了法律红线。ICO作为企业募集资金的手段，其刑事法律风险较高，具体的认定还应该在认清虚拟货币在我国经济法和刑法中地位的基础上，结合ICO的具体运作模式来综合判断。

---

[1] 冯涛，张翠芳：《虚拟货币洗钱风险研究及监管对策—基于FATE监管指引视角》，载《西部金融》2016年第6期。

[2] 王展：《区块链式法定货币体系研究》，载《经济学家》2016年第9期。

4.2 集资诈骗犯罪的认定

以非法占有为目的，使用诈骗方法非法集资，是集资诈骗罪的本质特征。是否具有非法占有目的，是区分非法吸收公众存款罪和集资诈骗罪的关键要件，对此要重点围绕融资项目真实性、资金去向、归还能力等事实进行综合判断。对于大部分资金未用于生产经营活动，或名义上投入生产经营但又通过各种方式抽逃转移资金的情况，以及归还本息主要通过借新还旧来实现的情况可以认定具有非法占有目的。

集资诈骗罪中的非法占有目的，应当根据情形具体情况具体分析。行为人的非法集资行为中有一部分具有非法占有目的，则只针对该部分非法集资行为所涉集资款以集资诈骗罪定罪处罚；多个行为人共同犯罪的非法集资，经过事实认定后，只是部分行为人具有非法占有集资款的故意和行为，其他行为人没有主观非法占有目的，则只对具有非法占有目的的行为人以集资诈骗罪定罪处罚。多数集资诈骗类犯罪是以民间借贷或非法吸收公众存款的"地下钱庄"等形式出现，把经济实力雄厚的机构或个人作为"集资"的对象，并借助集资参与人口口相传不断发展，人数不断增多，如果当行为人没有以明示方式反对或者阻止"集资"范围不断扩大，就会改变集资的性质。一般而言，诈骗类犯罪在犯罪客观方面要求其具备一定的欺骗手段，《刑法》将其表述为"虚构事实或隐瞒真相"。即通过虚构资金用途，虚假证明文件或者承诺高回报率为诱饵来骗取集资款。

在实践中，部分网络借贷平台经营者，先兼并一些中小企业为自己的融资对象，再通过编造资金用途把兼并企业包装成借款人，把虚假的借贷标的信息发布在平台上，通过大肆广告宣传或者请名人站台，向投资者承诺高回报，高收益，保本付息，诱骗公众资金聚集，由于缺乏可以有效配置以获取高额收益的资产，只能以后期融资金偿还前期资金的高额利息，待吸收了大量公众资金后，采用借新债还旧债的庞氏骗局手法，或是集资人将募集资金转归自己所有或者任意挥霍，抑或是短期上线就突然关闭网站携款潜逃，这部分P2P平台多以诈骗为目的设立，存在其主观上具有非法占有的目的，且同时实施了诈骗方法非法募集资金的行为，涉嫌上述行为的P2P平台往往被司法机构认定构成集资诈骗罪。

自2019年以来，为了化解多年来网络融资中不合规借贷合同风险，公安机关和监管部门对于出现兑付困难的平台不再直接进入刑事司法程序，而是给予一定时间处理债权债务关系，并且同时打击"逃废债"，最大限度地保护金融消费者的合法权益，引导网贷机构良性退出。

4.3　网络非法集资犯罪侦查取证

网络非法集资犯罪案件可以通过分析营销模式和资金使用情况，确定非法集资类型。通过对集资主体的宣传材料、集资方的实际运营方式、被害人陈述、证人证言进行分析，判断该非法集资的营销模式，确定该非法集资犯罪是属于一般的"非法吸收公众存款罪"，或者是行为上符合其他刑法另有规定的罪名，确定其适用的法律。分析集资方进行集资的方式，若存在使用诈骗的方法进行集资的，如果资金使用方式存在挥霍集资款、携款逃匿、抽逃资金等导致集资款不能归还的，可以认定其具有非法占有目的，这类犯罪则定为"集资诈骗罪"。

4.3.1　关于非法吸收公共存款罪的取证

根据最高人民法院2010年《关于审理非法集资刑事案件具体应用法律若干问题的解释》第1条的规定，需要认定非法吸收公众存款的（"四性"特征）非法性、公开性、利诱性和社会性。因此，对于该罪名的证据收集也应围绕"四性"展开。

1. 关于非法性的证明。通过资格审查确定集资主体是否具有集资资格。只有经过有关部门依法批准，符合金融管理法律规定，才能进行相关的集资活动，如银行、证券公司、财务公司、保险公司、信托投资公司、基金管理公司、上市公司、互联网借贷平台、互联网众筹平台，这些不同的主体分别在各自的权限范围内进行的集资活动就是合法的，如果其本身就不具有相应的资格或者超出权限范围进行集资活动就属于非法集资。公安机关应联合银监会、证监会、保监会、工商部门等对涉案主体进行资格审查，判断其是否具有集资资格以及其可以进行的集资活动范围。然后，通过涉案主体的公司介绍、公告、宣传材料、集资内容和过程、被害人陈述等综合判断其实际经营内容，若超出其经营权限范围，则认定为不具有集资主体资格，属于非法集资活动。

侦查员可以从公司法务或外聘法律机构针对公司产品和经营模式出具的法律意见书中寻找突破口。法律意见书中已对公司业务模式中可能存在的法律风险进行了梳理，并提出了相应的合规整改举措，从中寻找业务模式中的薄弱环节（如是否设有资金池，是否存在债权转让、期限错配、自融或变相自融等情形）。此做法可视为侦查取证的一条捷径。在具体的取证环节中，除了依照上述非法经营罪中"规定经营范围—实际经营范围—违规行政意见书（非必要证据）"的路径，证明业务模式的非法性之外，侦查员还要对公司财务制度（包括钱款流转模式、财务审批流程）和业务类工作模式（包括工作审批请示流程情况、业务模式确定情况、公司投融资业务销售的资金流转情况等）进行取证，明确部门负责人的职权范围，以明确共同犯罪中违法行为的责任归属问题。[①]最后，侦查员要结合行为人的认知能力、既往经历、行为特征、获取报酬等情况对其违法性认识进行取证。对此可以首先明确行为人的刑事责任能力，并在其他涉案人员的言词证据中，寻找关于行为人工作中行为表现的描述（如行为人多次代表公司对外签署合同，同案犯供述证明行为人有参与运营模式的设计），也可依照行为人以往工作经历，目前从事的业务工作，行业规范的知悉程度，平台业务是否遵循了行业规范，以及是否获取高额报酬的路径对嫌疑人开展讯问。

2. 关于公开性的证明。网贷平台与生俱来的互联网属性，决定了其天生具备公开性特征。对于公开性的证明，应结合公司网站平台的截图、线下宣传所用的传单以及其他用于产品推广的微博信息、微信公众号信息、电子邮件群发记录等证据来进行，在此不做赘述。

3. 关于利诱性的证明。网络非法集资案件中，最重要的信息就是与资金相关的信息，从案件的定性到证据的收集再到定罪量刑，都离不开资金信息。因此，在排查是否存在非法集资犯罪时，可以从资金流入手。侦查部门在常

---

①黄辛，李振林：《互联网金融犯罪的刑法规制》，载《人民司法（运用）》2015年第5期。

规的信息检查中，着重对银行转账流水、支付宝转账记录、微信转账记录等转账信息进行分析。例如在一段时间内，存在多个账户突然向同个账户或户主间具有关系的几个账户进行汇款，尤其是陌生账户间在短时间内突然出现较多转账信息的，较为可疑。在检查这些信息时，还可以结合各个账户户主注册的手机号间的通信记录或其社交软件的聊天记录等信息进行综合分析，使检查结果具有更高的可信度。

通过转账信息查询，确定集资规模。在初步查明主要犯罪嫌疑人及其借用的集资方式后，从其直接的银行账户和第三方支付账户入手，对与其有关的账户进行关联分析，甄别集资方账户和受害人账户，计算出通过转账涉及的资金数量，再配合司法审计报告、会计凭证和会计账簿、合同、资金收付凭证、被害人陈述综合分析，确定非法集资的资金总量。

网络融资内生于民间金融，没有收益的借贷是不可能吸引投资人的。在取证过程中，一是要注重收集网站截图、广告传单等线上线下推广标语中关于收益率的宣传内容，以证明平台存在利诱性宣传行为。二是要调取平台数据中关于贷款总额、借款人数、交易频次等电子数据，收集投资人签订的借款协议的书证（或网签电子合同的电子数据）、投资人与公司账户银行流水凭证的书证，综合会计账簿中关于公司账户资金往来情况，结合投资人的证人证言、公司市场营销团队主管和员工的供述，证明平台业务投资返利情况的客观存在。三是将上述证据进行汇总，交由第三方机构进行审计，出具司法鉴定意见，提升证据的证明效力。证明平台的借贷行为是长期的、具备盈利性质的货币经营行为，而非短期的、熟人间的资金拆借、金融互助行为，以此证明平台业务的利诱性特征。

在实务工作中，持有金融牌照的嫌疑人往往提出诸多辩解，称其从事的是创新的风险投资行为，而非非法吸收公众存款，其与投资人签订的协议中载明的是"预期年化收益率"，并非保本付息的固定收益，其在合同中已经注明"投资有风险、购买须谨慎"，甚至还在事前对投资人进行了投资者教育，要求投资人填写了风险承受力的调查问卷，其实施的行为至多是没有遵守行政监管，属于违法行为，不是犯罪。对于利诱性的理解可以用"保本付息"来解释。金融的本质是风险定价，通过承担未来的风险获取收益，即根据贷款人的信用评分对未来某个时间点上可回收成本的概率进行评估计算，然后换算成收益进行定价，是事后定价。而非法吸收公众存款行为是事前定价，其用"保障本金、许诺收益"的方式获取资金的使用权，即"只要出资即可通过出资行为获得回报"，虚构出包赚不赔的无风险投资项目，使投资人忽略对项目底层资产的关注，将真实的风险进行掩饰，违背了价值规律、隐瞒了事实真相。对待上述情形，侦查员应在听取嫌疑人合理辩解的基础上，坚持主客观一致的原则，对嫌疑人提出的辩解进一步调查核实，既要收集嫌疑人无罪或罪轻的证据，也要根据疑点进一步收集入罪证据。侦查员可以根据以下方面内容来认定行为是否存在"利诱性"：投资合同中是否附带担保协议或无条件回购借款本息的约定；产品销售员在参加岗前培训时对销售术语、产品知识是否存在相关"利诱性"；投资人在购买平台理财产品时是否存在保本付息的口头承诺；在投资人填写投资风险评估问卷时是否存在公司销售员代替填写的情形；风险承受力测试结果对用户购买高风险投资产品是否有实质性的阻滞效果。

4. 关于社会性的证明。关于社会性的认定应从主观态度、行为对象、融资方式三个角度展开。网贷平台非法集资案件中行为人是通过网站的公开宣传来吸收资金的，行为人表现出对资金来源"放任扩张"的态度，即凡是能够吸收到的资金都会予以接受，因此可以认定行为人在主观上具有向不特定对象吸收资金的故意。侦查员可结合获取客户的途径、获取客户的成本、平台盈利情况，以及公司运营中是否存在控制交易规模、贷款余额总量等情况进行取证。侦查员要注意搜寻公司产品推广培训的视频资料、培训手册等书证。在讯问过程中，要将嫌疑人对网站宣传行为造成的结果和向不特定多数人吸收存款的放任态度体现在笔录中。对涉案人数和涉案金额的取证，也要结合平台服务器的数据库、公司会计账簿、银行流水、嫌疑人的供述辩解和相关的证人证言，将数据流、资金流和言词证据进行印证，厘清每笔借款标的的履约情况，最终形成第三方的审计报告。

4.3.2 关于集资诈骗罪的取证

集资诈骗罪的证明，需要在证明非法吸收公共存款罪的基础上，证明行为人"非法占有为目的"的主观故意。对于"非法占有为目的"的证明，一般适用推定的证明方法。《2019年意见》对非法集资案件主观认定方面,进一步重申了2010年最高法司法解释中对"非法占有为目的"的认定标准。与此同时,《2019年意见》还进一步明确了构成非法集资的证据规格,其中可以用于证实存在集资诈骗行为的证据包括但不限于:使用虚假身份信息对外开展业务,虚假订立合同、协议,虚假宣传明显超出经营范围或者夸大经营、投资、服务项目及盈利能力,等等。行为人都存在先利用虚假的投资标的吸收公众存款,然后再将集资款项借贷给他人或供个人消费挥霍的情形。所以针对司法实践中常见的事实推定情景提出自己的观点。推定的适用过程中,存在着证明责任的分配、转移以及再转移。由于犯罪嫌疑人往往身陷囹圄,不具备取证能力,为平衡控辩双方的诉讼地位和对抗能力,推定过程中控辩双方遵循着不同的证明标准,即对基础事实的证明、犯罪嫌疑人的辩解不成立的证明都要达到事实清楚、证据确实充分的程度,而犯罪嫌疑人对推定事实的证伪或者对相反事实的证明,只须达到高度可能性的程度(即证明到法官对推定事实的可靠性产生合理怀疑)就可以了。[①]

4.3.3 未来网络非法集资案件侦查取证的发展

在侦查取证中存在的"数据技术迭代更新与取证规范修订缓慢引发的侦查困境"和"取证工作激增与严格证明标准引发的侦查困境",其解决也多需要在传统立法和传统思维上寻求突破。

1. 利用司法判例形成"软性"技术规范

数据技术的不断发展,标志着生产力水平的升维,推动着社会文明的进步。技术标准应是行业内部达成共识的产物,其结果应被市场认可,绝非一纸行政公文可以确定的。换句话讲,在技术发展与时俱进的今天,在技术前沿领域,技术标准只会有相对的规范,而难有绝对的规范。从技术规范制定的角度讲,具有侦查权的主管部门可以根据技术的发展缩短行业标准的更新周期,并制定取证原则性规范和具体取证技术规范,操作指引等不同层级的标准规范文件。从取证的环节考虑,侦查取证可以引聘入请第三方专家辅助人的机制,通过业内学术权威的指导,提高电子数据的证明效力。从法庭质

[①]陈瑞华:《刑事证据法学》,北京大学出版社,2012年。

证环节考虑，在庭审中可以由控辩双方各自指定的专家辅助人说明情况，或是由多名专家组成的专家技术评审团进行表决，将此作为法庭采信此类证据的依据。从司法判决的结果考虑，在司法阳光化的今天，可通过司法判例的公开或发布指导性案例的方式，认可证据取证操作流程，间接指引取证规范化路径，起到与规范标准相同的效果。或者参考其他网络犯罪判例中的相似经验做法，合理配置证明责任，如先由控方就电子数据的提取过程作出说明，辩方对取证过程和结果提出质疑，并举证是否存在更合理并有利于犯罪嫌疑人的取证方式，否则只能认可控方取证方式。①

对于技术取证，应注重应然和实然的划分，不能因无法达到应然结果而对电子数据取证望而却步，弃之不用。而应该在司法实践中积极尝试，尝试利用举证责任转移，听取抗辩意见的程序性手段削减实然与应然的差距，在不断的"试验"中总结经验，吸收"试错"的教训，逐步探索出一条在实然技术状况下使用电子数据的路径。

2. 建立证明简化规则缓解侦查取证压力

证据一直都被认为是一种稀缺的司法资源。在网络时代，用以证实网络融资犯罪的电子数据同样处于短缺的状态，故针对网络非法集资犯罪，应该建构一整套完整的简易电子证据证明机制。②首先，网络融资非法集资案件的总体涉案金额与个体的投资数额量级相差较大。如"e租宝案"中在几十万到一百万的个别投资人在数额认定上的稍许偏差对500多亿元的涉案金额影响并不大，而对海量的取证工作，不停追加报案人，进行重复的审计和补充侦查工作，已成为司法工作的负累，严重制约了司法效率、浪费了纳税人提供的司法资源，其次，网络融资非法集资案件发案周期长，行为人在资金链断裂前多会有毁灭账册的行为并做好出逃准备。如"e租宝案"中犯罪嫌疑人为了毁灭证据将1200余册证据材料装入80余个编织袋，埋藏在安徽省合肥市郊外某处6米深的地下，专案组动用两台挖掘机，历时20余小时才将其挖出。③在行为人有意销赃灭迹的举动前，司法人员依然持守"证据确实、充分"的

①刘燕：《金融犯罪侦查热点问题研究》，知识产权出版社，2014年。
②刘品新：《网络犯罪证明简化论》，载《中国刑事法杂志》2017年第6期。
③白阳：《"e租宝"非法集资案真相调查》，载《中国刑事法杂志》2017年第6期。

严格证明标准，高举无罪推定的旗帜，站在人权保障的高地，防止行为人被苛以过重的刑罚，或许是对违法犯罪行为的放纵。又如网络融资非法吸收公众存款案件中出现的部分投资人由于自身存在公职人员等特殊身份，不愿到侦查机关报案或不愿配合侦查取证工作的现象，使得该类群体的投资数额无法认定，成为侦查取证中的"盲区"。[①]《经济犯罪案件的若干规定》吸收了此前"两高一部"《电信网络诈骗案件适用意见》中关于证明简化的意见，[②]针对网络非法集资等案件提出了简化证明模式的原则性规定。[③]在一定条件下，运用"高度概括性"的标准降低了举证难度。从客观条件来看，网络非法集资案件中行为人持有运营数据、银行交易信息等证据，证明自己无罪的举证能力相对较强。现有证据中，既有客观的电子数据和银行交易记录证明犯罪行为涉及的人数和金额，又有部分投资人的口供相印证，故在现有证人证言可以证明犯罪嫌疑人达到入罪标准的情况下，可以推定电子数据或银行交易信息显示出的犯罪数额成立，同时允许行为人对认定不合理的数额提出反证，综合全案证据认定行为人的犯罪金额和涉案人数。

4.4 网络非法集资犯罪相关案例

4.4.1 网络借贷平台——P2P三湘金融非法集资案

2016年3月17日，黄某甲与肖某甲（另案处理）共同注册成立湖南某某资产管理有限公司，黄某任法定代表人、董事长，负责全面工作；黄某甲担任公司总经理，负责公司的日常管家，肖某担任副总经理，负责公司的人事招聘、网络平台的推广、宣传、发布。公司经营范围中明确注明不得从事吸

---

①毛玲玲：《金融犯罪的实证研究——金融领域的刑法规范与司法制度反思》，法律出版社，2014年。

②确因被害人人数众多等客观条件的限制，无法逐一收集被害人陈述的，可以结合已收集的被害人陈述，以及经查证属实的银行账户交易记录、第三方支付结算账户交易记录、通话记录、电子数据等证据，综合认定被害人人数及诈骗资金数额等犯罪事实。

③侦查机关办理非法集资、传销以及利用通信工具、互联网等技术手段实施的经济犯罪案件，确因客观条件的限制无法逐一收集被害人陈述、证人证言等相关证据的，可以结合已收集的言词证据和依法收集并查证属实的物证、书证、视听资料、电子数据等实物证据，综合认定涉案人员人数和涉案资金数额等犯罪事实，做到证据确实、充分。

收存款、集资收款、受托贷款、发放贷款等。公司成立后建立了"三湘金融"网上投资平台，通过QQ投资交流群、网站发布信息等方式公开宣传，在该网络平台以虚假资产为担保，黄某作为借款人，某某公司作承诺给付年息12%的高额利息和奖励，诱使投资人投资。投资人投资后，资金通过第三方网络支付平台转入犯罪嫌疑人黄某的私人账户。黄某等人陆续将其中888000元投资款取现、10161718.50元投资款转账给他人，且黄某甲、肖某于2016年5月分别花费156万余元和122万余元为自己购买车辆。2016年6月16日，犯罪嫌疑人黄某、黄某甲、肖某关闭公司及网络平台并失联，致使被害人的资金无法收回。

在案件受理后，侦查员一是向投资人了解案件基本情况，二是根据先期侦查获取的信息依法从第三方支付平台调取了某某公司建立的三湘金融网上投资平台的投资明细（包括各投资人的名字、交易时间、交易金额、交易类型等）的电子数据，三是查证资金流向（侦查员依据的是能够证明黄某在长沙银行、建设银行及招商银行账户交易情况的银行账户交易明细、个人存取款凭条）。通过比对数据流和资金流，侦查人员发现平台投资款未按照事先约定的用途使用，有疑似利用虚假项目非法集资的可能，遂对项目标的的真实性进行进一步核查。考虑到肖某甲为平台第二大股东，且已被另案处理，有与侦查机关合作、争取立功表现的可能性，侦查员决定先与其进行试探性接触并核实情况。从证人肖某甲的证言中，侦查员获悉嫌疑人黄某甲想和肖某甲一起开公司，其在长沙市开福区万达广场某栋某号开了某甲公司并占40%的股份，主要做资产回收管理，但实际上并没有做成一笔业务，其本人也并未参与网贷平台的实际经营。

在对黄某、黄某甲、肖某依法采取强制措施后，侦查员结合前期获取的证据对三人开展讯问。针对侦查机关对虚假投资项目的提问，黄某甲供述："平台建好后在网上找一些房产信息，将这些房产证上的名字、证号类有特点的东西打码遮挡后（遮挡的目的是让投资者发现不了这些东西是假的），由肖某将假的房产信息发布到三湘金融投资平台上去（从证人周某甲的证言证实）。"

面对黄某甲的指证，肖某辩解："项目资料是黄某和黄某甲让其发到网上的，自己对这些资料的真实性不清楚，由于借款人的信息不能公开，便把这些凭证上的数字、名称、地址都用马赛克遮盖了。"为转移侦查视线，肖某供述："黄某主要负责与借款人签订借款协议，代表公司与其他供应商签订各种文书、合同等，其次是负责财务，投资人的资金进出需要他确认，还有公司日常开支费用的签字，公司走账也是用黄某的账户进行的⋯⋯公司所有运转费用都是从黄某的卡里转来的，都是以报销的形式直接使用，钱没有入公司的账。"（与黄某甲的供述吻合）

黄某曾因抢劫罪被判处有期徒刑六年，所以对黄某的讯问显得格外艰难。黄某对于犯罪核心问题特别是资金流向不是避而不谈就是编造谎言，侦查员根据黄某甲供述的"在公司里只有黄某甲、肖某、黄某三个人知道户名和密码⋯⋯公司共吸收了三千多万元的投资，获得大约有二千五百万元。黄某提现了八百多万元，还有一千多万元不知道到哪儿去了⋯⋯"以及对黄某个人银行账户查证的结果，对黄某展开讯问。黄某承认自己取现800余万元的事实，但称该款项全部交给了黄某甲。针对上述指证黄某甲称：自己并未收到黄某的全部款项，黄某提现了800多万元，只给了自己500万元，其中给了肖某100万元、肖某甲200万元、肖某甲手下做事的人100万元，自己留了100万元。黄某那300万元，给了介绍他到这个公司做事的朋友100万元，黄某自己拿了200万元。另外，自己和肖某消费了300多万元用于购买汽车（肖某的笔录中也承认了购车款的存在）。

此外，本案的证据还包括：（1）机动车销售发票复印件。证明肖某丙购买一台路虎越野汽车，花费1659000元。（2）扣押经过、扣押决定书、扣押物品清单。证明长沙市公安局开福分局依法扣押犯罪嫌疑人黄某甲、肖某涉案车辆各一台。（3）刑事技术照片。证明扣押的车辆照片。（4）补充侦查说明，证明某某公司在关闭前已将相关资料销毁，无法找到相关宣传资料。（5）报案书、身份证复印件、银行交易明细、投资信息截图、投标金额证明、交易记录、短信记录等资料。证明2016年6月16日，相关的网络交易平台无法打开（该网站相关资料及投资人数据都被删除），并停止回款和发标，与此同时，客服人员也集体消失，官网客户电话、公司人员手机无法接通。（6）银行账户交易明细、个人存取款凭条，证明犯罪嫌疑人黄某长沙银行、建设银行及招商银行账户交易情况。综合言词证据及以上证据，证明黄某分别于2016年5月27日、5月28日、5月31日签字取款38万元、85万元、100万元。从而认定黄某甲、肖某存在以非法占有为目的的挥霍行为。而对于黄某，因其参与了公司的工商登记注册并担任法定代表人，其应当清楚公司的经营范围，且经营范围明确规定了公司不得从事吸收存款、集资收款等业务。虽然黄某供述不清楚集资款去向，侦查机关也无法查实，但取款凭证证明其取现800余万元，其供述该款项全部交给了黄某甲，但黄某甲指认黄某从中获取了300万元。虽两人供述互相矛盾，但公司吸收的集资款均流入黄某私人账户，其与同案犯随意使用而致使集资款不能返还，应当推定黄某主观上明知进行非法集资，且有诈骗的故意，其应当对本案的诈骗金额负责，认定为集资诈骗罪。

4.4.2 网络借贷推广平台——"跑路潮"中金融超市的法律风险

2014年，P2P行业曾爆发"跑路潮"。大量P2P平台以"上线—集资—潜逃"模式浑水摸鱼，攫取巨额非法利益，导致投资者血本无归。跑路的P2P平台或失联，或已将资金挥霍殆尽，投资者根本无法从平台手中获得投资款，只好将目光转向百度。百度之所以"躺枪"，都是"百度推广"与"百度财富"惹的祸。"百度财富"作为信息型金融超市，为消费者提供了海量P2P平台信息，其中也包括接受了百度认证但事后跑路的不良平台。消费者辩称"因为信任百度所以投资了该平台"，认为百度应当为跑路者"埋单"。

那么，金融超市是否应当就产品发布者的行为承担责任？

对于金融信息平台，由于其仅提供产品信息，消费者甚至不在该平台完成具体交易，金融信息平台对二者之间的交易过程、法律文件一无所知。由于整个交易都是在第三方网站完成，对信息型金融超市而言是处于完全"失控"的状态，若要求其承担侵权责任未免有失公平。那么，是否可以基于《广告法》向信息型金融超市索赔？

我国《广告法》中所称"广告"，是指"商品经营者或者服务提供者承担费用，通过一定媒介和形式直接或者间接地介绍自己所推销的商品或者所提供的服务的商业广告"。信息型金融超市中的"信息"分为两类。对于超市自动"抓取"的产品信息，很难将其认定为广告。所以，此处讨论的主要是付费发布产品信息的情形。当虚假广告案件发生时，"由广告主依法承担民事责任"，若"广告经营者、广告发布者明知或者应知广告虚假仍设计制作、发布的，应当依法承担连带责任"。

由此可知，追究广告发布者责任时，以其"明知"或"应知"为前提，若广告发布者尽到了合理的注意义务，即不承担法律责任。基于金融产品的特殊性，金融超市在进行审查时无法像检验普通商品一样只须确定检验标准再比照检验标准进行鉴定、核查即可，以众筹项目为例，若项目发布方精心设计骗局，恐怕连最繁复、精细的尽职调查报告也无法预先看出端倪。法院在界定"合理注意义务"时，应当考虑到互联网金融的特殊性。

除此之外，金融超市的另一个风险是，若"广告经营者、广告发布者不能提供广告主的真实名称、地址的，应当承担全部民事责任"。

对于销售型金融超市，平台与金融产品提供者同属一个集团或一家金融机构。网络超市的经营者要么由所涉金融产品发布者本身经营（二者同属一个法人），要么由集团旗下其他法人经营。对于前者，可直接起诉涉案法人对于后者，由于同属一家集团，该金融超市的天然便利令其可以掌握更多的项目资料，审核义务应当更为严格。但在实际操作层面，该类公司受集团控制，管理层很难做出"不发布某金融产品"的决策，故审核往往流于形式。不过，换个角度讲，有权经营多种经营产品的国有企业、商业银行——如平安集团、中国工商银行——信用往往更高，对投资者而言，在这类销售型金融超市购买产品法律风险可能更小。

谈及媒介型金融超市的责任，不得不首先界定该类金融超市的法律地位。媒介型金融超市不作为买方或者卖方参与交易本身。虽然其模式类似于"互联网金融市场"，但其与实体柜台的法律地位仍有不同。实体超市中的柜台数量有限，超市有能力对其进行实时监督，可以做到及时发现、解决问题，可以通过定期检查等制度完善管理、规避风险。但在互联网金融超市注册企业的数量级与实体超市完全不在一个区间。金融超市"对商家和商品的信息控制能力不如展会举办者或柜台承租者，要求网络交易平台提供商承担《消费者权益保护法》第三十八条规定的连带责任，明显过于苛刻，也不公平"。

媒介型金融超市不作为买方或者卖方参与交易本身。目前，法律对网络服务商的约束主要体现在知识产权领域，鲜少涉及其他领域。根据《关于维护互联网安全的决定》第六条第二款："利用互联网侵犯他人合法权益，构成民事侵权的，依法承担民事责任。"但并未明确应当承担何种责任。

《侵权责任法》第三十六条第三款的规定在一定程度上体现了"避风港"原则："网络服务提供者知道网络用户利用其网络服务侵害他人民事权益，未采取必要措施的，与该网络用户承担连带责任。"但该规定既未明确"知道"的程度内容，也并未指出若金融超市"不知情"时是否应当承担责任或承担何种责任。

《网络交易管理办法》第二十八条规定："第三方交易平台经营者应当建立消费纠纷和解和消费维权自律制度。消费者在平台内购买商品或者接受服务，发生消费纠纷或者其合法权益受到损害时，消费者要求平台调解的，平台应当调解；消费者通过其他渠道维权的，平台应当向消费者提供经营者的真实的网站登记信息，积极协助消费者维护自身合法权益。"该条文似乎把第三方交易平台定位为纠纷解决的辅助者，而不是责任方。

互联网金融超市的纠纷主要分为两大类：一是金融产品提供者无法按约定提供给付利益或提供服务；二是通过金融超市获得融资款的用户无法按约定偿还融资款。但现行法律并未对媒介型金融超市责任作出明确规定。实践层面，当消费者与金融产品提供者出现纠纷时，金融超市以披露必要信息、提供电子证据、调解等手段协助解决纠纷。一方面是因为国家鼓励网络服务平台的发展，不欲苛以过重的义务；另一方面从公平角度而言，成千上万入驻企业的行为并不在金融超市的"控制"之下，只能要求金融超市尽到合理的注意、监管义务，无论要求其承担无过错责任、过错责任还是补充责任都不甚公平。在金融领域，通过任何一个金融产品或通过任何一个企业募集到的资金都可能上亿。一旦纠纷爆发，金融超市很难完成赔付。日积月累，造成的后果只能是金融超市逐渐退出。由于审核不意味着排除风险或提供担保，让平台方承担原本应当由消费者承担的道德风险将会令媒介型金融超市中自身的权利、义务、责任失衡。

虽然法律规定不明，但金融产品违约事件的特征之一是涉案消费者众多。当消费者集结起来集体维权，金融超市无法理直气壮地不进行赔付。这不单单是一个法律问题，更是商业信誉问题甚至演变成社会问题，最终由政府介入调停。届时金融超市只能与消费者相互妥协，议定解决方案。

4.4.3 虚拟货币——"Plus Token平台"网络传销案

2020年11月，公安部侦破了首起以比特币等虚拟货币为交易媒介的"Plus Token平台"网络传销案，该案涉及参与人员200余万人，层级关系多达3000余层，涉案虚拟货币总值逾400亿元，在公安部统一指挥部署下，先后将潜逃境外的27名主要犯罪嫌疑人和82名骨干成员抓捕归案，彻底摧毁了这一盘踞境内外的特大跨国网络传销组织。

2018年初，被告人陈某策划以区块链为概念在互联网设立Plus Token平台开展传销活动，他先后聘请被告人郑某、王某虎团队开发、运营维护该App并建立网站，该平台于2018年5月1日正式上线。同时，被告人陈某、丁某清、彭某轩、谷某江等人成立了Plus Token平台最高市场推广团队——盛世联盟社区，通过微信群、互联网、不定期组织会议、演唱会、旅游等方式发布Plus Token平台的介绍、奖金制度、运营模式等宣传资料，虚构、夸大平台实力及盈利前景进行宣传推广。2018年5月开始，被告人陈某、袁某先后招募被告人刘某、陈某、贺某思、刘某、彭某、陆某龙、伍某红等人，从事Plus Token平台的客服、拨币工作。2018年8月，经被告人丁某清邀请，被告人陆某龙加入Plus Token平台并负责介绍、对接其他区块链领域活动主办方、新闻媒介，推广宣传平台，扩大影响力。发展下线会员160余万个，最大层级3293层。

经查，2018年5月，犯罪嫌疑人陈某聘请网络团队开始搭建开发"Plus Token平台"及其相关应用程序，该平台首次公开募集时以区块链技术为噱头、以比特币等虚拟货币为交易媒介，打着通过提供虚拟货币增值服务（"智能狗搬砖"功能）来提升代币价值，并向广大参与群众承诺高额返利吸引资金。Plus Token平台对外宣称其代币可以同时在不同交易所进行套利交易，赚取差价，即拥有"智能狗搬砖"功能，后续经公安机关调查发现平台并不具备该功能，平台没有任何可以提升服务价值的应用场景，仅是作为噱头借助互联网在我国及韩国、日本等国大肆传播。此外，平台分工合作，技术组负责技术运维，市场推广组负责宣传推广，客服组负责咨询答复，拨币组负责审核提币等工作。平台要求参加者缴纳价值500美元以上的虚拟货币作为门槛费，并且通过上线的推荐才能取得该平台会员账号，在取得了会员资格以后才能开启"智能狗"从而获得平台收益。会员根据推荐发展的先后顺序组成层级，并根据发展下线会员数量和投资资金的数量，将会员分为五个等级，不同等级会员在该平台上获得智能搬砖收益、链接收益、高管收益等三种主要收益，并以此进行返利，直接或者间接以发展人员数量及缴费金额作为返利依据。

2019年初，江苏盐城公安机关在工作中发现陈某等人涉嫌利用"Plus Token"虚拟币交易平台组织领导传销犯罪，立即成立专案组。在公安部经侦局组织指导下，专案组对案件进行深度研判分析，经上海辰星电子数据司法鉴定中心对 Plus Token 平台后台电子数据进行鉴定，初步查明了该传销团伙组织架构、人员层级和资金流转等情况。

2019年1月，陈某、袁某为逃避法律打击，将平台客服组、拨币组搬至柬埔寨西哈努克城，并继续以 Plus Token 平台进行传销活动。经电子数据司法鉴定中心勘查2018年4月6日至2019年6月27日，该平台注册会员账号接近270万，其中经过身份认证的账号大约160万，上下会员最大层级为3293层。2020年3月，公安部部署全国公安机关发起集群战役，将涉嫌传销犯罪的27名主要犯罪嫌疑人和82名骨干成员全部抓获。

被告人陈某1于2018年6月到 Plus Token 平台工作，在拨币组担任员工。2019年6月27日至28日，陈某1在明知 Plus Token 平台负责人陈波被公安机关抓获，相关虚拟货币系犯罪所得的情况下，仍然积极与陆姣龙进行合谋，转移、窝藏违法所得的各种虚拟货币超过1.5亿，数额特别巨大。被告人陆某龙被侦查机关取保候审之后，将其中450个比特币进行了兑换并转移隐匿。因上述被告人的藏匿及转移行为，最终造成456个比特币、573181.4个柚子币和911个以太坊币无法追回。依照相关法律之规定，陈某、丁某清等14名被告人犯组织、领导传销活动罪，分别判处有期徒刑十一年至二年，缓刑三年，并处罚金。被告人陈某1犯掩饰、隐瞒犯罪所得罪，判处有期徒刑四年十个月，并处罚金。

比特币2009年由自称"中本聪"的人发明，需要依据特定算法，通过挖矿机进行大量的运算产生的。比特币诞生时，已经确定最大值约为2100万个。挖矿机挖掘比特币，并不是一定能够在多少时间内或者利用多少显卡的挖矿机就能挖出恒定的比特币，比特币的挖掘具有随机性。但是"Plus"币却是宣传恒定的收益率。比特币不是法定承认的货币，但是具有投资性，所以吸引了众多投资者的尝试掘金，所以出现了大量的比特币诈骗平台。"Plus"币的挖矿机使用规则，并且制定了发展下线人数、获得额外收益的分配机制。为吸引更多人员参与，该犯罪团伙雇用外籍人员冒充平台创始人以包装伪造其所谓"国际平台""国外项目"背景，通过不定期组织"传销式"的洗脑宴会、演唱会、旅游等线下活动大肆宣扬平台加入方式、运行模式、奖金制度、盈利前景等内容，不惜花费重金多次在境外召开千人规模推广大会为平台宣传造势。据统计，该平台存续期间累计收取会员比特币、以太坊币等虚拟货币数百万个，涉案金额达400余亿元。投资者在投资虚拟货币前首先要了解虚拟货币的产生原理，分辨虚拟货币交易的平台是否正规，并且尽量选择正规的比特币交易平台进行投资。面对极具有诱惑力的投资回报时，要警惕"投资"陷阱，保持投资理性。

4.4.4 "区块链概念"——"长田云"传销案

2020年4月，上海市公安局经侦总队在一起帮助网络犯罪案件中发现，涉案公司开发的"长田云"App在注册会员过程中，需要缴纳一定数额的入门费，并要求会员发展下线，存在涉嫌传销犯罪的巨大嫌疑。

长田国际供应链（深圳）有限公司（下称：长田公司），成立于2016年9月21日，法定代表人张国林，注册资本1000万元，股东情况为张国林持股60%、张俊林持股12%、代其根持股28%。广州大衍信息科技有限公司（下称：大衍公司），成立于2017年11月27日，法定代表人赖东龙，注册资本100万元，股东情况为赖东龙持股100%。

2019年8月，长田公司实控人张国林委托大衍公司开发"长田云批发"App，大衍公司吴报源、赖东龙等人明知张国林利用电商商城、区块链概念实施传销犯罪的情况下，仍为张国林等人开发"长田云批发"等手机App软件。截至案发，"长田云批发"平台共计参与人数939人，会员层级达9层，大衍公司吴振源、赖东龙等人开发、销售相关App程序项目共计393种，金额1680多万元人民币。

其中该公司开发的"长田云批发"App属于投资基因区块链+电商盘模式，App商城中售卖商品红酒、牙膏、香水、钻石煎锅等12种商品，商品价值从50元至2500元不等，远高于其他电商平台，且会员下单后没有真实发货的情形。"长田云批发"平台打着人人做批发，省钱又赚钱的旗号吸引大量会员缴纳入门费注册成为"长田云批发"平台会员，会员需要下载"长田云批发"App后，需向上级会员购买一定金额的虚拟商品成为正式会员，这也就是平台收取的入门费，虚拟商品较正常商品价值严重虚高，价格50元至2500元不等。

该平台采用太阳线、级差制返利制度，将传销会员分为多个级别，根据级别不同，获取的返利比例不同。（1）推广大使：直接推荐10人，团队人数大于50人；（2）金牌服务商：直接推荐30人，团队人数大于300人；（3）执行合伙人：直接推荐150人，团队人数大于1000人；（4）联合创始人：直接推荐400人，团队人数大于3000人。

平台收益分为静态收益和动态收益，静态收益即为固定收益，传销组织通过虚假宣传其具有较高投资价值、较好的盈利前景，并以高额的静态收益为诱饵，吸引投资人加入传销组织。本案中，传销会员通过App出资购买上述平台虚拟商品，可在身边保留1~5天，就可溢价2%~10%对外销售给其他App用户，5天收益率即可达10%。商品可重复售卖，当价格达到一定区间时则会爆单，该商品则不可再对外销售。动态收益又被称作推广收益，收益金额由发展的下线人数而定。本案中，"长田云批发"平台以虚拟商品推销为幌子，鼓励会员通过对外销售虚拟产品的形式大肆发展会员，并获得高额的动态收益。（1）推荐奖：App注册用户可以通过发展下线会员，按一定比例获得会员对外出售虚报产品收益的推广奖励，具体比例为一代下线会员6%，二代下线会员3%以及三代下线会员1%。（2）团队奖：推广大使，可获得团队收益的1%；金牌服务商，可获得团队收益的3%；执行合伙人，可获得团队收益的5%；联合创始人，可获得团队收益的7%。

长田公司借助"长田云批发"等手机App软件，采取交入门费、拉人头、层级团队计酬等方式吸纳社会资金,涉嫌组织领导传销活动罪。截至案发,"长田云批发"平台共计参与人数939人,会员层级达9层,大衍公司吴振源、赖东龙等人开发、销售相关App程序项目共计393种,金额1680多万元人民币。

第五章　网络非法集资犯罪的预警监测

网络非法集资犯罪的发生有着深厚的社会经济背景和复杂原因。近年来，随着金融市场的发展，通过保险、证券、基金、银行理财产品等投资渠道配置资产、取得比传统银行存款更高收益的社会民众越来越多。特别是随着互联网金融的发展，金融市场中产品种类越来越多，银行理财、信托基金演变成各种"宝"类的互联网货币理财基金、P2P网络融资、股权众筹等金融投资类网站如雨后春笋般涌现，但其中鱼龙混杂，概念翻新，使人眼花缭乱。同时，打着合法的经济行为作为幌子的经济犯罪，在各种"投资公司""资产管理公司""私募基金""股权投资"等名号下，经常以承诺高收益、高回报的办法骗取资金。

大数据预警是打击网络非法集资的有效方法，通过监测平台广告、公示信息、征信数据等方面，会发现问题平台具有一定共同数据特征属性，利用计算机信息技术对这些大数据进行分析和研判，即可以实现对非法集资平台的数据化监测和预警排查，实现打击网络非法集资犯罪的数据化预警侦查新模式。

5.1　大数据和人工智能在互联网金融领域的应用发展

当前金融行业进入转型发展阶段，随着人工智能、区块链、云计算、大数据等新兴技术的发展与应用，金融科技正在以迅猛的势头重塑金融产业生态，"无科技不金融"成为行业共识。云计算、大数据和人工智能技术之间存在相互依赖、相互促进的关系。区块链的去中心化和分布式记账，带来金融服务机制的根本性转变。金融大数据技术得到广泛应用，大量金融机构已经完成了大数据平台的基础能力建设，随着云计算和大数据带来的金融科技的快速发展对当前信息安全的保障提出了更高的要求。随着云计算、大数据、人工智能、区块链等前沿技术的广泛应用，金融信息系统的基础架构不断调整，网络安全、系统安全、应用安全、数据安全多层次的安全部署都需要不断跟进和调整，利用大数据和人工智能技术实现稳定、可持续、风险可控的多层次保障预警体系迫在眉睫。

5.1.1　大数据技术在互联网金融领域的应用

随着大数据时代的到来，各行各业对于海量数据的挖掘和运用呈现出前所未有的热情，大数据已经逐渐演变成为重要的生产要素与竞争工具，渗透到社会生活的各个领域。与制造业等其他行业不同，互联网金融业没有生产、物流等复杂流程，日常运营围绕着大量实时交易来进行，每个交易都需要有大量历史数据支持来作出决策。大数据改变了信息结构，允许金融机构收集和分析客户数据、交易数据、舆情数据等，同时结合云计算、机器学习等技术，降本增效，这一切都让以大数据为业务驱动的金融机构享有更高的运营效率和业务绩效。加强大数据技术的运用将是其未来发展的核心驱动力。在数据存储量爆炸式增长的背景下，数据成为网络融资业务开展不可或缺的基础，互联网金融行业具备将数据价值变现的巨大潜力。在未来几年，大数据将以越来越快的速度渗透到金融领域，引发新一轮的商业变革。

5.1.1.1　大数据概念

对于"大数据"的定义，不同机构有不同的表述。大数据是需要新处理模式才能具有更强的决策力、洞察发现力和流程优化能力来适海量、高增长率和多样化的信息资产。大数据是一种规模大到在获取、存储、管理、分析方面大大超出了传统数据库软件工具能力范围的数据集合，具有海量数据规模、快速的数据流转、多样的数据类型和价值密度低四大特征。大数据是为更经济地从高频率获取的、大容量的、不同结构和类型的数据中获取价值而设计的新一代架构和技术。总体上，大数据可以视为一种新资源、新技术和新理念的混合体。

从资源视角来看，大数据体现了一种全新的资源观。从1990年以来，在摩尔定律的推动下，计算存储和传输数据的能力在以指数速度增长，每GB存储器的价格每年下降40%，2000年以来，分布式存储和计算技术迅猛发展，极大地提升了互联网企业数据管理能力，互联网企业对"数据废气"的挖掘利用大获成功，引发全社会开始重新审视"数据"的价值，开始把数据当作一种独特的战略资源对待。而大数据所谓高容量（Volume）、多样性（Variety）、速度（Velocity）、价值（Value）的4V特征，便是从这个角度描述的。[①]

从技术视角来看，大数据代表了新一代数据管理与分析技术。传统的数据管理与分析技术以结构化数据为管理对象，在小数据集上进行分析，以集中式架构为主，成本高昂。与"贵族化"的数据分析技术相比，源于互联网的，面向多源异构数据，在超大规模数据集（PB量级）上进行分析，以分布式架构为主的新一代数据管理技术，与开源软件潮流叠加，在大幅提高处理效率的同时（数据分析从T+1到T+0，甚至实时），成百倍地降低了数据应用成本。

从理念的视角来看，大数据开启了一种全新的思维角度，一方面，大数据的应用，带来"数据驱动"思维，即经营管理决策可以自下而上地由数据来驱动，甚至像量化股票交易、实时竞价广告等场景中那样，可以由机器根据数据直接决策。另一方面，大数据的应用是包括数据采集、建模分析、效果评估到反馈修正各个环节在内的完整的"数据闭环"，从而能够不断地自我升级，螺旋上升。目前很多"大数据应用"，要么数据量不够大，要么并非必须使用新一代技术，但体现了数据驱动和数据闭环的思维，改进了生产管理效率，是大数据思维理念应用的体现。

5.1.1.2　金融业对大数据的应用需求

1. 防金融欺诈需求。随着金融产品增多，客户数量和在线交易量也越来越多，金融欺诈事件与日俱增。现代金融产品往往都有大量复杂规则，通过传统审核方式很难避免欺诈风险。银行保险等金融机构可以使用大数据分析来区分欺诈性交易与合法的商业交易。通过与机器学习和智能分析等技术的结合，能够根据客户历史交易数据和其他各个维度的数据来综合判断用户行为是否合规，并将其与异常的甚至是欺诈的行为区分开。随后根据行为评分可以发出相应的警告和行动建议，阻止不正当交易，在发生欺诈之前阻止欺诈发生并减少损失，提高盈利能力。

---

①刘平，高一兰：《实用金融科技教程》，中国金融出版社，2020年。

2. 金融风险控制需求。金融的每一项业务都可能面临极大的风险，如无法回收的贷款、被骗保、被多重抵押等，早期发现风险有助于防止巨额损失。每个企业在业务进行中都需要进行风险管理，金融机构除了考虑自己每项业务的金融风险之外，还要充分考虑系统性风险。金融公司还通过分析完整的客户数据组合来管理客户风险。通过交易分析算法针对历史数据的回溯来管理，同时还可以进行提前设定大量参数的压力测试评估风险。大数据分析系统可以进行实时警告，从而最大限度地降低风险，提高盈利能力。例如，银行可以从信用卡客户的交易数据（结构化）、通话记录（非结构化）、电子邮件（半结构化）和索赔数据（非结构化）中汇总数亿条记录，以主动预测未来风险，准确预测客户换卡行为，并根据此类行为建模设计改善客户关系的措施。

3. 审计与合规性需求。自次贷危机引发全球性金融危机后，金融服务公司面临更加复杂和严格的监管，这需要大量的运营监督报告，很多需要精确到每笔交易，并对每个机构每天进行风险评估以便防范系统性风险。所有金融机构都需要定期做合规检查，进行审计，上报交易数据，确认财务流程，保护客户隐私等。严格高频的审查通过大数据系统可以进行更加有效的运营。

4. 以客户为中心的业务服务需求。金融业在实现以客户为中心的业务转变时，其中的一种方法是通过细分来更好地了解客户。通过大数据分析，能够将客户打上不同的细分标签，定义到不同的细分市场，这些细分市场由数据集定义，这些数据集可能包括客户人口统计、日常交易以及在线和电话客户服务系统的交互及外部数据，如社交网络数据、房屋和汽车等资产价值。然后，针对不同细分领域的客户来设定不同的营销活动。

5. 个性化营销需求。大数据分析有助于金融机构预判客户需求，及时向客户提供精准服务。大数据分析还有助于识别花费最多的客户。通过大数据分析，金融机构可以为客户提供最佳的投资组合，促使客户购买更多的服务，并最终提高客户满意度。此外，大数据还可以帮助金融机构了解客户的消费模式和渠道使用情况，从而了解各种产品的销售情况并给出改善的建议。

5.1.1.3　大数据在互联网金融行业的实践应用

随着大数据平台安全可信性和软件通用性的提高、大数据共享标准的建立以及大数据挖掘和分析能力的增强，大数据在金融领域的重要性将会进一步凸显。大数据将成为互联网金融领域的基石，为各项运营提供全面稳定实时的数据资源，以保证各项工作的顺利开展。大数据在互联网金融领域的应用场景正在逐步拓展，在全球范围内、大数据已经在风险控制、运营管理，利润创造以及监管等领域，都得到了全面应用。在未来的发展中，大数据将提高互联网金融数据的共享程度，助力金融产业的升级，重塑互联网金融领域的监管方式。

1. 在客户生命周期管理领域的应用

使用互联网金融行业大数据分析，可以了解特定客户在产品生命周期中所处的位置和消费方式。（1）在营销和引流层面，互联网金融企业可以通过关联客户的购买历史、个人资料、社交媒体行为和兴趣点，洞察和构建有效且有针对性的营销方案，然后可以为这些客户提供个性化的促销活动。这些方法有助于金融机构实现精准营销，帮助金融机构快速洞悉用户购买意愿，提升产品营销的精准度。（2）在增加收入和利润层面，大数据有助于识别客户需要的服务，为新服务定价，并帮助银行开发、定制服务以满足新的客户需求。大数据有助于推动对个别客户而言非常重要的优惠，而不是没有吸引力的通用方法。可以通过精确的交叉销售和对个人来说最佳的优惠方式或以产品来"捆绑"新加入的用户，实现持续的增量营收，提高金融机构的运营效率。（3）在维持客户层面，大数据可以帮助互联网金融企业了解可能有离开倾向的客户行为，从而预测客户流失的风险，通过设定一些关键指标，关联这些指标并确定每项活动的统计相关性。这些指标可能是消费频次骤降、投诉行为增多、社交媒体抱怨增多等，企业可以通过持续的跟进来采取不同的挽留措施，从而保留客户。通过持续性的分析，大数据可以帮助互联网金融企业降低客户获取成本，增加每个客户的收入，降低维持客户忠诚的成本，减少客户流失。（4）通过大数据洞察来监控网络舆情，以了解客户对互联网金融产品、员工、高管成员等的情绪，从而预测未来的市场趋势。决策环节引入大数据后，能提高互联网金融机构决策制定的科学性和精准性，降低决策制定环节的风险损失。

2. 在征信风险管理领域的应用

大数据征信系统可以帮助银行实现从稀疏数据中获取信用信息，用评分工具快速、准确地帮助银行作出贷款决策，同时可以限制次贷风险，极大地节约了传统的评估成本和时间。在某些银行使用的传统信用评分模型中，借款人必须拥有足够数量的历史信用信息才被视为具有可申请和评估资格。如果没有这些信息，则无法产生信用评分，潜在的、信誉良好的借款人无法获得信贷，也无法建立信用记录。大数据可以通过使用信用记录的替代数据，来帮助机构评估借贷人的能力和偿还意愿，银行也可以据此作出信贷决策。

在征信管理层面，银行保留的历史交易和支付数据是大多数信用评分模型的基础，针对这些模型使用回归、决策树和统计分析等方法，分析出有限数量的结构化数据，生成信用评分是远远不够的，银行应越来越多地转向额外的、非结构化和半结构化的数据源，包括客户的社交媒体活动、手机的使用和其他看似不相关的行为，以捕捉更细微的影响信誉的行为，并提高贷款的评级准确性，将大数据和机器学习算法应用于这种新数据集合，可以评估消费行为和支付意愿等因素，对借款人进行更加细致的评分。

除了网购之外，教育培训、旅行、租房、购车、婚庆、美容等场景有具有良好的消费金融属性。不同的场景有不同的用户群，消费金融公司需要根据各不相同的消费金融产品，制定有针对性的贷款政策，而利用大数据技术可以通过数据的采集与分析各个消费场景和消费群体的特点，确定差异化的贷款政策。

3. 在智能风险控制方面的应用

在互联网金融行业中，大数据技术主要应用于征信以及风险管控。由于消费金融具有无抵押、以信用为基础的特点，因此智能风险控制是一个非常重要的问题。数据信息系统的分析技术会对政策要求的合规性设定相关的审查指标，对银行参与的市场数据进行监控，在此基础上对关联指标做出评估，分析机构之间的关联关系和崩溃风险的相关性，推导出一个最能描述银行和金融机构相关性的网络模型，从而揭示系统性风险是如何在这个网络结构之间传递的。但在这种模型中，无论是故障还是系统风险建模，都将基于金融市场数据。市场公开数据相对容易收集，并且是非常客观的。但是它们可能无法反映相关金融机构的真实基本面，并可能导致对崩溃概率的偏差预估，而经过多层传递之后，这种偏差可能更大。但是这种借助外部数据源整合、大数据风控模型对互联网金融行业的海量数据进行评分和自动化决策分析，的确能够有效降低信用评估、产品研发、机构运营和决策制定等环节的金融风险，大幅降低金融行业的风险损失，为互联网消费金融机构提供强有力的风控支持。

基于大数据的系统性风险监测，需要利用来自其他互补资源的金融市场数据库，包括评级机构发布的评级、合格的金融分析师的报告、有影响力的媒体观点、银行官方的社交网络观点、银行从业者的社交网络信息等。通过语义分析等其他技术的组合，建立更多客观和主观的数据模型组合，为监管机构提供充分的信息和预警，让监管机构能够迅速采取监管措施，防止银行，银行客户、股东和政府面临的风险。当检测到问题时，监管机构可以消除或隔离相关银行的风险，以限制传染效应，从而有效地防范某一个银行的独立危机发展为系统性风险。

目前，就我国的实际情况而言，大多数消费金融经营机构没有丰富的征信经验和征信能力，许多消费金融公司依托大数据征信机构。这些征信机构利用大数据的方式收集客户信息，通过对客户群体的消费数据分析，进行客户评级，获得有效的风控模型，进而对客户进行分流和筛查，进行差异化管理，并不断优化各个环节的风控模型和信贷审核流程，达到可量化的自动化决策的目的。

用户准入环节需要对用户的信用情况进行评估，大数据风控不仅考虑用户相关业务的历史数据，还会将多个与业务相关的弱变量加入风控模型。产品研发环节需要对用户需求进行精准分析，降低产品研发失败的风险，大数据产品研发通过实时持续收集相关信息，提高产品研发成功率，降低风险损失。运营环节需要规避流动性风险，一旦互联网金融机构的运营过程中出现流动性风险，其公信力将不复存在。决策环节引入大数据后，能提高互联网金融机构决策制定的科学性和精准性，降低决策制定环节的风险损失。一方面，大数据有助于金融机构实现精准营销，通过大数据能够帮助金融机构快速洞悉用户购买意愿，提升产品营销的精准度，提高金融机构的运营效率。

另一方面，大数据有助于完善金融机构的服务体系，金融机构的服务体系需要随着时代的变迁和技术的发展不断完善改进，大数据已成为优化当前金融机构服务体系的关键之一。

4. 在企业运营管理方面

大数据于互联网金融运营管理方面最直观的影响，在于使抽象、繁杂的互联网金融信息实现可视化。互联网金融可视化是利用数学算法、网络技术、数据挖掘、计算机文本语言识别技术一系列前沿科技，综合开发的信息动态集成显示成果。一个优秀的金融可视化解决案应该包括数据搜集整合系统、基于经济管理的程序开放系统、基于图表显示技术的通信信息系统。当下金融可视化仍基于传统的柱状图、饼状图等进行管理和判断的二维数据模型实现，并不能完全满足多维度、复杂关系的数据模型需求。未来，互联网金融可视化应用系统将满足对网络融资业务及相关设备运行情况和工作效能的实时监控，成为经分析、管理决策、绩效评价等工作的必备工具，贯穿于网络金融活动的全过程。

另外，在传统运营模式下，信息不对称、市场调研成本高昂等因素导致金融机构由运营效率低下，无法做出实时有效的运营决策，而大数据具备数据面广泛、处理速度快的特点，能够高效快速地提炼海量数据中蕴含的有效信息，提升金融机构的运营效率。一个传统的金融贷款业务需要两三天审批时间，而通过对历史和实时数据的挖掘，以创造、改进数量化交易模型，使基于数据价值的自动审批方案只需要几秒钟即可成，金融效率显著提升。

此外，根据各项关于促进大数据产业快速发展的文件，可以预见，金融大数据的行业共享程度必将得到大幅提高。在数据流通与交易方面，国家发展改革委办公室发布的《关于请组织申报大数据领域创新能力建设专项的通知》（以下简称《通知》）中明确提出，要建设大数据流通与交易技术创新平台，用以支撑政企数据资源共享交换、公共数据开放流通、云上公共大数据分析与处理、跨系统公共大数据共享交换标准以及大数据资源与服务确权估值建模等技术的研发和工程化。在数据安全方面，《通知》中也指出要建设大数据协同安全技术创新平台，以支撑开展数据源可信验证、大流量数据安全传输、非关系型数据库存储安全、数据汇聚隐私保护、非结构数据动态脱敏、数据防泄露、软件系统漏洞分析、大数据系统风险评估和安全监测等技术的研发和工程化。[①]

由此可见，数据信息不对称、数据孤岛等，一直是金融机构迫切需要解决的重要问题。只有跨越这道坎，大数据在金融领域才能产生更大的商业价值。而随着大数据基础设施日趋完善、大数据共享关键技术的不断攻克，包括互联网金融领域的数据孤岛问题将逐一解决，金融大数据共享程度提高是大势所趋。

5. 利用个性化推荐提高企业利润方面

当前，国家大力支持建设大数据分析技术创新平台，随之而来的，是大数据控掘以及智能知识获取算法等技术的研发和工程化。金融机构能够更深入地洞察用户的潜在需求，实现更精准的产品定价和更深度的产品开发，进一步拓展业务范围，提高企业利润。企业营业利润是互联网金融机构发展的源泉。营业利润的提升一方面有赖于成本控制，另一方面有赖于产品销售。大数据有助于金融机构降低成本，金融机构借助大数据，能获取全面细致的用户画像，以此进行产品个性化推荐和实时营销。

推荐系统是指建立在海量数据挖掘基础上的一种高级商务智能系统，它是一种把用户提供的推荐信息作为输入，然后将这些信息进行聚合、处理，最后把相关信息投放给合适的客户的信息服务。推荐系统就是用来在用户的兴趣与被推荐物品之间所搭起来的一座桥梁。美国亚马逊电商首先创造了推荐系统并应用至今，当用户在亚马逊网站上购物时，该网站的主界面就会出现用户购买过、收藏过、浏览过的商品同时向用户推荐相关商品。这种对用户的商品推荐就是由推荐系统运作形成的。随后，国内的电商也陆续采用了类似的推荐系统，进行营销。推荐系统的主要功能之一是个性化推荐。

个性化推荐是指根据用户的兴趣特点和购买行为，向用户推荐其可能感兴趣的信息和商品。在P2P网站中，随着信贷规模的不断扩大，信贷产品个数和种类硬速增长，贷款者往往需要耗费大量的时间和精力才能找到合适的信贷产品。其结果必然是在信息过载问题中的消费者不断流失。如果有一种

---

①赵海军等：《互联网金融实务与创业实践》，经济科学出版社，2018年。

信贷产品选购的助手，能根据客户的兴趣爱好推荐其可能感兴趣的信贷产品，可以有效提高客户的满意度。

在P2P网站中使用个性化推荐的最大优点在于：一方面可以获取信贷产品的特点，如贷款人的特征和借款记录，信贷产品的期限，风险和收益度；另一方面又可以获取用户的特点，如客户的产品浏览记录、个性化需求和兴趣偏好客户的个人属性、客户过去的贷款行为和贷款记录等，从而为贷款客户作出个性化推荐。此外，系统给出的推荐是可以实时更新的，这就大大提高了P2P贷款的简便性和有效性，同时也提高了P2P平台的服务水平。个性化推荐系统具有良好的发展和应用前景。目前，许多P2P网站都不同程度地使用了各种形式的推荐系统。在大数据环境下，个性化推荐系统能够有效地保留客户，提高P2P网站的服务能力，为其带来巨大的经济效益。

大数据得到企业重视，是因为其瓦解及重建了现有的产业和商业模式，具有相当大的价值，这点在互联网金融领域最为明显。由于互联网金融领域具备海量数据，非常适合与大数据技术相结合，因此互联网金融大数据正受到银行、保险、证券企业的追捧。通过互联网、云计算等信息技术来处理海量数据，从而更好地了解用户、创新服务。

随着互联网金融大数据共享程度的提高，金融机构可以更加充分地了解用户需求，这不仅有助于实现金融服务的场景化，还有助于更深层次的产品开发，推动互联网金融产业的转型升级。一方面，大数据作为金融行业服务创新的驱动力，将进一步推动金融行业拓展产品销售的场景。从用户需求出发，运用大数据将若干场景连接，在此基础上形成某个场景下的闭环，从而更加全面精准地挖掘用户痛点，真正实现精准化、个性化营销。另一方面，大数据作为互联网金融行业产品创新的驱动力，将进一步拓展各金融业态的触角。

5.1.1.4 大数据在网络非法集资预警中的应用

大数据预警是利用数据挖掘和量化分析，寻找犯罪要素之间的相关关系，预测网络非法集资犯罪行为将可能遵循的逻辑思维模式和"谋定而动"的决策策略。利用大数据预警，可以根据网络非法集资犯罪行为，制定有"预见性"的预警决策策略，使易受害、有强烈预警需求的相应人群能掌握识假防骗知识和技能，主动规避并采取有针对性的措施防范风险，避免和减少经济损失；预警系统还可以提醒怀有违法犯罪动机的人放弃违法犯罪准备，中止违法犯罪行为，避免和减少违法犯罪行为的发生；使公安机关、金融商业机构，企事业单位等部门，将有限的人财物资源合理配置达到最优化效果；大数据还可以通过大量的关键指示指标来检测交易网络中的变化，通过大量的人工智能算法，使识别任务自动化，帮助银行防范网络攻击，改善监管合规性，检测犯罪行为，并通过了解客户行为来检测信用卡欺诈行为，打击洗钱行为等。[①]

将互联网金融监管与大数据结合，有助于实现金融监管预警的及时性和有效性。面对监管成本高昂、监管技术有限等受制因素，监管部门借助大数据技术，可实现监管渠道电子化，降低监管机构的搜索成本。针对传统的金融监管部门受制于资源有限、信息不对称等因素，只能依据几个主要指标对金融行业进行监管的现象，大数据金融监管能显著增强监管的有效性，大数据为网络金融监管领域带来了一系列可喜的变革，先进的信息系统可以及时检测网络金融市场与企业动态，而电子化的渠道可有效降低监管搜索成本。多渠道的信息数据来源可以降低监管面对的信息不对称难题，而通过机器学习可以构建智能监管监测系统，这些信息化金融监管手段来源于市场，作用于市场，检测于市场，是互联网金融监管现代化的必由之路。

国家发改委发布的《关于请组织申报大数据领域创新能力建设专项的通知》中，明确提出建设社会安全风险感知与防控大数据应用创新平台，支撑开展社会安全防控大数据信息感知探测、多源异构信息融合理解、海量多维信息关联分析，社会安全风险预测预警等技术的研发和工程化。[②]由此可以预见，随着大数据安全标准的落地，社会安全风险感知与防控大数据应用平台的建成，互联网金融领域的监管方式将发生变化，基于大数据的信息化监管将成为金融监管的主要方式，这是技术驱动下金融领域监管现代化的必然趋势。金融监管机构能够在合法合规的前提下，借助先进的信息化技术，构建新型信息化金融监管方式，实现对互联网金融市场和企业动态大数据的实时智能检测，金融监管机构将能够更为及时精准地打击违法犯罪行为，更好地

---

①刘丹：《经济犯罪预警》，中国人民公安大学出版社，2018年。

②徐理虹，林玮，钱小鸿等：《智慧金融》，清华大学出版社，2018年。

维护互联网金融行业持续健康发展。

5.1.2 人工智能在互联网金融领域中的应用

所谓"人工智能"是指用计算机模拟或实现的智能，作为一个学科，人工智能研究的是如何使机器具有智能的科学和技术，特别是人类智能如何在计算机上得到实现的科学和技术。因此从科学角度讲，当前的人工智能是计算机科学的一个分支。人工智能虽然是计算机科学的一个分支，但它的研究却不仅涉及计算机科学，而且涉及数学、脑科学、神经心理学、心理学、语言学、逻辑学、认知（思维）科学和行为科学等众多学科领域，因此、人工智能实际上是一门综合性的交叉学科。[①]

人工智能是没有实体形态的，它是一种算法，是一种计算机技术，是一门综合性的学科，随着人工智能技术与机器人技术的深度融合，机器人向智能机器人发展，人工智能技术为机器人提供了智力支持，为实体机器人提供了会思考的大脑，因此，人工智能是独立于机器人之外的一门学科与机器人学的侧重点各有不同。总之，人工智能是一门综合性的边缘学科，它借助于计算机建造智能系统，完善诸如模式识别，自然语言理解，程序自动射击、自动定力证明、机器人、专家系统等智能活动。[②]

5.1.2.1 人工智能对互联网金融行业的影响

人工智能技术的进步，使得复杂任务分类准确率大幅提升，从而推动了计算机视觉、机器学习、自然语言处理、机器人技术、语音识别技术等技术的快速发展。人工智能未来将会为各个产业带来巨大变革，其影响将远大于互联网对各行业的改造，在更多领域改变人类生产生活状态，并产生更多的价值。人工智能具体到互联网金融领域，主要有以下几个方面的影响。

1. 提高运营效率

互联网金融行业于整个社会存在巨大的交织网络，沉淀了大量有用或者无用的数据，包括各类金融交易、用户信息、市场分析、风险控制、投资顾问等，数据的级别都是海量单位，同时，大量数据又是以非结构化的形式存

[①]赵鹞：《Fintech的特征、兴起、功能及风险研究》，载《金融监管研究》2016年第9期。

[②]Michael, S., Facilitating Innovative Fintech Business-A Regulator's Perspective, SSRN, 2015.

在，如用户的身份证扫描件信息，既占据宝贵的存储资源、存在重复存储浪费，又无法转成可分析数据以供分析，因此，互联网金融大数据的处理工作面临极大挑战。通过运用人工智能的深度学习系统，能够对足够多的数据进行学习，并不断完善甚至能够超过人类的知识回答能力，尤其在风险管理与交易这种对复杂数据的处理方面，人工智能的应用将大幅降低人力成本，并提升互联网金融风控及业务处理能力。

人工智能能够替代金融机构业务操作中的重复劳动与冗余服务，以智能化的方式提升服务的质量和效率。以虚拟用户服务为例，传统的用户服务以电话呼叫为主，通过设置人工座席或者自动语音应答，满足用户业务咨询、信息查询、交易处理和业务推广等需求。传统的用户服务建设成本高，客服人员流动性大，专业知识难以积累，导致用户服务效率低下。基于人工智能的虚拟服务，相比于传统的用户服务，拥有更为丰富的知识库和更为高效的处理速度，能够根据用户提供的情况，快速给出解决方案。此外，虚拟服务能够同时服务多个用户，成倍提升服务效率。

人工智能在数据信息处理方面所具有的天然优势，不仅体现在能够高效处理大量数据，更体现在能够将非结构化数据有效地转化为结构化数据，并进行分析。此外，人工智能还具有自然语言处理能力，能够从语言层面上对数据信息进行分析，而不仅是停留在符号处理上。这便使人工智能技术能够帮助金融从业人员，从数以亿计的信息中筛选出具有较强相关性的信息，并从中提炼有价值的信息，提高从业人员的信息搜索效率。

2. 降低损失风险

纵观整个互联网金融体系，其实存在两个层次风险：一是道德风险，二是经营性风险。近几年，不断有"跑路"等负面消息萦绕在智慧金融周围，一些企业资金并没有进入到实体业务，而是进入庞氏骗局。于是，去伪存真或成为互联网金融于未来较长一段时间中发展的首要任务。互联网金融亟须对金融资本构成有效监控，将企业资金与个人用户之间的资金进行分离，有效规避风险。而其中，离不开人工智能等技术力量的支持。

人工智能不仅能够降低交易双方存在的信息不对称性，有效降低道德风险，还能对市场进行预测，为金融机构提供风险预警功能，让金融机构能够提前采取预防措施。且金融机构很难查证用户提供的私人信息是否真实，交易双方信息不对称，容易发生逆向选择，产生道德风险，人工智能能够从用户提供和搜索到的大量信息中，提取出有用部分，对该部分进行分析并反馈给金融机构，从而降低金融机构和用户之间的信息不对称性。此外，人工智能通过知识图谱，可以将用户之间隐含的关系网络梳理清楚，能够有效识别组团欺诈。

人工智能对网络上的各种新闻事件、政府报告以及经济数据等资料进行分析，能够预测市场的走势和风险等级，为互联网金融机构提供风险预警，使金融机构能够事先采取预防措施，控制交易规模，降低风险损失。

3. 提升服务质量

人工智能能够改善金融服务模式，为用户提供更优质的服务体验。例如，人工智能技术支持下的智能客服机器人产品，能够使客服服务更加人性化。智能客服机器人能够为用户提供24小时不间断的全方位服务、用户金融服务的获取不再受到时间或空间的限制。同时，智能客服机器人有助于降低占线率给用户带来的不便，减少用户的等待时间。更为人性化的是，智能客服机器人在提供服务的同时，能够对用户的声波和表情进行分析，感知用户情绪，根据用户情绪判断服务紧急程度，为用户提供最高质量的服务。[①]

人工智能对金融服务质量的提升，还突出体现在帮助金融机构更了解用户需求，提供更契合的增值服务上。以智能投顾为例，智能投顾能够在投资者购买基金等金融产品时，为他们提供免费的咨询建议服务，帮助投资者选择更加符合投资目的的产品增强投资者对于金融机构的信任度和忠诚度。[②]

人工智能技术于互联网金融领域的应用，使金融机构更了解用户，进而可以提供更多更具针对性的产品及服务。相应地，用户拥有了更多的自主权，及更大的选择空间。用户会在不同互联网金融机构提供的产品、服务中进行

[①] Barber, S., X. Boyen, E. Shi and E. Uzun, *Bitter to Better—How to Make Bitcoin a Better Curreney*, *Financial Cryptography and Data Security*, Hei Commerce, 2011.

[②] 周茂清：《互联网金融的特点、兴起原因及风险应对》，载《当代经济管理》2014年第10期。

选择，表现不佳的机构、产品或服务会失去用户，而被市场淘汰，这便激励金融机构不仅将人工智能等技术应用于互联网金融领域，更对技术进行不断优化，以更好地提高投资能力，更契合用户需求，防止投资收益被其他机构所超越，从而使得互联网金融行业的整体服务水平上升。

5.1.2.2 人工智能在网络非法集资预警领域的应用

人工智能预警是对互联网经济犯罪的预先告警，是在移动互联网、大数据、云计算、物联网的基础上，通过运用知识表示方法（知识图谱）、机器学习与深度学习、语音识别、图像识别、自然语言处理、智能代理、情感计算等人工智能关键技术，由机器完成往常需要人的智慧才能完成的对人的经济活动偏好、以往经济违法行为和经济犯罪特征的画像，预测经济犯罪风险，针对不同种经济犯罪，提出提前制止犯罪、可动态调整的防控措施和社会治理方案的全部过程和所有行为的总称。①

机器学习技术是实现网络非法集资预警的有效技术，它能够使计算机自行寻找在网络融资活动中发挥功效的决策流程，并最终解决问题。机器学习涉及自适应机制，这种机制使计算机通过经验、实例和类比进行学习。智能系统的学习能力还能够逐步改善系统的性能。机器学习的机制是自适应系统的基础。机器学习最常见的方法是人工神经网络和遗传算法。深度学习是一种高效的特征提取方法，通过提取更加抽象的数据特征，从而实现对数据更本质的刻画。

5.2 大数据技术在网络非法集资预警中的可行性分析

网络非法集资犯罪难以侦破的原因在于：一方面，因其涉案人员众多，行为分散，取证和处理难度较大，如果过晚介入，案件的爆发往往是因为资金链已经断裂，不法分子已经卷款而逃，给破案、追赃造成极大困难。受骗金融消费者因此往往指责政府不作为，成为各类上访的由头。另一方面，如果过早介入，由于危害结果的发生相对滞后，难以取证，公安机关很难界定其犯罪的性质，虽然这样能及时摧毁和终止骗局，但不法公司此时仍然在兑

---

① 李文红，蒋则沈：《金融科技（FiTtech）发展与监管：一个监管者的视角》，载《金融监管研究》2017年第3期。

付高额"利润",金融消费者很难识别不法公司的真面目,公安机关的执法行为造成受骗金融消费者无法获得预期利益,引发受骗金融消费者不理解、不配合公安机关的过激行为,同样不利于社会稳定。因此,有必要建立线上网络非法集资犯罪的预警机制,尽早发现犯罪苗头,控制犯罪趋势,把握介入时机,将网络非法集资犯罪消灭于萌芽期,保护金融消费者合法权益。

5.2.1 利用大数据建立信息共享机制,加强社会综合治理

网络非法集资犯罪的行为人,为了使犯罪行为能够顺利地实施或者隐藏自己的犯罪行为以逃避监管,通常会借助于其他的违法犯罪活动。在犯罪前期,一般伴随有或是冒用他人的身份在银行开户或注册公司,或是虚构项目标的,或是夸大收益率,或是伪造政府文件、公章,或是违法设立网站等。加大此类问题的社会综合治理力度将有效预防网络非法集资犯罪的发生。在犯罪的中后期,为了转移非法所得或者掩饰、隐瞒违法所得收益的来源和性质,则通常通过地下钱庄、投资公司或者上市流通等渠道将实质上为非法所得的财产变为形式上合法所得的行为。

利用大数据建立信息共享机制,是网络非法集资犯罪预防预警机制的基础环节。防范打击网络非法集资型经济犯罪不能光靠群众举报,更应在互联网金融经济活动中发生异动的时候及时发现,这就需要广泛整合数据资源,打破现有的信息壁垒。目前公安机关掌握涉案经济犯罪的情报信息以及人口、住所、社会关系网等个人身份信息。银行和非银行金融机构以及其监管机构能够核查经济主体的贷款状况、证券领域异常波动信息、骗保及理赔异常信息、个人不良资信信息等。[1]工商管理部门能够监测经济主体注册登记中的异常信息。会计师、审计师事务所等中介组织能够监测经济主体经营情况异常信息。新闻媒体对于承诺短期内高回报率的投资产品宣传要持谨慎的态度,避免不实宣传误导投资者。各单位的数据情况自己把握,没有形成有效的融合,没有发挥数据本身应有的价值。国家安全机关应协调各单位,建立联系机制,汇总各方数据,构建国家金融安全数据中心,搭建犯罪信息共享的云数据库。

---

[1]姚蔚子:《金融隐私保护与征信制度国内研究综述》,载《时代金融》2016年第21期。

当然在构建数据中心的过程中，要充分考量信息联网技术的复杂以及数据中心的安全保护措施，并且其中可能会涉及国家秘密部门的权限和责任，这就要求国家安全机关制定有具体实践价值的信息收集制度。例如针对法人机构的数据信息上传及披露应通过专有数据网络通道，通过加密数字证书保障数据的安全传输。例如针对各国家机关的信息共享，根据各机关的数据组成结构有选择地汇总，并设置分段定时汇总制度。

5.2.2　建立风险防控平台，强化线上大数据监管巡查

互联网信息技术的发展在当下与社会经济联系最紧需的一点便是互联网金融服务产品的不断创新，然而风险伴随机遇同比例上升，网络传销、P2P以及股权众筹等形式的非法集资、网络远程诈骗等案件层出不穷，花样翻新，危害范围不受地域空间限制，危害人群向不特定多数人发展，打击难度增大，社会危害严重。犯罪形式从网络直销购物、网络股权投资、网络加盟创业，到网络游戏联盟、网络慈善基金、网络远程教育等形式，更具有虚拟性、欺骗性、隐蔽性的特征。

信息的联网和数据的收集非常重要，但最重要的还是分析、研判。大数据技术和云计算的出现使得对多元化大容量信息数据的处理不再遥不可及。公安机关建立数据不断流动、信息不断更新，能够实时分析研判的涉众型经济案件风险防控平台，是建立网络融资涉众型经济犯罪预警机制的最重要环节。利用网络巡查可以及时对网贷行业全数据库分析、比对、碰撞。运用大数据分析手段梳理出犯罪网络的人流、物流、资金流、信息流等信息，从中发现可疑线索，筛选风险预警要素，结合行业特点，建立风险预警模型；并根据已发案件的各维度信息对风险预警模型进行反复试验，根据数据通过情况不断完善风险预警模型，提高可疑线索的判断准确性。

风险预警模型能够对犯罪动态信息进行实时分析，通过对不断更新整合的行业数据分析，提前发现敏感信息，有针对性地锁定异常经济活动，实现对互联网金融行业风险的预先处置和有效防控。

5.2.3　建立统一的犯罪线索管理系统

对于有效地处理互联网金融涉众型经济案件，减少被害人的经济损失，除了加强案件预防工作以外，提高办案效率和质量，严重打击犯罪行为，严

惩不法分子是对互联网金融涉众案件最有效的警示。

依据现有信息，建立统一的犯罪线索管理系统，实现犯罪线索全警录入、可疑信息自动搜集，平台研判、统一流转下发、及时核查打击、研判反馈以及线索流转全过程实时监控等功能。通过线索管理系统大范围、高密度发布，提高办案效率。

通过建立国家安全数据中心、构建犯罪案件风险预警模型、建立犯罪线索管理系统，利用大数据技术，完善互联网金融涉众型经济犯罪预警机制，提高犯罪案件的办理效率，实现了从案件预防到案件办理全过程的提前介入、实时打击，从而达到遏制犯罪结果的发生、减少受害人的经济损失的终极目标。

5.2.4 完善数据信息联网建设

网络非法集资犯罪案件在很大程度上是利用目前监管系统的信息不对称，披着合法"外衣"，或是"打一枪换一个地方"，改头换面又开始利用新的互联网平台或企业实施新的经济犯罪行为。因此，健全企业和个人信息基础数据库，完善社会征信体系是关键。这可使网络非法集资犯罪无处可匿，让一个人难以伪装自己的身份，实施过违法犯罪行为后会成为重点监控对象，提高其违法犯罪成本。

此外，信息化大数据时代，数据分析的重点并不仅是个案要素的查询，更重要的是后台全数据库的分析、比对，从而用信息化的手段梳理出整个犯罪网络的人流、物流、资金流、信息流的完整架构。因此，这就需要在信息联网的基础上更进一步，聚合信息、技术、情报、网络安全等部门的全部信息资源、技术手段和人才，共同打造一个涉网经济犯罪实战分析研判平台，依托后台数据库和大数据分析工具，更高效地从简单信息入手，关联分析涉网经济犯罪整个架构，为打击整个犯罪网络提供情报信息支撑。

5.3 基于大数据的网络非法集资犯罪预警

网络非法集资犯罪预警是指从事互联网经济活动或相关活动的自然人或法人，在互联网融资过程中，违反国家网络融资经济法规，严重破坏互联网经济秩序，触犯刑律，依法应当受刑罚处罚行为的预先告警。随着国家物联网、云计算、移动互联网的高速发展，"三网"的深度融合，"互联网+"行动计划和"促进大数据发展"行动纲要的全面推进，大数据容量大，类型多，存取速度快，应用价值高等独特技术要素特征，必将在社会发展中对网络非法集资犯罪预警发挥重大作用。

5.3.1 大数据预警概述

大数据预警是以违法犯罪风险预测为管理起点，遵循数据挖掘，量化分析，寻找犯罪要素之间的相关关系，预测经济违法（犯罪）行为将可能发生的逻辑思维模式和"谋定而动"的决策策略。根据不同的违法犯罪行为，指定有"预见性"的预警决策策略，使特定违法犯罪行为主体和易受害、有强烈预警需求的相应人群能掌握识假防骗知识和技能，主动规避并采取有针对性的措施防范风险，避免和减少经济损失；预警系统还可以提醒怀有违法犯罪动机的人放弃违法犯罪准备，中止违法犯罪行为，避免和减少违法犯罪行为的发生；使公安机关、金融商业机构，企事业单位等部门，将有限的人财物资源合理配置达到最优化效果。[①]网络非法集资犯罪的犯罪预警主要包括破坏金融管理秩序犯罪预警（非法吸收公众存款犯罪）、金融诈骗犯罪预警（集资诈骗犯罪）、扰乱市场秩序犯罪预警（组织领导传销活动犯罪）三种类型犯罪预警。

5.3.2 大数据金融信息安全风险的类型与特征

在大数据时代，互联网金融企业信息安全面临的风险主要有法律风险、市场风险、技术风险、操作风险、道德风险等。这些风险与大数据技术的发展相辅相成，有些风险是大数据与生俱来的固有风险，如物理环境风险和技术风险等；有些风险受大数据技术的外部环境所影响，如法律风险等，有些风险伴随着社会进步慢慢将会得到有效控制，如信息泄密风险等。[②]

1. 法律风险：是指企业在经营过程中由于故意或过失违反法律义务或约定义务可能承担的责任和损失。法律风险的表现形式有：①金融合约不能受到法律应予的保护而无法履行或金融合约条款不周密；②法律法规跟不上金

---

①刘丹：《经济犯罪预警》，中国人民公安大学出版社，2018年。

②徐忠等：《金融科技：发展趋势与监管》，中国金融出版社，2017年。

融创新的步伐，使创新金融交易的合法性难以保证，交易一方或双方可能因找不到相应的法律保护而遭受损失；③形形色色的犯罪及不道德行为对金融资产安全构成威胁；④经济主体在金融活动中如果违反法律法规，将会受到法律的制裁。

2. 物理环境风险：是指企业利用大数据技术进行分析所依托的信息系统设施面临的物理环境遭到外部因素影响而给金融信息安全带来的风险。这些外在因素包括基础设备故障、信息系统故障等。

3. 技术风险：是指数据在获取、挖掘、处理等基本环节因技术处理不当或技术设计不到位而引致的风险。大数据搜索技术的基本环节是数据的收集、存储、处理、挖掘分析。与金融信息企业主要相关的大数据技术有：数据采集、数据存储、数据处理、数据挖掘与分析技术等。金融信息安全所面临的技术风险主要体现在：完整性风险，存取风险，获得性风险，体系结构风险几个方面。

4. 信息泄露风险：是指数据在获取、存储、传输、分析和使用等过程中发生信息泄露从而给信息相关者带来安全隐患的风险。信息泄密方式主要有三种情况：黑客入侵，用户信息未加密；企业内部员工窃密；服务外包人员窃密。其中，企业员工内部泄密对企业的损害程度和其发生的频度远远高于其他外部攻击窃密，更是防范重点。与实物资产相比，信息作为组织业务流程中最重要的数据，容易被复制，如客户资料、产品设计等，如果不能得到正确的识别、评估、保存和管理，就可能面临被窃取、损毁和丢失的风险，这不仅会对依托这些关键信息的核心业务造成严重破坏，还会对组织的信誉和声望造成巨大的损害，甚至会摧毁整个组织。

在大数据时代，金融信息安全的风险有着比传统金融信息安全风险更为鲜明的特征。在大数据时代，金融信息安全风险具有扩散性强、影响面广和风险评估难的特点。数据的获取是随时随地进行的，在大数据的处理过程中，如果某个细微的环节出现错误，这种错误将会以极快的速度蔓延开，扩散能力极强。这是大数据技术与传统海量数据处理的重要区别之一。

金融领域对信息变化的反应极为敏感。由于大数据具有体量大、传播速度快等特征，金融市场上一些很细微的操作能被迅速放大并广泛传播，产生

"蝴蝶效应"，可能会对资本市场产生很大的冲击，影响面极为广泛。信息技术软硬件漏洞是全球各类信息安全问题的主要源头之一，对大数据技术带来的金融信息安全风险评估首先在技术上具有很大难度。建立一套完善的基于大数据技术带来的金融信息安全风险评估模型迫在眉睫。

在大数据时代，金融市场自动化交易发展迅速，提高了市场流动性和价值发现效率，但也带来一系列风险，且由于交易量庞大，交易时间迅速，交易范围广，所带来的金融信息安全风险影响也会迅速扩大。由于自动化交易普遍采用止损策略，当市场出现大幅波动时，会自动触发一系列相关金融产品的连锁交易，从而引发市场"多米诺骨牌效应"，在大数据时代，由于金融信息安全风险的扩散性强、影响面广、风险评估难的特点，这种高频交易很有可能会迅速导致金融市场全线崩盘，引发资本市场刚烈波动。

5.3.3 大数据预警网络非法集资的核心要素

通常大数据预警网络非法集资的典型做法是研发应用"网络非法集资犯罪数据分析和趋势预测系统"，将非法集资犯罪案件数据进行标准化分类，录入数据库；采用地图标注，将本地区分成若干警务辖区，抓取相当数量犯罪空间坐标实施空间网络编号，通过网络非法集资犯罪指标数据的预测模型，开展犯罪相关因素系统动态分析，将犯罪历史数据时空分析情况标注在地形图上，将未来犯罪趋势时空预报结果标注在趋势图上，系统自动预测出未来某段时间，某个区域可能发生犯罪的概率及犯罪的种类；[1]运用大数据可视化技术，将能直观清晰地显现未来犯罪趋势时空预报结果，系统提前预知警情。这种大数据预警网络非法集资有以下几方面核心要素：

1. 数据贯穿始终。在大数据预警非法集资的整个过程中，通过网络融资数据库数据的实时采集、高速存储实现集资警情信息的获取；另外高速调取非法集资犯罪历史数据和现实实时警情数据进行碰撞、比对、甄别、筛选，进行数据分析和数据发掘；警策信息的获取，靠的是趋势预测数据的概率判断；警措、警评、警监、警馈得以落实，靠的是数据库相关数据信息资源的

---

[1] 褚非：《强化科技赋能，打击非法集资》，载《中国银行业》2020年第9期。

充分利用和数据信息的高速传输。[1]

2. 预警监测模型的支撑作用。大数据警务技术的发展，催生形成"风险实时预警防控系统""犯罪历史数据时空分析系统""未来犯罪趋势时空预报趋势系统"等风险防控预警应对体系。网络非法集资风险实时预警防控系统是将传统警务与现代警务高度融合，按照"全域，全时，全程，全要素"监测风险要求，将政府行政部门和公安机关发现的各种风险预警实时传送到公安风险防控平台，进行碰撞，比对，甄别，筛选，对网络非法集资风险信息开展及时预警，实行先期预测，分析，评估，提前采取防范措施，防止集资风险的发生或扩大着力从源头上预防和减少各类警务及警务执法活动风险的整体工作过程。[2]网络非法集资大数据预警系统是风险实时防控系统的子系统，起着预防和控制风险的双重作用。

3. 数据发掘分析技术为核心。数据挖掘指从大量数据中挖掘出隐含的、先前未知但潜在的有用的信息和模式的一个工程化和系统化的过程。它是通过分析每个数据，从大量数据中寻找其规律的技术，是数据库知识发现中的一个重要步骤。网络非法集资大数据的挖掘，是指从大量网络集资数据集中找到隐藏的信息，如果将大量网络数据作为这一过程的输入，将隐藏信息作为这一过程的输出，则整个网络非法集资数据挖掘过程就是从输入到输出的一个映射，即从大量网络非法集资数据集到隐藏信息的一个映射。

根据网络大数据挖掘的对象不同，数据挖掘技术可分为网络结构、网络内容和网络应用数据挖掘。网络结构挖掘技术，是指在挖掘过程中关注网络上隐含的链接结构，根据网络结构之间的关系（如链接间的关系与组织结构）得到隐含信息的过程。它关注的是如何最快地由一个网页到达另一个网页。网络内容挖掘技术，是指对页面本身的内容进行挖掘、页面内容的主要形式有文本、图片、多媒体音响等，从多种形式的内容中挖掘出有价值的信息。它关注的是网络页面的主题是什么。网络应用挖掘技术，是指运用在挖掘网络服务器的日志文档过程中获取的用户行为信息来对用户未来行为进行预测

---

①罗小玲：《互联网金融犯罪与防控对策研究》，载《法治论坛》2016年第3期。

②刘枬，李淞，余先锋等：《平安风险实时防控系统在公安警务大数据中的研究与应用》，载《中国人民公安大学学报（自然科学版）》2017年第2期。

的网络数据挖掘技术。它关注的是用户在浏览网站时实际发生的行为。网络应用挖掘的对象不是网络上存在的原始数据，而是用户在浏览网页过程中产生的交互式数据。

数据挖掘具有应用性（理论算法和应用实践完美结合）、工程性（包含数据准备和管理、数据预处理和转换、挖掘算法开发和应用、结果展示和验证以及知识积累和使用的完整工程化过程）、集合性（数据探索分析、关联规则挖掘、时间序列模式挖掘、分类预测、聚类分析、异常检测、数据可视化和链接分析等多种功能的集合）和交叉性（交叉学科，利用统计分析模式识别、机器学习、人工智能、信息检索和数据库等诸多不同领域的研究成果和学术思想）等四个主要特性。数据的产生和收集是基础；数据挖掘（知识发现）是工具和手段，是大数据中最关键最基本的工作。

数据挖掘流程包括数据准备（从相关数据源中选取所需数据并整合成用于数据挖掘的数据集）、挖掘过程（对所得到的经过转换的数据进行挖掘）和结果表示（根据决策要求，对挖掘出的信息进行分析，抽取出最有价值的部分，通过决策支持工具提交给决策者）等三个阶段。数据准备阶段主要涉及选择数据技术（搜索所有与业务对象有关的内外部数据信息，从中选择出用于数据挖掘的数据）、预处理数据技术（研究数据类型，确定将要进行挖掘操作的类型）和转换数据技术（将数据转换成针对挖掘算法的分析模型）。挖掘过程阶段主要涉及建模技术（选择和使用不同的模型技术，模型参数被调整到最佳数值）、评估技术（评估模型，检查构造模型的步骤确定重要的业务问题是否已被充分考虑，达成一个使用数据挖掘结果的决定）和部署（将数据中找到获得的知识重新组织和展现，产生简单报告）。结果表示阶段主要涉及结果分析技术（解释并评估结果）和知识同化技术（将分析所得的知识集成到业务信息系统的组织结构中）。

数据挖掘过程标准流程包括业务理解、数据理解、数据准备、建立模型、模型评估和模型发布等六个阶段。业务理解是指要弄清解决什么问题；数据理解是指要知道选择何种数据源并对原始数据全面核查；数据准备是指对收集到的原始数据进行整理、筛选、清理以及转化：建立模型指描绘数据、建立数据之间的关联、利用数据挖掘工具进行基础分析；模型评估是指对问题初步解决的评估；模型发布是指调整模型的预测准确度、运用到具体问题决策中。

4. 把握大数据技术实现网络非法集资预警的重大机遇。党中央、国务院及地方各级党委、政府高度重视社会治安（网络环境）综合治理。社会和网络的治理数据资源极丰富，国内大数据技术开发应用基础雄厚，大数据与云计算深度融合，云计算为大数据提供弹性扩展的基础设施支撑环境以及数据服务的高效模式，大数据为云计算提供新的商业价值和社会价值。企业大量利用客户与在线产品或在线服务交互产生的数据，基于海量数据（知识）的人工智能成果不断涌现。

5.3.4 利用区块链整合金融大数据预警体系

5.3.4.1 区块链应对金融商业环境预警的挑战

1. 区块链助力互联网金融业高效赋能实体经济金融与实体经济结合的过程中，最复杂、最烦琐的流程就是资金融通过程中的风险判断。传统金融业由于数据缺乏，资信流程死板，评估流程冗长等种种原因，让巨无霸企业更加容易从金融机构获取越来越多的资源，而真正推动创新的中小企业越发难以为继。区块链的技术特点，可以让互联网金融业紧密地和实体经济行业结合起来，高效助力实体经济发展。

（1）个人用户拥有统一的公链，公链拥有跨不同联盟链的互通和核算能力，存储了用户与不同行业间的业务数据、个人基本资料信息、个人日常行为和个人资产数据等。[①]

（2）各个实体行业通过行业联盟达成规范，根据行业特点搭建和加入不同的行业联盟链，如智能制造业、供应链、旅游、地产、教育等。同时根据不同的业务构建不同的智能合约，行业联盟链可以在与个人用户进行业务联系的过程中获得相应权限的数据。行业联盟链中还可以存储企业相关的业务数据、资产数据、负债数据等。

（3）互联网金融业构建不同从业企业或金融监督机构的联盟链，建立统一标准，并且可以与不同的行业联盟链单项互通，获取需要与金融业进行交互企业的业务数据、资产数据和负债数据。当实体行业企业有融资或交易需

---

①袁勇，王飞跃：《区块链技术发展现状与展望》，载《自动化学报》2016年第4期。

求的时候，金融业联盟链的不同智能合约会同时调取个人公链的部分数据和企业联盟链的相关数据，互相印证，自动评估、追溯，自动放款甚至自动收款。

2. 区块链助力互联网金融业合规运转

未来金融业的运行除了常规的业务考量，大量的法律法规和整体系统性风险的审核判断更加重要。互联网金融业可以将已有的大数据系统结合区块链技术的架构特点，运用分布式、加密、共识和智能合约的技术特点，构建高效运转的合规运转架构。

（1）互联网金融业从业企业通过各类去中心化应用程序平台构建不同的业务，开放给实体经济企业对接；通过大量的智能合约对业务的风险、流程等进行约束和自动化结算；通过兼容不同场景不同算法的共识机制，对业务运行过程中的一致性问题进行监控。

（2）互联网金融的业务不再是通过传统模式进行的被动自审和金融监管机构抽检的模式，而是通过区块链的技术架构特点，金融监管机构可以构建自有的联盟链，不同的监管部门可以加入联盟链。监管联盟链将大量的不同法规转化为不同的智能合约，并可以直接获取金融从业企业的所有交易数据和风险数据，也可以直接读取用户公链上的用户数据进行验证。通过智能合约的运行，可以对金融从业机构的每一笔业务进行合规性评估和追溯，消除系统性风险。

5.3.4.2 区块链应对金融大数据实施的挑战

1. 基于区块链的金融大数据信用系统的挑战。互联网金融业进行的所有业务开展都要基于信任，对企业或个人进行征信，对资产、收益和流动性进行度量。只有经过充分的风险评估之后才能建立信任。因此，互联网金融业当前对大数据系统实施过程中的疑虑，是对大数据系统做了大量的投入之后，能否解决金融业务当中的信任建立问题。区块链技术自2008年诞生以来，区块链技术经过了三代技术的发展，逐步用更完善的机制解决了个体和机构间的信任问题，融合了区块链技术的金融大数据系统，可以把用户行为数据区块化，用户资产区块化，用户业务合约化，迅速建立高效的互信机制，把信任建立的复杂工作算法化、自动化。[1]从文化理念上，融合了可信区块链的金

---

①霍学文：《区块链——未来金融战略制高点》，载《首都金融》2016年第28期。

融大数据系统，要比传统的金融大数据系统更有说服力，但是区块链上存储的大量数据和账本，也需要依赖更先进的大数据技术才能更加高效地提取和使用。

2. 助力解决实施中的技术架构选型的挑战。互联网金融业对新技术的应用，总是面临着艰难选型、缓慢试错，逐步定制，最终稳定的漫长过程。区块链技术自诞生伊始就与互联网金融业密不可分，并尝试解决互联网金融业中大量已有问题的技术，第一个应用就尝试了金融业的根本业务，虚拟货币的发行和清算。区块链技术当前还处于持续迭代并没有定型。因此，在如何选型区块链技术并融合到已有的互联网金融大数据系统的时候，金融业拥有完全的技术主导权，未来会亲自构建技术并结成联盟，共同应对新时代商业环境的挑战。

5.3.4.3 区块链应对金融大数据应用的挑战

互联网金融机构从现有大数据系统搜集的数据拥有大量的杂乱数据，没有统一的格式，数据的一致性和安全性也没有任何保障。未来融合了区块链技术的互联网金融大数据系统可以从根本上解决数据的问题，从而解决数据经过分析之后的偏差让数据洞察更加精准。其中包括；（1）**数据质量保障**：区块链式数据结构中的链式结构和区块数据结构可以有效地保障数据从源头的质量；（2）**数据格式保障**：金融业可以对联盟链中业务发生的数据进行存储格式的要求，并通过验证机制保障只有格式正确的数据才会被保留和进入数据链；（3）**数据一致性保障**：数据一致性是分布式大数据系统使用过程中最大的问题，区块链的链式数据结构和共识机制可以有效地保障整个数据使用过程中的一致性；（4）**数据防篡改保障**：非对称加密、数字签名、哈希函数以及高效的分布式传播和验证机制，保证了区块链金融大数据融合系统中的数据可追溯和不可篡改；（5）**数据传输保障**：分布式传输、数字签名、非对称加密可以保障所有数据在传输过程中的安全性和不被污染；（6）**数据审计保障**：可定义的智能合约，可以让金融机构定义大量的自动化验证规则，结合其他子系统，对所有最终进入数据分析系统的数据进行严格的审核，防止数据偏差和数据盲点。[1]

---

[1] 王昱，盛阳，薛星群：《区块链技术与互联网金融风险防控路径研究》，载《科学研究》2021 年 4 月网络刊。

5.3.4.4 区块链应对金融大数据安全的挑战

近几年来，大量不同行业数据泄露事件频频发生，这些安全漏洞也迫使各国政府出台了相应的法规来约束金融业对数据的使用和对数据的安全保障要求。《多德-弗兰克法案》《巴塞尔协议》和《欧盟通用数据保护条例》都明确规定了金融机构必须遵守的各种数据管理法规，包括数据采集、数据使用、数据保障等条例。

区块链技术的数据结构、传输结构、共识结构和智能合约结构以及各个层之间数据的可靠性流动架构，非常适合解决互联网金融大数据安全的两大问题，即数据安全和数据隐私保护问题。[1]互联网金融业要想彻底从根本上解决这两个问题，需要充分考虑区块链各个技术模块的特点，在构建统一的区块链互联网金融大数据系统的同时，构建融合型的区块链数据安全保障子系统和区块链数据隐私保障子系统。

1. 分布式传输安全保障架构：通过区块链分布式通信架构与已有的互联网金融大数据分布式架构相结合，运用代币、非对称加密及持续更新的不同加密算法等保障技术，对在各个分布式子系统之间流动的数据进行协议层面上的保护。

2. 数据存储安全保障架构：大数据架构存储的过程中，需要有可靠的链式存储架构、分布式节点管理、数字签名等手段，对数据存储过程进行可追溯可验证的安全保障，并通过不同的共识机制保障数据不可篡改。

3. 数据验证安全保障架构：对存储的数据进行使用前或者使用后确认致性的时候，都需对数据进行分布式的多点验证。

4. 数据行为安全保障架构；在数据使用过程中，对数据使用异常进行监管，并可以对触发阈值和边界的操作进行自动预警或隔离。

5. 数据访问控制保障架构：通过区块链，对数据进行隔离验证，将合规、合法的数据进行隔离，对用户敏感信息进行哈希算法加密和匿名化，保证用户数据使用者无法通过数据追溯到个人。这样可以在数据访问和使用中，保证数据可用的同时也兼顾用户数据的隐私保护。

---

[1]Financial Stability Board, Fintech: Deseribing the Landscape and a Frame-work for Analysis, Research Report, 2016.

6. 数据分发控制保障架构：现有技术无法保证售卖数据不被复制及二次传播，但利用区块链对数据溯源能够确认数据所有权和流转渠道，为侵权投诉阶段提供举证材料，提供更加可信的大数据交易环境。

7. 数据使用控制保障架构：通过共识算法、智能合约，在金融业联盟链中进行数据使用的控制和管理。银行、保险、证券和金融监管机构在联盟链中使用个人信息。用户通过独有的数字身份和个人密钥对个人信息进行使用授权管理，所有机构在合法权限确认的情况下，可以通过机构持有的特殊密钥加上用户的授权，获取并使用用户的可信数据。

8. 数据流通控制保障架构；大数据只有流通和分享才有价值，不同取链之间的数据交易需要区块链的共识、加密、智能合约等能力，这样可以有效的保障用户个人数据、交易数据等隐私数据在流通过程中的管控。包括数据资源的确权、开放、流通和交易等。这样，在商家利用了用户的脱敏数据进行业务预测和营销等行为之后，可以跟数据最终所有权人分享数据带来的利益。[1]

区块链技术的诞生，产生了一种用机器和算法来建立信任的新技术框架让区块链和金融行业的结合成为可能，而且典型的使用场景其实就是金融行业的基本业务。区块链技术并不是一个核心技术，而是一整套的技术组合。这个组合就像金融业的演进一样，不停地加入新的技术模块，或者替换已有的落后技术模块。诸多的技术模块产生，最终是为了把可信交易这个问题解决好，构建更加符合未来的商业环境并且持续演进的可信交易网络。

5.4 基于人工智能的网络非法集资犯罪预警——以P2P为例

5.4.1 网贷平台非法集资的数据特征

一般情况下，大数据预警功能是依靠"建立模型—输入数据—实现预测"三个环节实现的。建立模型的基础是对过去的犯罪规律的描述，以网贷平台领域非法集资犯罪的特征规律为参考，从现有判例分析非法集资的网贷平台

---

[1]U. S. Department of Treasury, Opportunities and Challenges in On line Marketplace Lending, Research Report, 2016.

普遍具六个方面的特征：

1. 网贷平台非法性数据特征

网贷平台非法性数据特征是指网贷平台是否非法从事持牌金融融资机构的业务，按照《关于做好网贷机构分类处置和风险防范工作的意见》（2019年），行政主管部门规章或规范性文件也成为司法机关辨识"非法性"参考的标准与依据。那么各个行政监管部门的备案要求也成为非法性指标的构成部分。

（1）没有行政监管部门备案信息

由于网络融资业务整顿排查验收后的网贷平台备案工作一拖再拖，目前网贷行业还没有开始备案工作，但工商部门、网信部门都对网络融资平台有基本的备案要求。例如工信部要求网贷平台必须有ICP备案；公安部要求网贷平台作为非银机构，必须具备信息安全等级的最高级认证，即信息安全三级标准。但实际有些问题网贷平台就是拷贝了一个网贷模板，既没有在网信部门通过网址备案，更没有网络信息安全认证，存在网络平台网址备案信息不全或者网络安全无认证的数据特征。

（2）没有资金存管信息和电子合同信息

资金的流向需要明确，这是保障网络融资项目资金真实性的一个有力手段。根据银监会发布的《网络融资资金存管业务指引》，监管细则明确要求网贷资金必须委托第三方银行金融机构存管，资金存管业务要把网贷机构自有资金和网贷业务资金分账户保管分类核算，并且银行存管资金的支付清算都需经借贷当事人的指令授权和信息核对，那么网贷平台业务资金数据应该与网贷电子合同借贷数据一一对应。但是实际上大部分网贷平台并没有按照这个监管要求严格落实，有些问题网贷平台业务资金经由公司业务人员个人账户流转，就出现电子合同中的借贷数据与银行资金存管数据问题不一致的数据特征，这类网贷平台没有将投资人全部资金对接在银行存管账户，有资金池嫌疑，这类平台需要引起注意。[①]

2. 网贷平台利诱性和公开性数据特征

承诺高息是所有非法集资网贷平台的共同特征，他们充分利用投资人贪

---

①宿玉海，徐立：《山东P2P网络借贷平台风险及对策研究》，齐鲁书社，2018年。

便宜赚快钱的心理，采用相对较高的利息吸引"羊毛党"蜂拥而入，快速积累平台的用户规模和交易规模。并通过连续发短周期标的快速回笼资金。网贷平台为了吸引投资者，超越信息中介属性，以高息揽储并承诺保本保息，这种行为就会涉嫌非法吸收公众存款。

（1）网贷广告虚假夸大宣传信息

一些问题网贷平台，他们把虚假的借贷标的信息发布在平台上，为了打造虚假的高大上企业形象，往往不惜重金大肆广告宣传或者请名人站台，鼓吹包装企业背景和雄厚财力，全方位打造虚假的高大上企业形象，使平台看起来正规、财力雄厚并值得信赖。对平台和产品的夸大宣传有骗取投资人揽储的嫌疑。如前期曝光的e租宝、大大集团等均可列入夸大宣传系列，规模扩张太大，业务来源、资金流向也不明确，有较大的庞氏骗局的嫌疑，这一类平台是千万不能触碰的，属于禁止类指标。2015年12月28日新出台的监管细则征求意见稿对禁止这类活动有了明确的规定：向非实名制注册用户宣传或推介融资项目或者存在虚假夸大宣传。以高息为诱饵，以"秒标""天标"吸引赚快钱的投资者聚集，待吸收了大量公众资金后，采用借新债还旧债的庞氏骗局手法，亦或是突然关闭网站携款潜逃，这都属于假借P2P网络融资名义的非法集资。

（2）网贷广告承诺保本保息等诱导性宣传信息

问题网贷平台除了鼓吹企业形象外，平台还承诺保本保息等诱导性宣传，这类保本保息标的本身就属于违规产品。广告词中含有无门槛、预期年化收益率最高、100%保本保息、零风险、绝对安全等违规广告词汇，从事"校园贷""砍头贷"等被明令禁止的活动，这些行为明显违反国家关于开展金融广告的有关规定，侵害消费者合法权益。需要引起投资者和公安机关密切关注。

（3）网贷平台通过各种公开途径向公众传播吸收资金的信息。

网贷平台吸收资金信息宣传渠道主要分为线上和线下两种。按照网贷业务宣传范围，网贷平台向实名注册的用户宣传网贷标的产品属于向特定对象宣传，不违反公开性的非法集资标准。但是通过网上向非实名注册用户公开宣传以及线下各类媒体宣传都不符合特定对象的条件。

3. 网贷平台诈骗性数据特征

网贷诈骗性数据主要反映在网贷平台控制人采用欺诈手段编造虚假标的、

虚假借款人，并采用借新贷还旧贷的庞氏骗局模式，有的经营者集资后卷款潜逃，其主观上具有非法占有的目的，涉嫌集资诈骗。

（1）问题网贷平台信息披露数据异常

信息披露制度是网贷行业规范发展的制度保障，根据银监会网贷业务信息披露指引的要求，网贷平台应对网贷业务中11项关键性交易信息予以披露。但是问题网贷平台的信息披露数据呈现很多异常问题：第一，网贷平台公示的数据真实性存疑。如很多平台故意掩盖逾期及坏账问题，使逾期金额、逾期笔数等数据为零。第二，问题网贷平台上的多个借款标的为同一借款人，其借款用途信息非常粗略笼统，存在虚假标的高息自融嫌疑。第三，有些问题平台无合理原因持续数月发行高息短周期产品，有疑似资金链断裂嫌疑。这类平台运营合规性存疑，资金风险性很大，不能维持长期的运营①。

（2）网贷平台工商信息异常

有虚假标的的网贷平台，往往购买"盗版模板"粗略改装后即上线，其工商登记信息更是漏洞百出。有些网贷平台为了方便随时跑路逃避打击，他们采取在甲地办理工商登记手续，在乙地实际开展网贷业务，一旦被监管盯上或受驱赶，马上换个城市重新做市场，这种"打一枪换一个地方"的做法会造成平台工商注册地与实际经营地不一致的数据特征；另外还有些问题平台工商登记时往往会找个无关人员作为法定代表人，从而造成法定代表人与实际控制人不一致的数据特征。这些异常的工商登记数据信息是平台诈骗性的重要特征。

（3）网贷平台与爆雷平台、借款企业、担保公司有关联企业信息

部分诈骗性平台的实际控制人利用本人或关联人员身份注册多家空壳公司，利用这些空壳公司直接或间接控制多家网贷平台，一旦一个平台出现资金链断裂风险时，控制人往往通过挪用另一平台资金池内的资金来补充资金风险敞口，从而出现网贷平台与爆雷平台的关联企业数据。部分P2P网络融资平台经营者，先兼并一些中小企业为自己的融资对象，再通过编造资金用

---

① 停业及问题P2P报告：近七成良性退出（附案例）[2017-03-13] https://www.wdzj.com/news/yanjiu/75588.html.

途把兼并企业包装成借款人，把虚假的借贷标的信息发布在平台上，再通过控制一个由第三方成立的融资担保机构来为网贷平台担保，以达到吸收公众存款的目的。这类平台与借款企业、担保企业往往是沆瀣一气，都有一定的企业关联信息。

4. 违规资金池的数据特征

网贷平台存在违规资金池是非法集资网贷平台的重要特征，主要表现为网贷平台的客户资金并没有与平台资金隔离分账，网贷客户资金还是通过公司人员个人账户往来，其实质还是采用债权转让的居间人模式。部分融资企业与网贷平台有关联，这些自融平台就可能出现资金在关联平台间随意调拨划转问题。

（1）银行存管数据信息与电子合同数据信息不一致

按照银监会发布的《网络融资资金存管业务指引》要求网贷资金必须委托第三方银行金融机构存管，并且银行存管资金的支付清算都需经借贷当事人的指令授权和信息核对。网贷业务资金都从银行存管账户流转，那么资金数据应该与网贷电子合同借贷数据一一对应。第三方资金托管可以有效避免平台直接接触投资者资金，是P2P网贷平台规范发展的一个要求，央行也明确表示过P2P网贷平台应当建立第三方资金托管机制。一旦问题网贷平台业务资金经由公司业务人员个人账户流转，就出现电子合同中的借贷数据与银行资金存管数据问题不一致的数据特征，这类网贷平台就有资金池嫌疑。

（2）网贷客户资金与公司业务人员个人账户往来

利用假标、自融手段可以快速实现规模资金增长，而其资金往往归集于资金池中。资金池是非法集资平台的典型特征，对资金池的判断最明显特征是资金流向不明，规模增长快。从网贷资金流向上看，如果网贷客户的借贷资金都是通过平台业务员个人账户往来，那这类平台有资金池无疑。

（3）融资方集中度过高并且融资方与网贷平台高管信息关联

自融是P2P网贷行业内较为严重的一项风险，专指有实体企业的老板为帮自有企业或关联企业融资，选择开设一个P2P网贷平台，把筹到的资金绝大部分用于内部输血。庞氏骗局则是一种以新还旧的投资欺诈形式，通过不正常的高额回报持续性吸引新投资人加入。老投资人的资金回报来源于新进投资人的投资本金，而非真正的实体经济项目。一旦新进资金跟不上节奏，庞氏骗局就会面临崩溃。

根据网贷机构信息披露的监管要求，网贷业务必须披露融资机构名称、融资用途以及融资时间等相关问题，并且网贷平台必须审核融资机构的工商登记信息及验资报告等，如果平台发布标的融资方比较单一并且融资方与网贷平台高管有信息关联，加上资金流向不明确，那平台自融的嫌疑极大。

5. 信用风险的数据特征

信用风险数据主要反映网贷业务相关的平台、企业信用情况及各公司高管个人信用情况。从目前来看，部分问题网贷平台高管人员有的涉及经济诉讼案件，有的甚至是非法集资、传销前科犯罪的人员，他们利用网贷平台达到非法集资目的的嫌疑很大。并且有些问题平台发布的标的实际借款人和借款企业相关征信记录也较差，有的借款人实际已经债台高筑，有的相关借款企业涉及三角债务问题而引发经济纠纷案件，这些都会导致实际借款人和借款企业征信记录较差。

（1）平台高管个人征信记录差

"平台有涉诉信息"主要是指平台本身或平台的重要人员曾经有过失信被执行记录。这项指标对接全国法院被执行人信息查询系统、全国法院失信被执行人名单公布与查询平台，看该平台法人、股东或者核心管理人员有涉诉记录。从各地法院判决的多起P2P非法集资案件中，我们不难发现非法集资网贷平台高管个人征信数据往往较差。有的因欠债涉及民事纠纷案件，有的就是非法集资、传销、诈骗的前科犯罪的人员，甚至沾染吸毒、赌博的恶习。[①]他们就是在利用网贷平台自融，以满足个人资金需求，所以平台高管个人征信数据差是非法集资网贷平台的数据特征。

（2）借款人和借款企业征信差

除了平台高管人员征信差以外，有些非法集资平台实际借款人和借款企业相关征信记录也较差。非法集资网贷平台往往充斥着虚假标的，这些虚假

---

①王铼，胡锦鑫：《论网贷平台非法集资犯罪的打击侦办技战法》，载《山东警察学院学报》2017年4月刊。

标的往往借助第三方伪装后完成信息披露，而实际借款人有的已经债台高筑资金流转困难，有的企业因三角债务问题而存在民事纠纷案件，这些都会导致实际借款人和借款企业征信记录较差。[①]

（3）第三方担保企业征信差

平台与担保公司的合作有两种形式，一种是平台标的来源于担保机构推荐，底层风控由担保公司负责；另一种是平台自己开发资产端，引入担保机构为标的增信。担保公司的风控实力会直接影响资产端质量，担保公司风控实力越弱，对资产输控制越松散，项目担保风险系数越高。平台在与担保公司合作时的准入门槛，风险保证金计提比例，对担保公司的跟踪及控制条款，授信额度都是对担保公司实力和平台风险控制的关键点。

违规担保行为需要考察的内容有平台的合作担保机构、单个标的的合作担保机构、担保机构的类型、担保机构股东的背景实力、担保机构是否有失信被执行记录、是否存在超额担保和重复担保以及涉及哪些领域的项目担保等。其中自担保嫌疑指标之一即平台实际控制人与平合担保公司为同一人且平台仅此一家担保公司，但是不排除国资或者上市公司全资或者控股公司旗下担保公司为平台进行担保的情况。除此以外，有些非法集资网贷平台的第三方担保机构会有弄虚作假、扰乱合同履行、拒不担保等行为，这类担保公司的企业征信记录也往往较差。

6. 资金链风险的数据特征

资金链风险主要反映网贷平台的获客的活跃程度以及在运营中资金留存流转情况，分析网贷平台资金流情况以及网络舆情信息可以有效解决平台是否会爆雷以及何时爆雷的难题。

（1）持续发高息短周期标的

项目期限拆标是指，平台将一个长期借款项目标的拆成多个短期借款项目标的，这种模式虽然满足一定资金流动性要求，但是期限拆标的模式之所以能正常运转是因为借新还旧，一旦其中某一个环节出现问题，容易造成挤兑风险，使资金链断裂。这种资金模式运作的平台存在较大的风险。根据网

---

① 谢平，邹传伟：《网络借贷与征信》，中国金融出版社，2017年。

贷之家数据显示,截至2018年5月,停业及问题平台的综合收益率在15%~18%之间,远高于2018年4月网贷行业综合收益率9.64%;停业及问题网贷平台的平均借款期限2.87个月,远短于4月网贷行业平均借款期限为11.58个月。目前问题网贷业务呈现出借贷高息短周期特征,借贷周期呈现了短平快等特征。有些非法集资网贷平台在没有特殊原因的情况下,持续发高息短周期标的,其目的就是用庞氏骗局的做法不断借新还旧。

(2)成交覆盖率小于70%且连续下降

成交覆盖率即利用平台月度成交量除以当月平台应还本息额,平台月度成交量反映了平台获客能力,当月应还本息额反映了平台资金的留存能力,其二者的比值反映平台资金流转程度和平台人气,通过对大量平台成交量和换本息额数据的分析,成交覆盖率在0.7%为资金链断裂临界点。①如随爆雷期临近,月度成交量在下降,应还本息额在上升,成交覆盖率必然下降,如果成交覆盖率连续下降说明平台资金多用于还本付息,类似庞氏骗局。

(3)新借款或贷款余额大幅变动且现金流持续流出

现金流连续四周为负、贷款余额大幅变动、新借款变动幅度过大这三项指标是平台运营情况发生变动的重要反映状态。在P2P平台的运营中,反映资金状况主要集中在现金流、贷款余额、新借款三个指标。其中,现金流反映平台的资金流的健康程度;贷款余额反映平台的负债,是平台未来资金压力的预测指标;新借款是平台的资金成长性指标。如果这些指标发生大幅变动,则表示平台大事件的发生或者平台运营出现状况。从正常网贷平台运营来看,当月借款指标和贷款余额相对波动不大,即使某月份有较为集中的还款标的,也不会持续数月之久。但是如果网贷平台出现资金链问题,甚至网络舆情中出现倒闭跑路信息,势必引起投资人恐慌情绪而纷纷要求提现,就会出现现金流持续数月为负值,贷款余额也呈现大幅波动,这些数据指标都预示资金链存在较为严重的风险。

(4)相关网络舆情变差甚至有公安机关介入的警情信息

互联网时代是一个信息大爆炸时代,基于P2P行业投资者地域和人群分

---

① 如何巧用成交覆盖率预判P2P平台资金流风险?(附案例)[2017-05-26]https://www.sohu.com/a/143638284_355147。

散性的特征，第三方舆论可以作为一个评判平台运营现状的重要指标。非法集资网贷平台一旦出现资金链问题，势必会在网贷论坛中出现相关负面消息的帖子，网络舆情变差，当第三方已经开始出现提现困难、倒闭、经侦介入或者跑路言论时，那么对该平台需要立刻警觉起来，进行核实以及相关数据搜集，重新对该平台进行评判。提现困难的平台极有可能意味着平台现金流有断裂风险，如果有公安机关介入等警情信息，这种迹象都表明网贷平台资金链已确定断裂，存在较大风险。

5.4.2 网贷平台非法集资的数据化排查方法

根据当前大数据情报导侦的经侦工作要求，对网贷平台非法集资的数据化监测排查是符合经侦工作导向要求的。我们除了从非法集资法律认定角度梳理了非法性、利诱性、公开性的基本数据特征外，还从其诈骗性、资金池、信用风险以及资金链角度梳理了非法集资数据特征。在梳理了这些数据特征后，需要搜集整合网贷相关社会数据信息，利用计算机信息技术对这些数据进行一致化、缺失值和异常值处理，利用数据化排查方法进行监测和预警排查，具体的排查思路可以从以下几方面展开。

1. 构建网贷平台非法集资多模块数据库

按照数据来源构建网贷平台非法集资多模块数据库，包括银行资金存管数据模块、电子合同存证平台数据模块、网贷标的数据模块、工商数据模块、司法数据模块、征信数据模块以及犯罪情报数据模块，并利用爬虫技术广泛从网络渠道收集关于网贷平台的舆情数据信息，将这些网络舆情信息与非法集资模块信息碰撞比较发现网贷平台的可疑犯罪嫌疑线索，从而预警研判出网贷平台是否具有非法集资嫌疑。

2. 监测银行资金存管数据和电子合同数据的匹配

网贷平台存在违规资金池是非法集资网贷平台的重要特征。2017年银监会发布的《网络融资资金存管业务指引》中明确网贷资金必须委托第三方银行金融机构存管，并且银行存管资金的支付清算都需经借贷当事人的指令授权和信息核对。另外，网贷平台必须对出借人和借款人的基本信息和交易信息提供电子签名和电子认证服务，电子合同必须具备签署、提取、存储及合同验真等功能。规范电子合同签约及存证一方面有利于为司法鉴定采集固定电子证据；另一方面便于金融监管部门的实时监管。银行资金存管和电子合同数据的匹配是网贷平台正常运营的重要数据，也是数据化排查网贷平台违规资金池的好方法。将长期以来第三方电子合同存证平台的数据信息同网贷机构资金存管平台资金数据匹配度较差的平台纳入重点监管范围，并结合其他排查手段监测其发标情况，一旦证实有资金池问题，公安机关要及早预警处置。

3. 利用网络爬虫技术抓取舆情信息，与特征化风险数据碰撞比对。

网络爬虫技术是搜索引擎的基础功能，它是一种向网站提出请求并按照一定规则提取数据的自动化程序或脚本。简单说就是通过抓取网络中的海量数据，经过解析网络信息内容最后搜索展示结果。有效利用大数据和网络爬虫技术，主动抓取网贷平台非法集资的特征化数据信息，通过风险数据的量化、赋值和信息比对，从而预警研判出问题网贷平台，有效提升网贷平台非法集资案件预警研判能力。利用网络爬虫技术进行特征化风险数据比对方法如下。

（1）借贷期限及收益水平比对

根据网贷之家的统计数据，停业及问题网贷平台借款期限为2.87个月，远低于行业同期平均借款期限9.67个月，并且问题网贷平台标的收益率也往往高于同期行业平均收益率5%~8%不止。网贷行业平均收益受国家货币政策以及行业发展形势的影响，投资者减少了盲目投资，收益预期更加理性，近几年行业平均收益一直在持续走低。但可以把全网贷行业平均借款期限和收益水平为基准，对网贷平台借款期限和收益率偏离程度进行动态监控，对偏离值较大并且持续偏离期较长的平台进行重点监控再研判，发现其是否有庞氏骗局的嫌疑。

（2）网贷广告特征词命中比对

网络融资平台的业务推广方法分为线上和线下，按照网贷业务宣传范围，网贷平台只能线上向实名注册的用户宣传网贷标的产品。在线下以及网上向非实名注册用户的宣传都不符合网贷广告范围的要求，利用爬虫技术可以及时发现不符合网贷宣传范围的广告。[1]

另外，工商部门对虚假夸大的网贷广告宣传也进行整顿，严禁出现过于夸大收益和安全信息的词汇。问题网贷业务广告中往往充斥许多吸引眼球的特征词汇，如投资无门槛、100%保本保息、零风险、绝对安全等违规广告词汇，网监部门可以利用这些特征词进行全网字段监控并数据抓取，抓取次数和频率较高的网贷平台需要进行重点监控。

（3）投诉举报比对

非法集资网贷平台一旦出现资金链问题，势必会在网贷论坛中出现相关负面消息的帖子，提示已经有提现困难、经侦介入、平台跑路等信息，并且信息会在QQ群、微信群中迅速扩散，网络舆情变差，甚至有公安机关介入等警情信息，种种迹象都表明网贷平台资金链存在较大风险。并且问题网贷平台往往存在恶意催收、骚扰借款人、贷款金额与电子合同金额不符等问题，其相关的网贷业务投诉也比较集中。公安机关可以利用网络爬虫技术抓取网络舆情数据中的投诉举报信息，对举报次数和频率较高的网贷平台进行重点监管。

（4）平台存在"老千软件""盗版模板"

有些问题网贷平台，他们只需要花几百上千元就可以购买到一个网贷的盗版网站模板，利用境外的服务器不经过任何备案就可以上线，再招聘几个办公人员就可以开展违规网贷业务。他们为了快速增加平台活跃度和规模人气，故意购买"老千软件"，虚涨平台注册人数、借款人数、投资人数、贷款余额等等指标，制造超高人气的假象。存在"老千软件""盗版模板"的平台是非法集资网贷平台最明显的特征，可以利用网络爬虫技术发现这类问题并重点监控这类平台。

4. 全面核实个人以及企业征信数据信息

个人及企业征信系统一直以来都以人民银行为主要数据来源的国家信用数据库为主，直到2018年2月，第一家以个人网络的信用基础为主的百行征

---

[1] 孔庆波，闫宏伟：《P2P网贷平台违法违规运营排查途径探讨》，载《福建警察学院学报》2016年2月刊。

信系统正式上线，并获得了央行颁发的全国首家个人征信牌照。可以利用央行以及百行征信系统全面核查投资人、借款人个人征信信息，核查网贷平台的股东及高管人员征信信息。另外也可以通过工商、银行、税务、司法系统等对于企业征信信息进行全面核查。如借款企业的征信信息，网贷平台注册公司的征信信息，第三方担保公司的征信信息等，从而破解根治过度借贷、重复授信等借贷乱象。对于个人及企业征信数据较差的网贷平台需要重点监控。

5. 查询网站备案信息及网贷平台系统安全报告

由于网络融资业务整顿排查验收后的网贷平台备案工作一拖再拖，目前网贷行业还没有开始备案工作，但工信部要求网贷平台必须有 ICP 备案；公安部要求网贷平台作为非银机构，必须具备信息安全等级的最高级认证，即信息安全三级标准。但实际有些问题网贷平台就是购买的复制拷贝模板，并把服务器放在境外，既没有在网信部门通过网址备案，更没有网络信息安全认证，不具有备防篡改、防入侵、数据加密以及灾难恢复等网络信息安全保护的技术措施，这类备案信息不全或者网络安全无认证的平台需要重点监控。

5.4.3 网贷平台非法集资指标体系

网贷平台非法集资的数据化监测预警是符合目前经侦工作导向要求的，并且鉴于当前网贷平台非法集资的猖獗态势，利用大数据预警监测网贷平台非法集资已经到了刻不容缓的地步。指标体系的可行性包括指标影响作用以及指标可获得性两方面。最常用的做法是利用因子分析或者聚类分析等数据统计方法在海量大数据指标中进行筛选。然而，这类方法并不适合尚未成熟的 P2P 网贷行业，因为 P2P 企业成立时间短，中国最早的 P2P 企业成立至今也不过 8 年时间，当前大部分 P2P 企业成立时间为 1~2 年，3 年以上的寥寥无几，历史数据以及数据的可获得性无法满足因子分析、聚类分析所要求的数量级，而且考察网贷平台非法集资评价指标体系更多应该考虑的是风险的评估，对于指标的获取与量化目前行业还未形成统一的标准。所以在综合考虑这些方法的基础上，课题组最终通过"头脑风暴法+模糊综合评价法"，对指标进行综合筛选与模糊评价。首先是筛选指标，课题组运用"头脑风暴法"，在确定指标选择范围的基础上，由所有指标制定者自由发言，不受批评地提议指标，从而获得大量待评价的指标；其次是模糊综合评价，课题组根据其影响作用先对待评价的指标进行筛选汇总，然后根据影响该指标的因素进行不同层次的分值设定，并得出分值，最后将所有分值进行模糊综合，得出结果。头脑风暴法与模糊综合评价法的结合，在很大程度上保证了指标的全面性与真实性。此外，整个指标体系作用的发挥也受到指标的可获得性影响，而课题组采取的模糊综合评价方法也能对指标可行性进行评分，得到所有指标可行性的综合评分。基于此，最终根据指标的模糊综合评分方法，选择出指标体系中三大模块中最具代表性的核心指标。

尝试通过两种方法实现大数据预警监测。第一种监测预警方法是采用了定量指标体系评价的方法，它通过整合外部的互联网敏感数据、行政监管数据和司法机关数据，并结合公安内部信息资源，实现多元数据的汇集，形成一个网贷平台非法集资预警多元数据簇，并对这些数据进行一致化、缺失值和异常值处理，再按照非法集资的法律认定要素组成以"非法性、利诱性、公开性、诈骗性、违规资金池、信用风险、资金链风险"的六大维度33项指标为参数，每项指标的权重分值通过"模糊综合评价法"来确定。[1]逐项量化成预警分数，采用100分制辅以人工干预，产生"红橙黄"三色预警研判，实现对网贷平台违法性的动态监测，为警方分类处置提供依据。第二种监测预警方法是采用了依靠数据挖掘、神经网络等具有AI自主学习技术来实现的网络融资非法集资预警监测方法。该大数据预警功能是依靠"建立模型—输入数据—实现预测"三个环节实现的。预警系统建立模型的基础是对网贷平台领域非法集资犯罪规律的描述，将抓取的大数据输入模型来估算非法集资犯罪风险、从而将具有风险的公司和个人提前纳入侦查视线，进而实现对犯罪诱因的早期管理。

按照非法集资的法律认定要素组成以"非法性、利诱性、公开性、诈骗性、违规资金池、信用风险、资金链风险"的七大维度33项指标为参数，每项指标的具体分配分值通过"模糊综合评价法"来确定。

---

[1] 冒烟指数-实现网络融资风险监测预警 [2017-10-19] http://www.sohu.com/a/198855157_617630。2017-10-19。

1. 非法性指标

非法性指标主要反映平台是否非法从事持牌机构业务，按照《关于做好网贷机构分类处置和风险防范工作的意见》，行政主管部门规章或规范性文件也成为司法机关辨识"非法性"参考的标准与依据。那么各个行政监管部门的备案要求必然成为非法性指标的构成部分。由于网贷平台整顿排查验收后备案的工作一拖再拖，目前网贷行业还没有开始备案工作，但工商部门、网信部门都对网络融资有基本的备案要求。该指标总分14分，下设4个二级指标，分别为网站没有ICP备案、网站没有公安部信息安全等级备案、平台没有资金存管银行、平台没有电子合同数据。其中网站没有ICP备案为4分，网站没有公安部信息安全等级备案为4分，平台没有资金存管银行4分，平台没有电子合同存证数据2分。

（1）网站没有ICP备案为4分；

（2）网站没有公安部信息安全等级备案为4分；

（3）平台没有资金存管银行4分；

（4）平台没有电子合同存证数据2分。

2. 利诱性指标

利诱性指标主要反映网贷平台为了吸引投资者，超越信息中介属性，以高息揽储并承诺保本保息，这种行为就会涉嫌以不法提高利率方式吸收公众存款。该指标总分9分，下设三个二级指标，分别为虚假夸大宣传、承诺保本保息等诱导性宣传、持续发高息短周期标的，其中虚假夸大宣传4分，承诺保本保息等诱导性宣传5分，持续发高息短周期标的4分。

（1）虚假夸大宣传4分；

（2）承诺保本保息等诱导性宣传5分。

3. 公开性指标

公开性指标主要反映网贷平台通过各种公开途径向公众传播吸收资金的信息。众多网贷平台吸收资金信息宣传渠道主要分为线上和线下两种。该指标总分4分，下设两个二级指标，分别为线上向非实名注册用户宣传，线下各类媒体宣传。其中线上向非实名注册用户宣传2分，线下各类媒体宣传2分。

（1）线上向非实名注册用户宣传2分；

（2）线下各类媒体宣传2分。

4. 诈骗性指标

诈骗性指标主要反映网贷平台控制人采用欺诈手段编造虚假标的、虚假借款人，并采用借新贷还旧贷的庞氏骗局模式，短期内募集大量资金后用于自己生产经营，有的经营者甚至卷款潜逃，其主观上具有非法占有的目的，且同时实施了诈骗方法非法募集资金的行为，极大可能涉嫌集资诈骗。该指标总分25分，下设十个二级指标，分别为平台出现虚假标的、担保企业是平台关联企业、短暂上线随即跑路、网站App存在"老千软件""盗版模板"、平台公示信息极少、法定代表人与实际控制人不一致、平台工商注册地与实际经营地不一致、借款企业工商登记信息频繁变更、平台服务器在境外、僵尸网站或者网站访问量短期急速上升。其中平台出现虚假标的5分、担保企业是平台关联企业3分、短暂上线随即跑路4分、网站App存在"老千软件""盗版模板"3分、平台公示信息不全2分、法定代表人与实际控制人不一致2分、平台工商注册地与实际经营地不一致2分、借款企业工商登记信息频繁变更2分、平台服务器在境外1分、僵尸网站或者网站访问量短期急速上升1分。

（1）平台出现虚假标的5分；

（2）担保企业是平台关联企业3分；

（3）平台短暂上线随即跑路4分；

（4）网站App存在"老千软件""盗版模板"3分；

（5）平台公示信息不全2分（特别是未公示公司高管组织架构）；

（6）法定代表人与实际控制人不一致2分；

（7）平台工商注册地与实际经营地不一致2分；

（8）借款企业工商登记信息频繁变更2分（特别是发标前有注册资本变更）；

（9）平台服务器在境外1分；

（10）僵尸网站或者网站访问量短期急速上升1分。

5. 违规资金池指标

违规资金池指标主要反映网贷平台的客户资金与平台资金并没有隔离分账，网贷平台实质还是采用债权转让的居间人模式。部分融资企业与网贷平台有关联，涉嫌平台自融。该指标总分17分，下设五个二级指标，分别为网贷客户资金与公司人员个人账户往来、电子合同数据与资金存管数据不匹配、融资企业与网贷平台关联、融资方集中度过高、资金流向不明确。其中网贷客户资金与公司人员个人账户往来5分、电子合同数据与资金存管数据不匹配4分、融资企业与网贷平台关联5分、融资方集中度过高2分、资金流向不明确1分。

（1）网贷客户资金与公司人员个人账户往来5分；

（2）电子合同数据与资金存管数据不匹配4分；

（3）融资企业与网贷平台关联5分；

（4）融资方集中度过高2分；

（5）资金流向不明确1分。

6. 信用风险指标

信用风险指标主要反映网贷业务相关的平台、企业信用情况及各公司高管个人信用情况。从目前来看，部分问题网贷平台高管人员有的涉及经济诉讼案件，有的甚至是非法集资、传销的前科犯罪的人员，其利用网贷平台达到非法集资目的的嫌疑很大。并且有些问题平台发布的标的实际借款人和借款企业相关征信记录也较差，有的借款人实际已经债台高筑，有的相关借款企业涉及三角债务问题而引发经济纠纷案件，这些都会导致实际借款人和借款企业征信记录较差。该指标总分13分，共计四个二级指标，分别为平台高管与多家爆雷停运平台有高度关联，平台高管个人征信记录差（有涉诉信息，高管有非法集资、传销犯罪前科），借款人和借款企业征信差，第三担保企业征信差。其中平台高管与多家爆雷停运平台有高度关联（3分），平台高管个人征信记录差（5分，有涉诉信息，高管有非法集资、传销犯罪前科），借款人和借款企业征信差（3分），第三担保企业征信差（2分）。

（1）平台高管与多家爆雷停运平台有高度关联（3分）；

（2）平台高管个人征信记录差（5分，有涉诉信息，高管有非法集资、传销犯罪前科）；

（3）借款人和借款企业征信差（3分）；

（4）第三担保企业征信差（2分）。

7. 资金链风险指标

资金链风险指标主要反映网贷平台的获客活跃程度以及在运营中资金留存流转的情况，这个指标也是预测平台爆雷的重要参考指标。通过标的现金流情况、网络舆情信息可以帮助分析资金链风险。该指标总分18分，下设六个二级指标，分别为成交覆盖率小于70%，现金流连续四周为负，新借款或贷款余额突然大幅变动，网络舆情出现倒闭跑路言论或者有投资人维权上访信息，公安机关介入或者有相关警情投诉，持续发高息短周期标的。其中持续发高息短周期标的4分，现金流连续四周为负的2分，新借款或贷款余额大幅变动的2分，网络舆情出现倒闭跑路言论（或有投资人维权上访信息）的3分，公安机关介入或有相关警情投诉的3分，成交覆盖率小于70%且连续下降的4分。

（1）持续发高息短周期标的4分。

平台标的近四周的年化收益率大于36%，那么此项得分为4分，

若年化收益率为36%~24%，那么此项得分3分，

若年化收益率为24%~18%，那么此项得分为2分，

若年化收益率为18%~12%，那么此项得分为1分。

（2）成交覆盖率小于70%且连续下降的4分。

（3）现金流连续四周为负的1分。

（4）新借款或贷款余额大幅变动的1分。

（5）网络舆情出现倒闭跑路言论（或有投资人维权上访信息）的5分。

（6）公安机关介入或有相关警情投诉的3分。

以上为网贷平台非法集资监测预警系统评价指标体系的构成框架。这个预警系统需要构建网贷平台非法集资数据库，该数据库包含多个模块，如电子数据存证平台数据模块、银行资金存管数据模块、网贷业务数据模块、工商部门数据模块、司法部门数据模块、征信系统数据模块以及经济犯罪情报数据模块，并利用网络爬虫技术从网上收集关于该网贷平台的网络舆情数据

信息模块，按照评价指标体系逐项量化汇总而成预警分数，再辅以人工干预，产生"红橙黄"三色预警研判，预警分数在80~100分为红色预警，平台基本处于爆雷期，需要公安机关积极介入，打击处理；预警分数在60~80分为橙色预警，平台资金流转非常困难，有网络舆情日益蔓延，需要公安机关重点监管；预警分数在40~60分为黄色预警，平台资金流转有一定困难，网络开始出现舆情信息，需要公安机关一般关注。

5.4.4 基于机器学习的P2P网贷平台非法集资监测预警系统

在大数据的背景之下进行研究，必然要使用大数据的技术和手段。对涉及P2P网贷平台的违法犯罪的研究，普遍存在数据量巨大、研究对象之间关联性强、内部关系错综复杂以及影响因素众多等特点，采用已有的算法建立简单的综合评价模型往往难以揭示犯罪的规律和本质。基于大数据技术的P2P网贷平台监测预警模型，不仅可以很好地应对涉及P2P网贷平台的违法犯罪的数据量巨大等特点，还可以克服普通综合评价模型研究不够深入的缺点，可以深入地、多角度地进行分析研究，揭示此类犯罪的规律和本质，更好地实现"监测"与"预警"。

网贷平台非法集资的手段层出不穷，但从大数据角度出发，监测网贷平台广告、网贷公示信息、征信数据等方面，会发现问题网贷平台具有一定共同数据特征属性，利用计算机信息技术对这些大数据进行分析和研判，即可以实现对非法集资网贷平台的数据化监测和预警排查，实现打击网络融资平台非法集资犯罪的数据化预警侦查新模式。

目前，公安机关在网络科技公司协助下也在探索基于大数据技术的网贷平台监测预警模型，例如北京市金融局的冒烟指数、厦门金融办"存证云"系统、盈灿咨询有限公司的预警系统、数联铭品公司的在线预警体系等。但这些模型大多是采用建立指标模型，采用打分模式来监测网贷平台风险大小，但其指标体系都比较单薄，数据的赋值等相关问题工作还是需要人工排查和辅助，导致最终结果人工干预性明显。

从网络非法集资犯罪法律定性的角度出发，以非法集资法律认定标准为参考，以大数据为视角监测网络平台标的物情况、网站广告、网贷公示信息、征信数据、社会舆情等信息，总结归纳非法集资网络平台一致性的数据属性，通过非法性指标、利诱性指标、公开性指标、诈骗性指标、信用风险指标、资金链风险指标的6项一级特征和26项二级特征建立网络非法集资犯罪风险预警指标体系，实现判定网络非法集资犯罪风险预警。

借助数据爬虫技术，及人工线上收集数据（属性值），建立专家组，利用Delphi法根据数据对平台进行评级（标签值），建立样本数据库。并在样本数据库基础上利用大数据技术中机器学习的算法对基础样本集进行学习与训练，总结规律，进而实现数据集的扩增。大数据挖掘算法中的机器学习算法可以分为无监督学习算法和有监督学习算法。一般来说，有监督学习算法精度高，根据样本属性的内部关系对样本进行分流，初步分为几大类，再在此基础上进行监督学习，从而提升模型的性能和准确率。但是作为"黑盒子"算法，并不能对结果做出更好的解释；无监督学习算法可以得到非法平台普遍具有特征，可以对结果作出解释，但是准确度却往往难以满足研究的需要。有监督学习可以得到判断平台性质的"经验公式"，再利用寻优算法确定使得平台性质判定准确率最高的整合公式权重，最终可根据整合公式得到平台最终的分数，从而建立一个直观、合理且精准的打分体系。分数根据平台属性值有的变化而变化，实现平台的动态监测。采用无监督学习算法和有监督学习算法相结合的方式建模，充分发挥二者的优势可以使模型兼具对结果的解释性和良好的准确性。

一、采集研究数据

1. 指标体系的构建

根据网贷平台可能存在的"风险"划分为"信用风险"和"资金链风险"。在对具体平台的详细研究中，我们发现不同的平台有不同的实际情况，不能同一而论，因此在"利诱性"之外，增加"诈骗性"，以对每个具体的平台进行描述。最终我们确定了指标体系的六大维度：非法性、利诱性、公开性、诈骗性、信用风险和资金链风险。并从这六个维度出发，根据指标描述的概括性与数据采集的难度等原则，建立了由26个指标构成的P2P网贷平台非法集资监测预警指标体系。

注：指标体系详见附录1（见P167）"评价指标及数字化变换规则表"。

2. 指标数据的确定

指标数据的采集是一项繁重的工作，现将主要采集途径归纳如下：

（1）中国网络融资协会官网[①]；

（2）具体网贷平台官网；

（3）"启信宝"企业信用查询平台[②]；

（4）网贷天眼官网[③]。

注：由于采集途径过多，在参考文献中仅部分列出。

3. P2P平台评级

我们按照特尔菲（Delphi）专家法经过三轮以上的总结、归纳和反馈，最终基本达成一致，得到样本平台的最终评级结果，将网贷平台评为Ⅰ（正常）、Ⅱ（存在轻微问题）和Ⅲ（存在较大风险）三级。若某个平台被评为Ⅲ级即被认为该平台很有可能属于非法集资风险较大平台，应及时对平台发起预警。如表1所示：

表1　样本平台评级结果

平台等级	平台数目	占比
Ⅰ	21	33.3%
Ⅱ	20	31.8%
Ⅲ	22	34.9%

二、研究对象的假设与说明

·本文实验数据均摘自官网，真实可靠。

说明：由于本文数据经数字化处理后均变为离散化数据，因此在对异常值处理时不能使用分箱、正态分布分类等对连续性数据异常值处理的方式，需要针对每个指标不同影响的实际情况考虑，处理工作十分复杂；另外如果数据来源可靠，很可能做了很多工作却收效甚微，这是不划算的，故在研究之初便不予以考虑。

---

①中国互联网金融协会官网.http：//www.nifa.org.cn.

②"启信宝"企业信用查询平台.https：//www.qixin.com/ent-card/317c024c-1f06-4716-b8f8-79038d3c07cf？pid=5B0FA47117E54438QS9d7ANR.

③网贷天眼官网.https：//www.p2peye.com/.

·适用"无罪推定"原则。

说明：如果研究对象指标数据存在缺失现象，优先以使得研究对象非法性最小的分值填补。一方面，本文认为将一个非法性较低的平台认定为一个非法性较高的平台比将一个非法性较高的平台认定为一个非法性较低的平台带来的损失还要严重；另一方面，本文在模型检验阶段会详细证明即使有少量指标缺失，依然可以成功认定一个非法集资平台。

三、预处理研究数据

数据预处理是指对所收集的数据进行数据挖掘前的审核、筛选和排序等工作。优质的数据挖掘建立在优质的数据上，但在现实生活中，原始数据夹杂着大量不完整、不一致和有异常的数据，若不做处理，将会对后续的数据挖掘工作造成严重影响，甚至直接导致挖掘结果的偏差，因此数据预处理在数据挖掘工作中尤为重要。数据预处理手段有多种，本文重点使用数据清洗、数据变换和数据归约三种。

1. 数据清洗

数据清洗主要包括缺失值处理和异常值处理。根据第一条假设，实验数据真实可靠，几乎不存在异常值，因此我们在此只进行缺失值处理。

缺失值的来源有很多，对于本文，最主要的产生原因是研究对象的指标数据获取途径有限。对于缺失值的处理，主要方法包括插值拟合、删除，使用众数、平均值或者特殊值等填补，使用何种方法要结合具体场景具体分析。考虑到本次研究对象指标数据均不具有时序性和连续性，因此我们应选择使用众数、平均值或者特殊值等填补的方法。但是，若使用这些值对缺失值进行填补，将很有可能违背第二条假设"无罪推定原则"，因此本文以使得研究对象非法性最小的指标属性进行填补。举例如表2所示：

表2 缺失值处理示例

P2P网贷平台	逾期情况	累计金额大幅增长
口袋网	显示有逾期	显示未大幅增长

2. 数据变换

数据变换主要是对数据进行规范化处理，将数据转换为适当的形式，以适用于数据挖掘任务及算法的需要。

数据变换的方式非常灵活。由于本文指标数据均为类似"平台曾接受行政处罚"与"平台未接受行政处罚"等文本型的描述语句，一方面计算机无法很好地对其进行识别，另一方面会占用很大的内存，因此我们对数据进行数字化变换，将其转化为计算机可进行识别运算且内存占用较小的数值型或字符型数据。

我们将非法性指标、利诱性指标、公开性指标、诈骗性指标、信用风险指标和资金链风险指标六个维度分别简称为维度 A、B、C、D、E 和 F；将每个维度指标分别简称为 Ai、Bi、Ci、Di、Ei 和 Fi（例 A1，B1，…）；对于每个指标数据，按照其非法性程度由高到低，分别记为 0、（0.5、）和 1，进行数字化变换如表 3 所示：

表3　数字化变化示例表

维度	因素	代号	数字化变换规则
非法性指标A	平台没有工商部电信业务许可证	A_1	是：1 否：0
资金链风险指标F	逾期情况	F_6	无公示：1 显示无逾期：0.5 显示有逾期：0

此外，对于平台的专家评级，同样将Ⅰ、Ⅱ和Ⅲ三级数据分别变换为0、0.5和1。

由于经数字化变换后的数据均处于0和1之间，因此不再需要标准化处理。至此，我们完成了数据变换。

3. 数据归约

数据归约是指在尽可能保持数据原貌的前提下，最大限度地精简数据量。数据归约主要包括属性选择与数据采样，分别针对原始数据集中的属性和记录。本文采用前者，具体分别为特征归约和特征值归约。

（1）特征值归约

样本归约针对数据集中的记录，通常采用离散化的方式，将特征值归入几个有代表性的集合中，以精简数据。

在本研究中，只有平台上线时间 t 为连续性数据，数据不够精简且与其他数据之间可比性较少，因此决定确定阈值并进行离散化处理。

对于平台上线时间 t，若采用主观确定阈值的方式对数据进行离散化处理，可能会导致实验结果偏离客观实际，因此本文采取客观确定阈值的方式。我们首先以月为单位，计算平台开始上线截至本次研究（2019 年 8 月）的时间，画出箱型图如图 1 所示，再对实验数据进行统计并正序排列，画出平台上线时间散点图如图 2 所示：

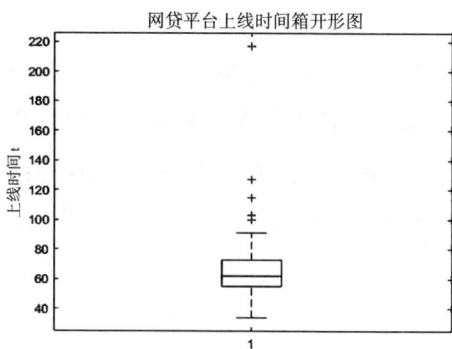

图 1　网贷平台上线时间箱型图　　　图 2　网贷平台上线时间散点图

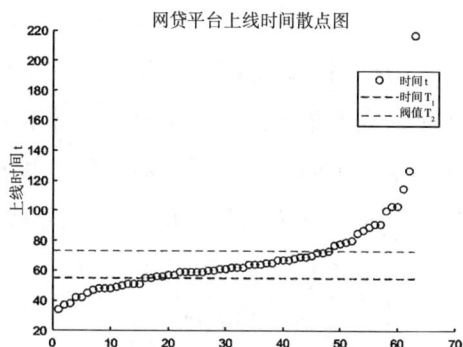

分析图 1，平台上线时间上四分位数为 72.75，下四分位数为 55；观察图 2，平台的上线时间在第 55 个月至第 73 个月分布十分密集，这些平台的开始上线时间在 2013 年 7 月至 2015 年 1 月之间，此时网贷平台火爆兴起，符合客观实际。下面进行阈值选取。

阈值选取的原则，是将样本按阈值分开后，不同类样本数据的共同点越少越好。因此，我们尽可能将阈值定在指标评估值的断层处。本文认为，平台上线时间越长，表明其越安全稳定，非法的可能性越低；相反，平台上线时间越短，表明其越不安全不稳定，非法的可能性越高。记所需确定的阈值分别为 T_1 和 T_2，且 $\min(t) < T_1 < T_2 < \max(t)$。结合第二条假设，我们在断层处选取阈值的原则下，尽可能使得 T_1 大，使得 T_2 小。最终确定阈值 $T_1 = 55$，$T_2 = 73$，如图 2 所示。

此时，两个阈值将样本分为如下三层：

当 $\min(t) \leqslant t < T_1$ 时，平台个数 $n_{t1} = 15$，所占比例 $P_{t1} = 23.8\%$；

当 $T_1 \leqslant t \leqslant T_2$ 时，平台个数 $n_{t2} = 33$，所占比例 $P_{t2} = 52.4\%$；

当 $T_2 < t \leqslant \max(t)$ 时，平台个数 $n_{t3} = 15$，所占比例 $P_{t3} = 23.8\%$。

显然分类结果与专家组对平台评级的比例Ⅰ级 $P_1 = 33.3\%$，Ⅱ级 $P_2 = 31.8\%$，Ⅲ级 $P_3 = 34.9\%$ 存在较大差异，这也在一定程度上说明网贷平台的合法与否并不能简单地从某一个因素考虑。

将以上三层样本数据分别赋以0、0.5和1三个特征值，完成特征值归约。

（2）特征规约

特征归约是指将原有特征中不重要、不相关的删除，在保留甚至提高原有辨别能力的同时减少特征向量的维度。

为得到指标之间的相关程度，我们首先对指标进行相关性分析。相关分析是研究变量间密切程度的一种常用统计方法，线性相关分析可分析研究得出两个变量间线性关系强弱的程度和方向，Pearson相关系数 r 是描述这种线性关系强弱和方向的统计量。其表达式如式（1）所示：

$$r_{AB} = \frac{\sum (A - \bar{A})(B - \bar{B})}{(n-1)\sigma_A \sigma_B} \tag{1}$$

其中，n 是元组个数，$\bar{A}$ 和 $\bar{B}$ 分别是 A 和 B 的平均值，σ_A 和 σ_B 分别是 A 和 B 的标准差。如果 A 和 B 的相关系数 $r > 0$，则表明 A 和 B 是正相关的，而且越接近1相关性越强，这表明这两个属性有一个相对来说是冗余的；如果 $r = 0$，则表明 A 和 B 没有相关性；如果 $r < 0$，则表明 A 和 B 是负相关的。

为直观地对相关性数值进行观察，我们进行R形聚类分析，画出聚类分析图如图3所示：

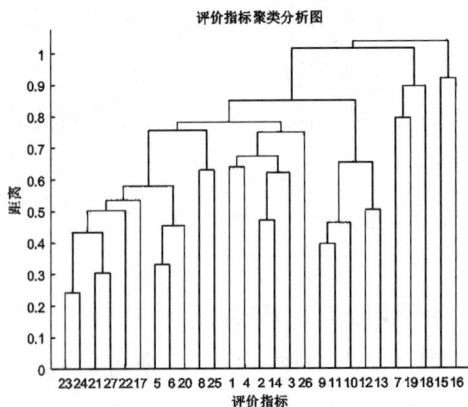

图3　评价指标聚类分析图

图中横坐标从1到26分别表示升序排列的26个评价指标，数字"27"表示"平台评级"。

在本次研究中，我们将相关性分析分为两部分：指标与指标之间的相关性分析，指标与"平台评级"之间的相关性分析。

一方面，指标与指标之间的相关性分析

观察图3，我们可以发现除第23和第24个指标外，其他指标的距离都在0.3以上，这说明它们的相关性在0.7以下，相关性普遍比较低。这表明我们所选取的指标相互之间都具有很强的独立性，可以从不同的角度去描述研究对象，从这一层面而言数据质量是比较高的。

下面我们分析一下相关性达到0.7578的两个指标。查询评价指标及离散化规则表（见附录），确定这两个指标分别为F_4实控人失联跑路言论的相关资讯和F_5公安机关介入或有相关警情投诉。这两个指标均属于资金链风险指标F维度，且根据客观经验，这两个指标确实具有很强的相关性；但是一方面，这两个指标又是从不同的角度去描述研究对象的，不能随便删除。综合考虑之下，我们决定保留该指标。另一方面，指标与"平台评级"之间的相关性分析从理论上来说，我们对指标的设定是值越大非法性越强，那么我们相关性分析得到的结果应该是，26个指标均与评级G之间呈正相关关系。分析26个指标均与评级G之间的相关性，我们发现绝大部分指标符合我们的猜想，这在另一个层面说明实验数据具有较高质量。

不符合此规律的两个指标分别为D_3平台上线时间，相关性为-0.0699；以及E_3平台是否加入网络融资协会，相关性为-0.2428。对于前者，相关性的绝对值低于0.1，我们可以认为该指标与平台是否非法并没有什么必然关系，属于冗余数据；对于后者，出现不符合客观规律的负相关现象。因此，综合考虑之下，决定将两个指标剔除。

至此数据预处理所有工作完成，将数据储存在附件名为postdata.xlsx的Excel表格中的第一张工作单中（数据详见附录）见P169。

四、基于机器学习的P2P网贷平台非法集资监测预警模型

数据挖掘起源于1980年，是一类以机器学习算法为主要组成部分的应用

算法；而机器学习是一门研究机器获取新知识和新技能，并识别现有知识的学问。机器学习的目的是，根据给定的训练样本求取系统输入输出之间的依赖关系的估计，使它能够对未知的输入做出尽可能准确的预测[①]。

一个基本的机器学习包括"训练"和"预测"两个过程。训练是指将已知数据（包括输入数据 X 和输出数据 Y）输入到机器学习机（MLM）中，学习输入输出之间的关系；预测是指当新的输入数据 X′ 输入机器学习机中后，其可根据训练得到的关系进行计算得到估计值 Y′ 并输出。画出其结构如图 4 所示：

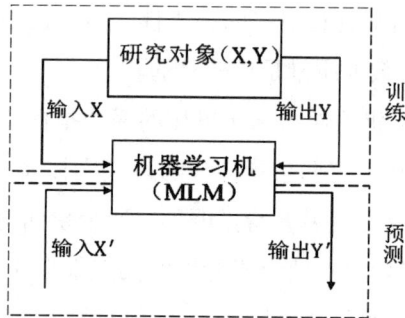

图 4 机器学习结构示意图

一般来说，在数据量不足的情况下，我们可采用削减指标，进行线性分类建立模型的方法进行研究。但是如此只能机械地实现样本的分类，研究对象的变化太小，模型的泛化能力很差，换句话说，不能很好地实现"训练"过程。因此，我们考虑以已采集到的样本数据作为训练集，利用机器学习算法建立模型，对样本数据库进行扩充。

人工神经网络具有一定的自组织性和自适应性，具有非线性映射能力，不需要很好地对系统进行了解，便可达到输入与输出的映射关系。这是神经网络算法的优势所在，可以很好地解决了此次研究数据量、信息量不足的困难。但是其缺点也显而易见，即经神经网络算法产生的决策不具有很好的解释性。

此外，机器学习根据学习训练方式的不同可分为有监督学习和无监督学

[①]冷雨泉，张会文，张伟：《机器学习入门到实战——MATLAB 实践应用》，清华大学出版社，2019 年。

习。前者适用于前期没有对样本进行分类的情况，实现方式为聚类，通常难度较高，后者即为上文所述机器学习过程。本文样本属性很多，达到了24个，若直接进行有监督学习不仅会导致空间复杂度过大，且不能保证训练效果。因此，我们考虑先进行无监督学习，根据样本属性的内部关系对样本进行分流，初步分为几大类，再在此基础上进行有监督学习，从而提升模型的性能和准确率。

经过上述分析，我们决定首先利用神经网络算法建模，进行数据集扩增（data augmentation），在获得一定数据量的基础上，先根据无监督学习算法建模，根据样本内部特征进行初步分流，再根据有监督学习算法建模，最终建立完整的监测预警模型。

（一）基于BP神经网络算法的样本数据集扩增模型

BP神经网络（Error Back Propagation Neural Networks），是一种误差逆传播的前馈神经网络，由输入层、隐含层和输出层三层结构组成。BP神经网络算法由Rumelhart和McClelland在1986年提出，算法过程主要分为信号的前向传播和反向传播两个阶段。前向传播阶段为数据从输入层经过隐含层，最后到达输出层的过程；反向传播阶段为误差从输出层到隐含层，最后返回输入层，进而依次调节隐含层到输出层的权重和偏置、输入层到隐含层的权重和偏置的过程。两个过程相结合，达到了提高算法训练精度的目的。

下面基于BP神经网络算法，进行样本数据集扩增模型的建立与求解。

1. 普通BP神经网络模型

（1）模型建立

Step 1　网络初始化

BP神经网络算法在运算之初需要进行网络参数的初始化，具体参数包括各层之间连接权重的初值w_0、隐含层神经元个数k、激活函数f、误差函数或称性能函数E、训练精度ε、学习率l、动量因子α和最大学习次数M。

①权重初值w_0在[-1，1]之间随机生成；

②隐含层神经元个数$k=12$；

③输入层与隐含层、隐含层与输出层之间的激活函数f均选择Sigmoid函数；

④性能函数选择 mse 函数；

⑤训练精度设为 $\varepsilon = 10^{-5}$；

⑥学习率 l_r=0.1；

⑦动量因子 α=0.9；

⑧最大学习次数 $M = 100$。

Step 2 计算隐含层的输入与输出

输入层的节点个数即为输入数据的属性个数，即24个，但是隐含层的节点个数一般不等于输入层节点个数，两层之间有一个特殊的数据映射关系。以一个输入层节点和隐含层节点均为4个的BP神经网络为例，其映射关系示意图如图5所示：

输入端

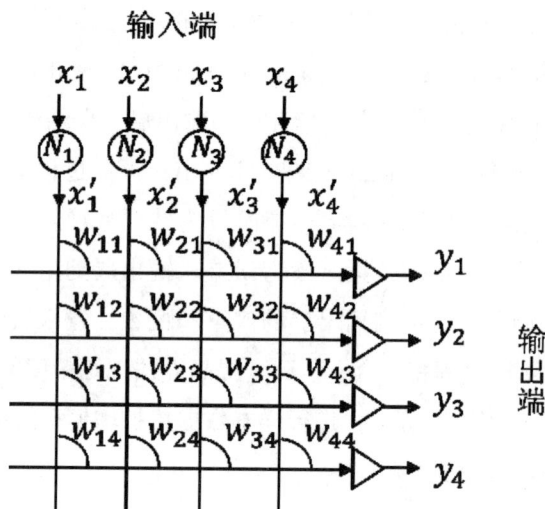

图5 输入层与隐含层之间的数据映射关系示意图

如图5所示，x_1'、x_2'、x_3' 和 x_4' 分别为输入数据 x_1、x_2、x_3 和 x_4 标准化之后的结果，从 x_1'、x_2'、x_3' 和 x_4' 到 y_1、y_2、y_3 和 y_4 的映射关系为：

$$y_1 = w_{11}x_1' + w_{21}x_2' + w_{31}x_3' + w_{41}x_4' + a_1$$

$$y_2 = w_{12}x_1' + w_{22}x_2' + w_{32}x_3' + w_{42}x_4' + a_2$$

$$y_3 = w_{13}x_1' + w_{23}x_2' + w_{33}x_3' + w_{43}x_4' + a_3$$

$$y_4 = w_{14}x_1' + w_{24}x_2' + w_{34}x_3' + w_{44}x_4' + a_4$$

上式可总结为

$$y_j = \sum w_{ij}x_i' + a_j , \quad i = 1, 2, \cdots, m, j = 1, 2, \cdots, k \qquad (2)$$

式中 m 指输入层神经元节点个数，k 指隐含层神经元节点个数，y_j 指隐含层输出值，w_{ij} 指输入第 i 个输入层神经元节点的数据映射到第 j 个隐含层神经元节点所要乘的权重，x_i' 指隐含层输出值，为实际输入数据 x_i 标准化之后的数据，a_j 为常数项。

下面结合图5，对该步骤进行详细阐述。

①输入数据标准化

为了方便求解，加上激活函数的非线性区间长度一般比较小，我们需要对输入数据进行标准化处理。一般需要将数据标准化至–1到1闭区间，在本次研究中，输入数据的取值范围均为 [0，1]，区间长度很小且便于运算，但我们依然选择将数据标准化至 [– 1，1]，理由将在神经网络第一个激活函数确定后进行说明。

②隐含层节点个数 k 值的确定

隐含层节点个数与输入层节点个数通常不相等，一般根据经验公式确定，经验公式表达式为：

$$k = \sqrt{m + n} + a, \quad a \epsilon [1, 10] 且 a \epsilon N_+ \qquad (3)$$

式中 k 指隐含层节点个数，m 指输入层节点个数，n 指输出层节点个数，a 指取值为1到10的正整数常数。

在本次研究中，输入层节点个数即输入数据属性值个数 m 为24，输出层节点个数即输出数据标签值种类数 n 为1，计算可得隐含层神经元节点个数 k 的取值范围为 $k \epsilon [6, 15]$ 且 $k \epsilon N_+$。经过多次尝试，我们取 $k = 12$，可使得模型准确率最高。

③第一个激活函数的确定

神经网络的第一个激活函数指由输入层至隐含层的传输函数，一般常用的激活函数有如下四种：

a. Sigmoid 函数，又称 S 型函数，其表达式如式（4）所示，图像如图6所示。

$$S(x) = \frac{1}{1 + e^{-x}} \qquad (4)$$

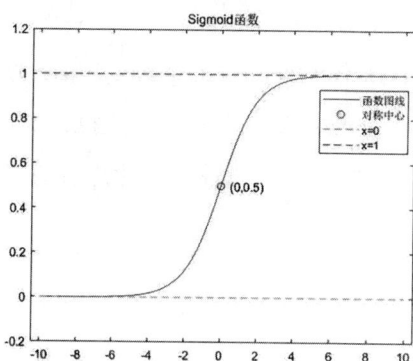

图6 Sigmoid 函数图像

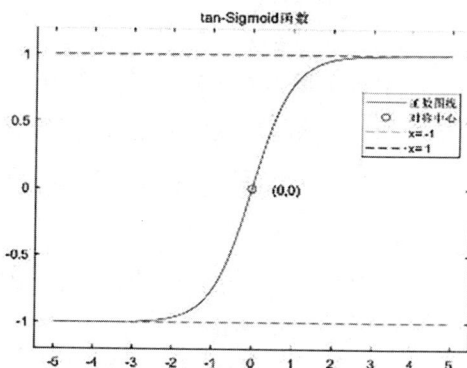

图7 tan-Sigmoid 函数图像

其变形式有两种，一种为log-sigmoid函数，又称单极S型函数，其表达式与图像均与sigmoid函数相同；另一种为tan-sigmoid函数，又称双极S型函数，其表达式如式（5）所示，图像如图7所示。

$$\tan sig(x) = \frac{1 - e^{-x}}{1 + e^{x}} \tag{5}$$

如图7所示，log-sigmoid函数与tan-sigmoid函数的定义域均为$[-\infty, \infty]$，在定义域内均连续可导；前者值域为$[0, 1]$，后者值域为$[-1, 1]$。换句话说，若采用前者，则隐含层可以任意值输入，以$[0, 1]$之间的值输出；若采用后者，则隐含层可以任意值输入，以$[-1, 1]$之间的值输出。二者的另一个区别为前者的输入值非线性空间大约为$[-4, 4]$，后者大约为$[-2, 2]$。

b. tanh函数，又称双曲正切函数，其表达式如式（6）所示，图像如图8所示。

$$\tan h(x) = \frac{e^{x} - e^{-x}}{e^{x} + e^{-x}} \tag{6}$$

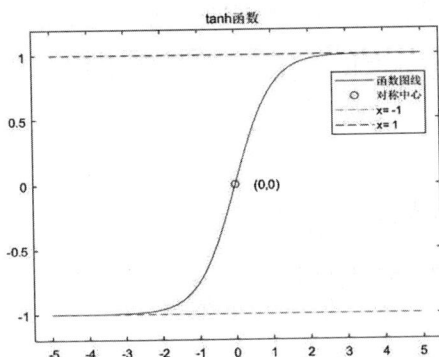

图8 tanh 函数图像

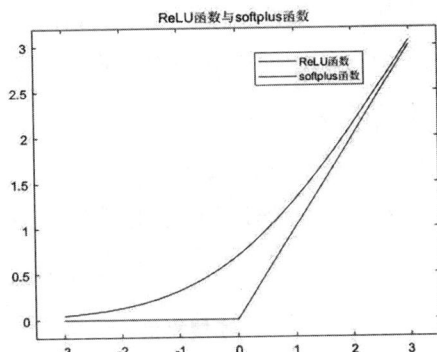

图9 ReLU 函数与 softplus 函数图像

如图7所示，tanh 函数的定义域为 $[-\infty, \infty]$，在定义域内连续可导，值域为 $[-1, 1]$。若采用该函数，则隐含层可以任意值输入，以 $[-1, 1]$ 之间的值输出。该函数输入值非线性空间大约为 $[-2, 2]$。

c. ReLU 函数，又称校正线性单元函数，其表达式如式（7）所示，图像如图9所示。

$$ReLU(x) = \max(0, \ x) = \begin{cases} 0, \text{if } x < 0 \\ x, \text{if } x \geqslant 0 \end{cases} \tag{7}$$

其平滑逼近的解析函数为 $softplus(x) = \ln(1 + e^x)$，图像如图9所示。二者定义域和值域均分别为 $[-\infty, \infty]$ 和 $[0, \infty]$。前者虽然不像后者那样在定义域内连续可微，但是前者加快了训练速度，克服了因隐含层数过多导致梯度消失的问题。

d. purelin 函数，即线性传输函数。当它作为传输函数时，神经网络输入输出均可为任意值。

由于本文属性值过多，若使用多元非线性拟合有很大概率会出现高次现象，但是常用激活函数并没有高次函数。由于 Sigmoid 函数和 tanh 函数均可逼近任意高次函数，因此第一个激活函数应在 log-sigmoid 函数、tan-sigmoid 函数与 tanh 函数之间选择。

在本研究中，我们多次尝试后，发现第一个激活函数采用 log-sigmoid 函数，神经网络的训练效果普遍较好。该函数的输入值非线性空间为 $[-4, 4]$，样本数据属性值取值范围为 $[0, 1]$，经过加权运算后得到 y_k，理论上 y_k 的阈值

θ_k会超出非线性空间，是不满足研究需要的。为了在确保低复杂度运算的基础上尽可能增加模型精度，我们将输入值标准化至[−1，1]之间以更大限度地利用非线性空间。

④隐含层输出值计算

利用第一个激活函数得到隐含层输出值的计算式为：

$$y'_k = f(y_k) = \log - \mathrm{sigmoid}(y_k) \tag{8}$$

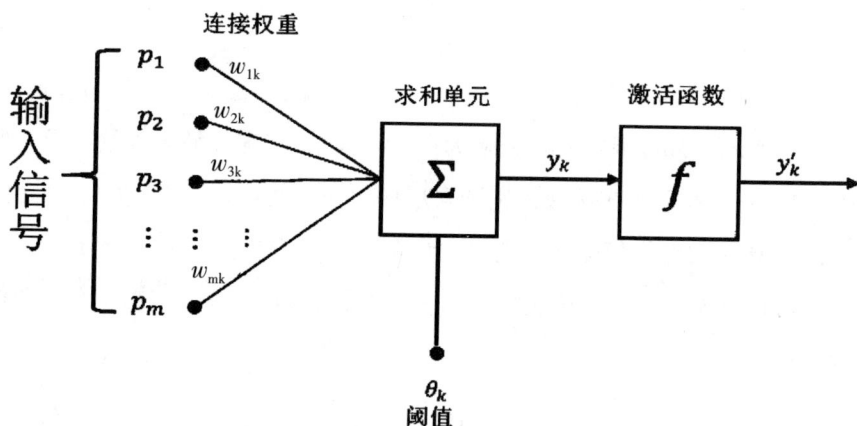

图10　隐含层输入输出值计算过程示意图

至此我们完成了隐含层输入输出值的计算，整个计算过程示意图如图10所示。

Step 3　计算输出层输出值

由于本研究输出数据标签值z取值范围为[0，1]，采用输出数据取值范围同样为[0，1]的log-sigmoid函数可避免数据反归一化，因此将该函数作为隐含层至输出层的传输函数即神经网络的第二个激活函数。

鉴于输出层输出值计算过程与隐含层输出值计算过程类似，此处不再赘述。

Step 4　误差的计算

神经网络的输出值z_n与实际输出值T_n之间存在误差E，使得误差E尽可能小是神经网络训练的目标即$\min E$，通常用性能函数来衡量这个误差E。最常用的性能函数是mse（mean square error，均方误差）函数，其表达式如式

（9）所示：

$$E = \mathrm{mse}\left(\Delta_n\right) = \frac{\sum_{i=1}^{n} \Delta_n{}^2}{n} \tag{9}$$

式中 $\Delta_n = T_n - z_n$，n 指输出神经元节点数，z_n 指神经网络的输出值，T_n 指实际输出值。

Step5 权值的更新

神经网络训练的目标为 $\min E$，通常运用梯度下降法来计算权值的更新公式。由于计算过程较为复杂，此处不再展示。从输入层到隐含层的权值更新计算公式如式（10）所示，从隐含层到输出层的权值更新计算公式如式（11）所示。

$$w_{ij} = w_{ij} + \alpha y_j'\left(1 - y_j'\right)\sum_{l=1}^{n} w_{jl}\Delta_l, \ i = 1, \ 2, \ \cdots, \ m, j = 1, \ 2, \ \cdots, \ k, \ l = 1, \ 2, \ \cdots, \ n$$

$$\tag{10}$$

式中 α 为权重调节参数，称为"动量因子"。

$$w_{jl} = w_{jl} + \alpha y_j'\Delta_l, \ j = 1, \ 2, \ \cdots, \ k, \ l = 1, \ 2, \ \cdots, \ n \tag{11}$$

Step 6　偏置的更新

我们同样选择运用梯度下降法计算得到偏置即常数项的更新公式，从输入层到隐含层的偏置更新计算公式如式（12）所示，从隐含层到输出层的偏置更新计算公式如式（13）所示。

$$a_j = a_j + \alpha y_j'\left(1 - y_j'\right)\sum_{l=1}^{n} w_{jl}\Delta_l, \ i = 1, \ 2, \ \cdots, \ m, j = 1, \ 2, \ \cdots, \ k, \ l = 1, \ 2, \ \cdots, \ n$$

$$\tag{12}$$

式中 a_j 第 j 个隐含层节点输入值计算公式所对应的偏置。

$$b_l = b_l + \alpha \Delta_l, \ l = 1, \ 2, \ \cdots, \ n \# \tag{13}$$

式中 b_l 第 l 个隐含层节点输出值计算公式所对应的偏置。

Step 7　终止条件判断

当神经网络的训练误差小于我们所设定的值即 $E < \varepsilon$ 时，神经网络的性能达到要求，可终止训练；否则进行迭代运算，直至满足训练要求。

输入层　　隐含层　　输出层

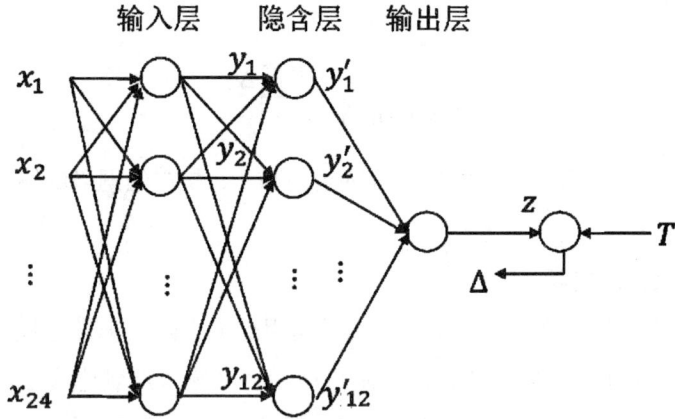

图11　普通BP神经网络模型运转示意图

至此，我们建立了一个大小为$24 \times 12 \times 1$的BP神经网络模型。模型运转示意图和算法流程图分别如图11和图12所示。

（2）模型检验与分析

为了计算模型的准确率和检验神经网络是否产生过拟合现象，我们将数据分为训练数据和预测数据两部分。由于数据量较少，为使尽可能多的数据参与模型的训练，我们随机将75%的数据作为训练数据，25%的数据作为预测数据。

经MATLAB计算，我们发现该模型训练数据准确率和测试数据准确率都不是很高。以其中一种结果为例，画出训练数据对比图和测试数据对比图分别如图13、图14所示。

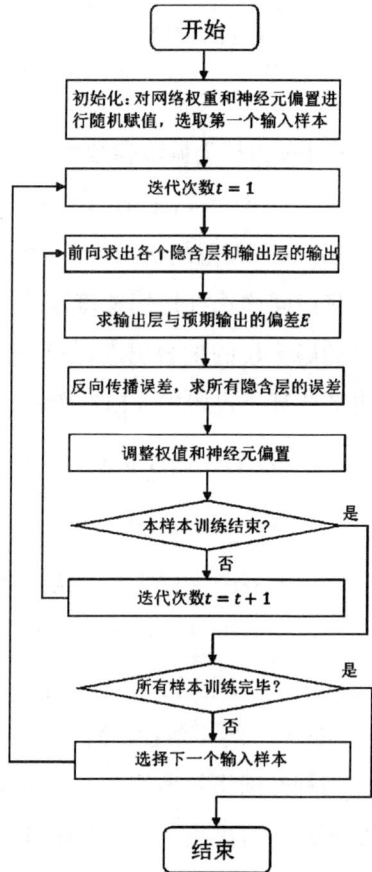

图12　普通BP神经网络算法流程图

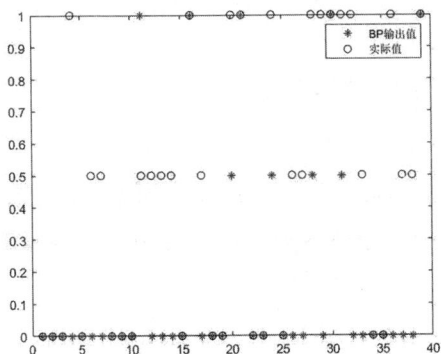

图13训练数据对比图　　　　图 14测试数据对比图

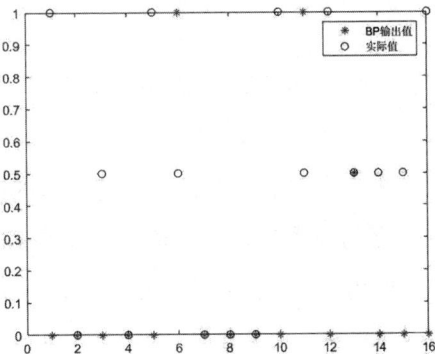

如图13、图14所示，红色星号表示BP神经网络输出值，黑色圆圈表示实际输出值。当二者重合时，表示模型预测正确；反之，则不正确。

此时训练准确率P_r = 48.7179%，测试准确率P_t = 37.5%，虽然网络并没有出现过拟合现象，但是模型准确率过低，因此我们尝试对模型进行优化。

（二）遗传算法优化的BP神经网络模型

遗传算法是模拟生物在自然环境中遗传和进化的过程而形成的自适应全局优化搜索算法。分析上文所建BP神经网络模型，其输入层到隐含层和隐含层到输出层的初始权重均随机生成，因此我们考虑利用遗传算法对初始权重进行全局搜索，在找到最优权重、尽可能提高模型准确率的同时，大大加快网络训练速度。

1. 模型建立

Step 1　初始化设置

从输入层到隐含层的权重w_{ij}个数为两层节点的乘积，为288个；同理，从隐含层到输出层的权重w_{jt}个数为12个。因此须编码的基因有300个，这些基因的取值范围与权重相同，均为[− 1，1]。

设置进化代数计数器g = 0，最大进化代数G = 100，随机生成NP = 25个个体作初始种群$P(0)$，将300个权重设置为基因。

Step 2　个体评价

我们的目标是最高的准确率max P_r，即最低的误差max e_r，因此将误差设置为适应度函数，计算群体$P(0)$中各个个体的适应度。适应度函数表达式为：

$$e_r = 1 - \frac{n_T}{n_r} \qquad\qquad (14)$$

式中n_T指预测正确的样本数目，n_r指训练的样本数目。

Step 3　选择运算

根据个体适应度，按照轮盘赌的选择方式，选择一定的个体进入下一代。轮盘赌的原理是，个体适应度越高被选中的概率越高。在本文中，适应度函数e_r值越小，个体适应度越大，被选中的概率越大。

Step 4　交叉运算

对选中的成对个体，以概率$P_j = 0.3$交换它们的部分染色体，产生新个体。

Step 5　变异运算

对选中的个体，以概率$P_b = 0.1$，改变一个或一些基因值为其他的等位基因。

Step 6　终止条件判断

若$g \leqslant G$，则$g = g + 1$，返回Step2；若$g > G$，则该过程中得到具有最大适应度个体的最优解，当个体适应度稳定时输出。

Step 7　优化神经网络

将遗传算法搜索到的最优权重作为初始权重，按照上文步骤建立优化BP神经网络模型。

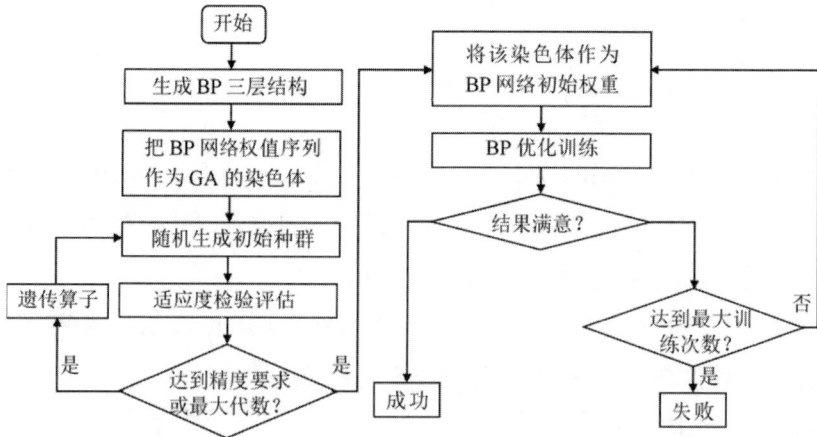

图15　用遗传算法优化BP神经网络算法流程图

流程结束。该算法的流程图如图15所示，模型适应度曲线如图16所示。

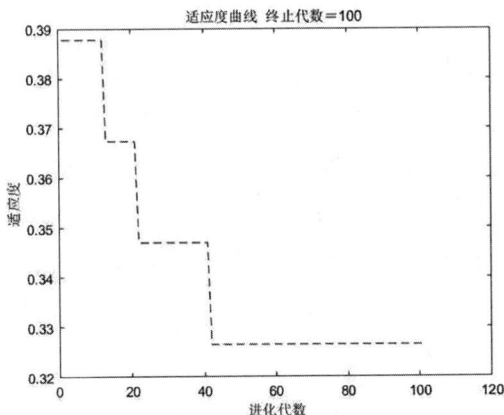

图16　模型适应度曲线

2. 模型求解——数据集的扩增

　　网贷之家统计，截至2018年12月底，累计停业及问题平台达到5409家，P2P网贷行业累计平台数量达到6430家（含停业及问题平台）；截至2019年8月底，累计停业及问题平台数量达到了5914家，P2P网贷行业累计平台数量为6621家（含停业及问题平台）。因此为保证模型普适性，我们决定按照1：100的比例对原样本数据进行扩增，即形成一个有6300个样本的数据集。

　　数据集扩增的实现包括三个步骤，属性值的扩增、标签值的匹配和数据的储存，具体如下：

　　第一步，根据研究确定的22个属性值的取值范围，运用MATLAB的rand函数，随机生成6300×22的扩增数据集属性值矩阵D_t；

　　第二步，利用遗传算法优化的BP神经网络模型进行求解，通过模型仿真，实现扩增数据集样本标签值的匹配，得到6300×1的扩增数据集属性值矩阵D_p，这个过程实际是预测过程；

　　第三步，将矩阵D_t和D_p合成6300×23的完整扩增数据集矩阵D，并将数据储存在附件EXCEL文件postdata.xlsx中的"扩增数据"工作表中。

　　对扩增数据集的样本进行统计，发现Ⅰ级平台有2071个，占比32.873%；Ⅱ级平台有3223个，占比51.159%；Ⅲ级平台1006个，占比15.968%。仅从该数据集的角度分析，有一半以上的平台存在轻微问题，有超过15%的平台存在较大风险，只有不到三分之一的平台属于正常平台，可见打击P2P非法集资形势之严峻。

3. 模型检验与分析

进行模型检验，利用MATLAB编程求解，到优化模型训练数据准确率P_r和测试数据准确率P_t分别为65.3061%和66.6667%，画出优化模型训练数据对比图和测试数据对比图分别如图17、图18所示。可以发现，经过遗传算法优化之后，模型准确率有了明显的提升；进一步观察模型训练数据准确率P_r和测试数据准确率P_t，二者值相差很小，说明模型具有较强的普适性，没有出现训练过拟合现象。

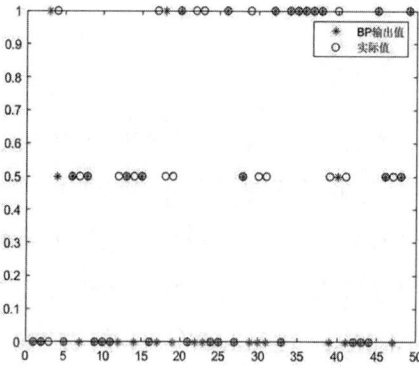

图17优化模型训练数据对比图　　图18 优化模型测试数据对比图

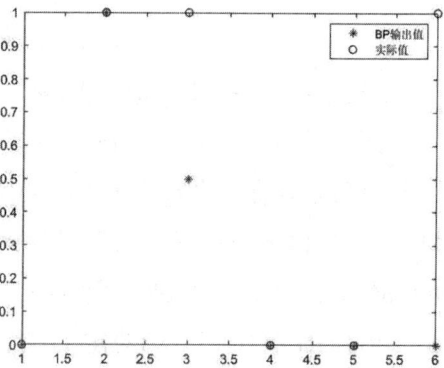

（三）基于PAM算法的平台分流模型

PAM（Partitioning Around Medoids），是最早提出的k中心点（k-medoids）算法之一。该算法不采用簇中对象的均值作为参照点，而在每个簇中选出一个实际的对象来代表该簇，有效解决了k-means算法对于离群点敏感的缺陷，且不易陷入局部最优，因此该算法可看作k-means算法的改进算法。

下面进行模型建立、求解与检验。

1. 模型建立

Step 1　确定初始中心点D_0

初始中心点的确定通常采用随机的方式。为保证聚类质量，我们选择预聚类的方式确定初始中心点D_0。具体如下：

第一步，随机在属性数据集D_t里随机选择10%即630个样本，得到数

据集 D'_t;

第二步,在 D'_t 中随机选择 K 个样本个体作为该数据集的初始聚类中心,其中 K 指最终的聚类中心数目;

第三步,进行预聚类,通过迭代得到使得各类样本与各聚类中心距离之和最小的最优中心点,将该中心点作为本次聚类的初始中心点 D_0。这里的"距离"与下文 Step2 中的"距离"意义相同,在下文中会做详细解释。

Step 2 分配样本形成簇

计算剩余样本与中心点 D_i 的距离 d_i,分配其与距离最近的中心点形成簇,直至所有样本分配完毕。

由于本文聚类的实际对象是样本属性值,用样本属性值相关性来表示距离最合适,所以距离 d 用 Pearson 相关性系数 r 表示,计算式为:

$$d_i = 1 - r_i \tag{15}$$

其中 r 的表达式如式(1)所示。

Step3 更新聚类中心点

随机选择非中心点 D_{i+1},替换 D_i,并计算总代价 s_{i+1},决定替换与否。总代价 s 的计算式为:

$$s_{i+1} = d_{i+1} - d_i \tag{16}$$

若代价为负,则进行中心点的更新替换;否则,则保留原中心点。

Step 4 迭代

将最大迭代次数 M 设为 100,重复 Step2 与 Step3,直至 k 个中心点不再发生变化。

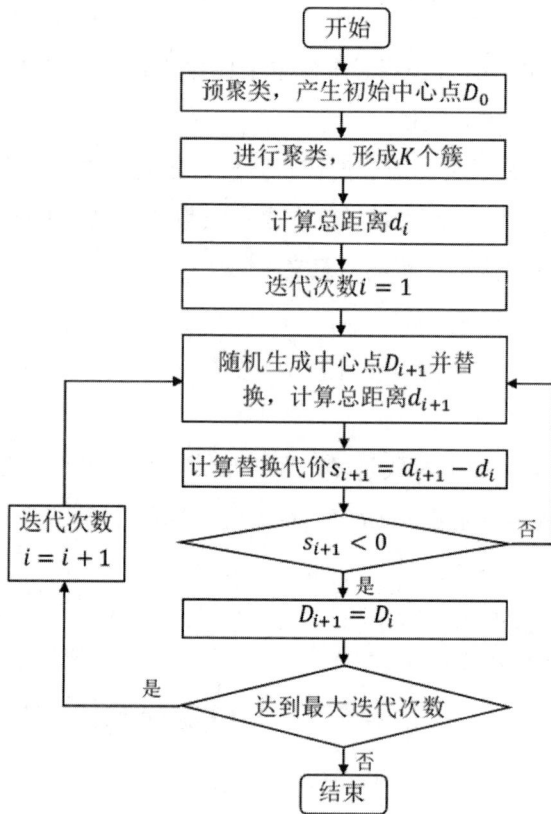

图19 PAM算法流程图

流程结束，分流模型建立完毕。算法流程图如图19所示。

2. 模型求解——平台的分流

（1）平台分流

PAM算法需要确定初始中心点个数 k，我们首先设定 $k=5$，利用MAT-LAB编程求解，重复模型求解10次，得到各样本与其所在簇中心点最小距离之和 d_{5min} 为4407.98，样本分类结果如下：

表4　样本分类结果（$k=5$）

样本分类	Ⅰ级平台比例	Ⅱ级平台比例	Ⅲ级平台比例
整体	32.873%	51.159%	15.968%
第一类	35.1474%	52.6077%	12.2449%
第二类	38.1138%	47.3889%	14.4973%

样本分类	Ⅰ级平台比例	Ⅱ级平台比例	Ⅲ级平台比例
第三类	7.8798%	55.8083%	36.3119%
第四类	29.0984%	58.2787%	12.623%
第五类	53.4996%	41.9147%	4.5857%

分析表4数据，五类样本Ⅱ级平台比例相近，均在50%左右，表明五类平台均普遍存在轻微问题；第一类、第二类和第四类平台Ⅰ级平台比例均在30%左右，Ⅲ级平台均在10%到15%之间，与整体水平相近，表明这三类平台普遍存在风险；第三类平台Ⅰ级平台比例在10%以下，Ⅲ级平台比例达到了36%，风险远超出整体水平，表明这类平台普遍存在较大风险；第五类平台Ⅰ级平台比例达到了50%以上，Ⅲ级平台比例低于5%，风险远低于整体水平，表明这类平台普遍存在较少风险。

综上所述，平台分为三类更为合适，因此我们设定 $k = 3$，继续运用MATLAB进行编程求解，重复求解10次，得到各样本与其所在簇中心点最小距离之和 $d_{3\min}$ 为4836.96，样本分类结果如下：

表5 样本分类结果（$k=3$）

样本分类	Ⅰ级平台比例	Ⅱ级平台比例	Ⅲ级平台比例
整体	32.873%	51.159%	15.968%
第一类	44.9759%	45.6341%	9.3901%
第二类	32.148%	51.4176%	16.4344%
第三类	19.433%	57.3711%	23.1959%

如表5所示，第一类平台风险低于整体水平，第二类与整体水平相当，第三类平台风险高于整体水平，分类效果较好。

我们采用该种分类方式，将这三类分别记为A、B、C三类，每类各级平台记为AⅠ、AⅡ、AⅢ、BⅠ……如果一个平台被分入A类，且为Ⅰ级平台，则表示该类平台风险较低，仅需进行日常监管；如果被分入B类，且为Ⅱ级平台，则表示该类平台风险较高，需要采取适当措施加以防范；如果被分入C类且为Ⅲ级平台，则表示该类平台风险很高，需要发起预警。通过分流，可初步实现警力资源的调配，提高警务工作效率。

至此我们建立起了完整的分流架构。下面对这三类平台的特征进行研究。

（2）对分流平台特征的研究

画出三类平台特征分布堆积直方图分别如图20、图21和图22所示。

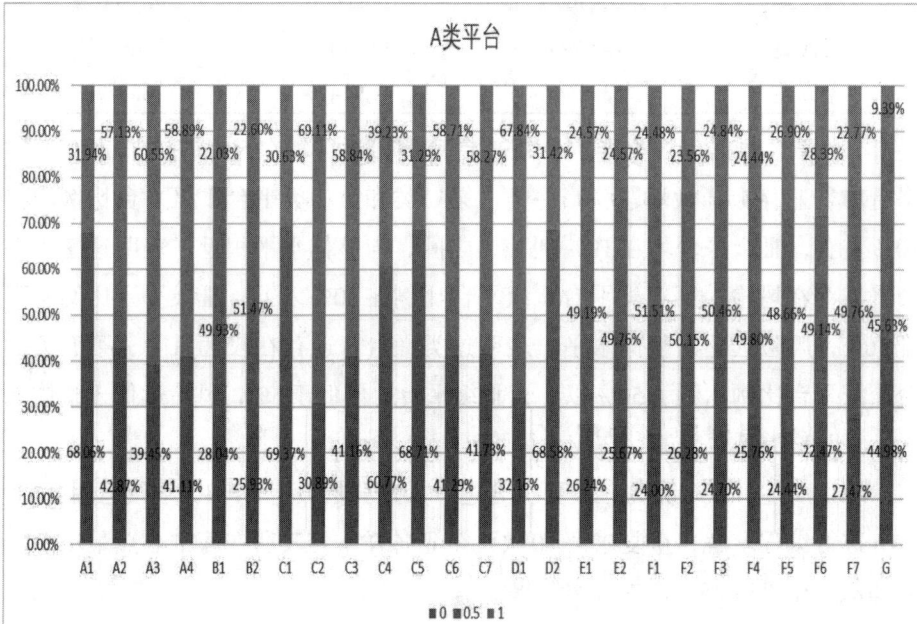

图20 A类平台特征分布堆积直方图

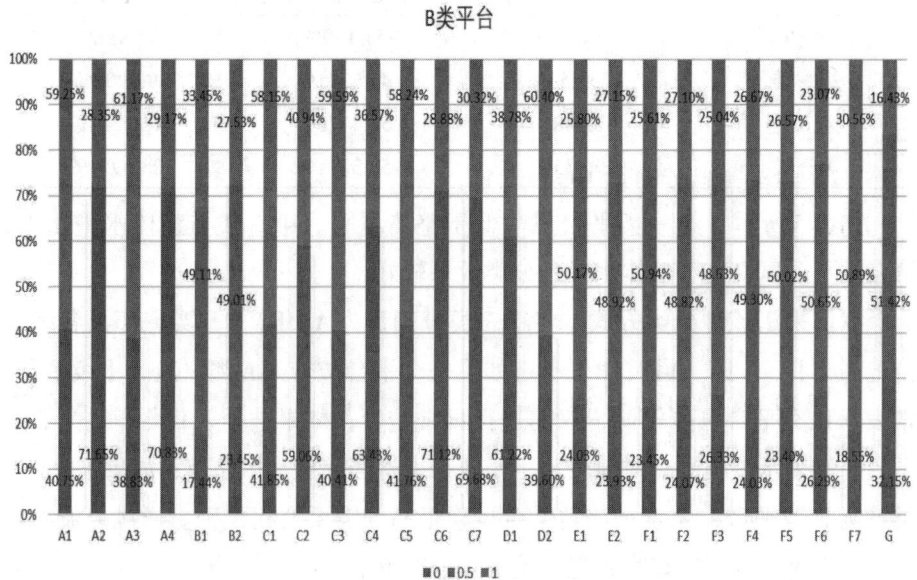

图21 B类平台特征分布堆积直方图

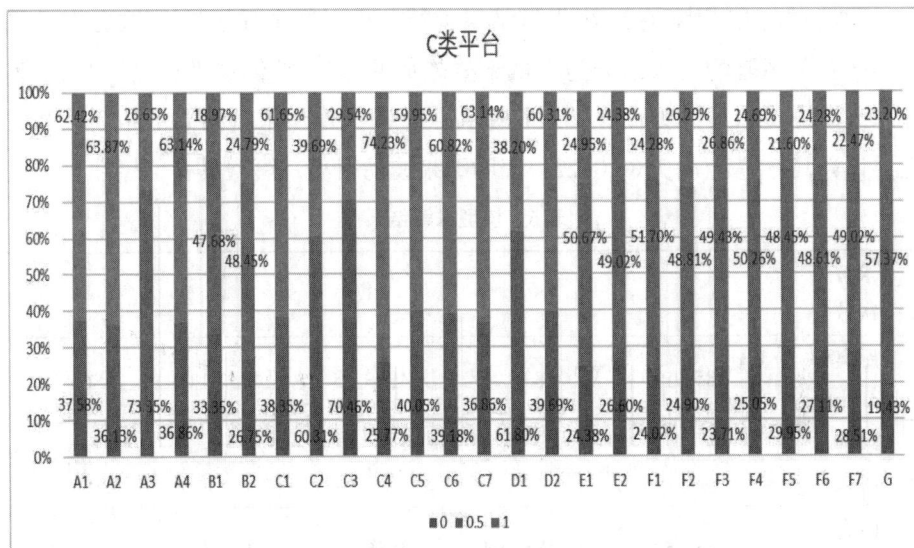

图22 C类平台特征分布堆积直方图

分析图20、图21和图22数据，我们发现C类平台特征中A_1、A_2、A_4、C_1、C_4、C_5、C_6和C_6都高出A类和B类平台，而其他特征分布并不是很明显，说明分流模型还存在一定的问题，仅可对平台进行初步的分类。

经过归纳总结，我们初步得到了存在较大风险的平台的特征：

①没有工商业务许可证；

②没有资金存管银行；

③没有公安部信息系统安全等级三级认证；

④线上向非实名注册用户宣传；

⑤网站未公示组织信息；

⑥网站未公示运营数据信息；

⑦网站未公示会计师事务所审计信息；

⑧网站未公示律师事务所法律意见书信息。

根据上述研究结论，公安机关可对可疑平台进行初步审查，若存在上述特征，则需对平台采取适当措施加以防范或发起预警。

3. 模型检验与分析

PAM算法是一种迭代算法，因此需要对其鲁棒性进行检验。

我们对 $k = 3$ 模型的 10 次求解结果进行分析，结果显示这 10 次分类结果三类平台的风险均可大致分为"低于整体水平""与整体水平相当""高于整体水平"三类；另一方面，如表 6 所示，这 10 次模型求解结果的距离之和相近，计算其方差 $D(d)$ 为 86.0622，表明结果波动很小，模型具有鲁棒性。

表 6　模型求解结果

求解次数	1	2	3	4	5
距离之和 d	4856.54	4836.96	4863.76	4847.11	4865.54
求解次数	6	7	8	9	10
距离之和 d	4852.58	4851.94	4855.66	4860.12	4867.69

（四）基于 C4.5 算法的平台非法集资监测预警模型

1. 普通 C4.5 模型

C4.5 算法于 1993 年由 Quinlan 是生成决策树的经典算法，可以看作 ID3 算法的改进算法，克服了后者的不够健壮和不能处理连续型数据等不足，实现了以信息增益率代替信息增益，使属性分裂更加合理，以及在建树之前或之后进行剪枝操作，提高算法普适性等改进。

在 PAM 算法对平台进行分流的基础上应用决策树算法，其中包含着"随机森林"算法的思想，但是随机森林算法仅停留在随机抽取的基础上，而本研究根据平台的自身特征进行分聚类分流，针对性更强，可看作对随机森林算法的一种改进。

下面进行模型建立。

（1）模型建立

Step 1　计算特征分裂属性

决策树由节点和有向边组成，节点分为内部节点和叶子节点，其中内部节点表示一个特征属性，叶子节点表示一个类。信息增益率（*InfoGainRatio*）是 C4.5 算法对属性进行分裂的主要根据，下面进行信息增益率的计算。

首先定义记训练样本集为 $S = \{s_1,\ s_2,\ \cdots,\ s_i,\ \cdots,\ s_m\}$，属性集为 $X = \{x_1,$ $x_2,\ \cdots,\ x_j,\ \cdots,\ x_n\}$，标签集为 $Y = \{y_1,\ y_2,\ \cdots,\ y_k,\ \cdots,\ y_l\}$。

第一步，计算信息 $Info$。若集合 S 中满足标签值为 y_k 的个体有 $|S_k|$ 个，其出现的概率为 $p(y_k)$，则标签值 y_k 的信息为：

$$Info(y_k) = -\log_2 p(y_k) \tag{17}$$

第二步，计算信息熵 E。若属性 x_j 将训练样本集 S 分裂为 $S_1,\ S_2,\ \cdots,\ S_j,\ \cdots,$ S_M 共 M 个子样本集，则在分裂之前，样本集的熵为：

$$E(S) = \sum_{k=1}^{l} p(y_k) Info(y_k) = -\sum_{k=1}^{l} p(y_k)\log_2 p(y_k) \tag{18}$$

在分裂之后，样本集的熵为：

$$E(S,\ x_j) = \sum_{J=1}^{M} \frac{|S_J|}{|S|} E(S_J) \tag{19}$$

式中 $|S_J|$ 指第 J 个子样本集的样本个数，$|S|$ 指分裂之前的总样本个数。

第三步，计算信息增益 $InfoGain$。分裂之后样本集的信息增益为：

$$InfoGain(S,\ x_j) = E(S) - E(S,\ x_j) \tag{20}$$

在 ID3 算法中，信息增益越大的分裂属性越容易被选取，这就造成该算法倾向于选择拥有多个属性值的属性作为分裂属性，但这种属性选择并不一定是最好的，因此 C4.5 采用更合理的信息增益率作为分裂依据。

第四步，计算信息熵增益率 $InfoGainRatio$。

$$InfoGainRatio = \frac{InfoGain(S,\ x_j)}{E(S,\ x_j)} \tag{21}$$

Step 2　分裂属性的选择

决策树每次进行属性切分时，都要以获得最大效益为目标，即选择该节点对应最大信息熵增益率 $InfoGainRatio$ 的属性作为分裂属性。对上述过程进行迭代，直至属性全部切分完毕，决策树建造完成。

Step 3　剪枝

对应所有属性的、完整的决策树分类效果往往不尽如人意，这是因为决策树太专注于拟合试验数据，导致泛化性的缺失，因此需要对决策树进行

"剪枝"操作。

剪枝包括预剪枝和后剪枝两种。预剪枝是指在建造决策树的过程中设置一个阈值，当熵的减少量小于该阈值时，决策树停止分裂。但是这种方法在实际应用过程中表现得并不好，对于不同的问题，阈值都是不同的，很难去寻找一个确定的阈值。后剪枝是指在建造好的决策树之后，对同一父节点的一组节点进行检查，判断是否将这些子节点合并。具体方法是，设定一个阈值，当熵的增加量小于该阈值时，将这些同属于一父节点的子节点合并。

一般来说，后剪枝更加合理，但是在实际操作过程中，由于数据量过大，计算机频频崩溃，后剪枝难以实现，故决定选择预剪枝。多次尝试，将决策树层数（Level）定在5层时，分类效果较好，效率较高。

（2）模型求解与分析

使用MATLAB编程求解，得到A、B、C三类平台的决策树分类结果，利用XMind软件将结果可视化。由于篇幅原因，正文中仅给出A类平台分类结果如图23所示，B、C两类平台的决策树分类结果详见附录图24、图25。

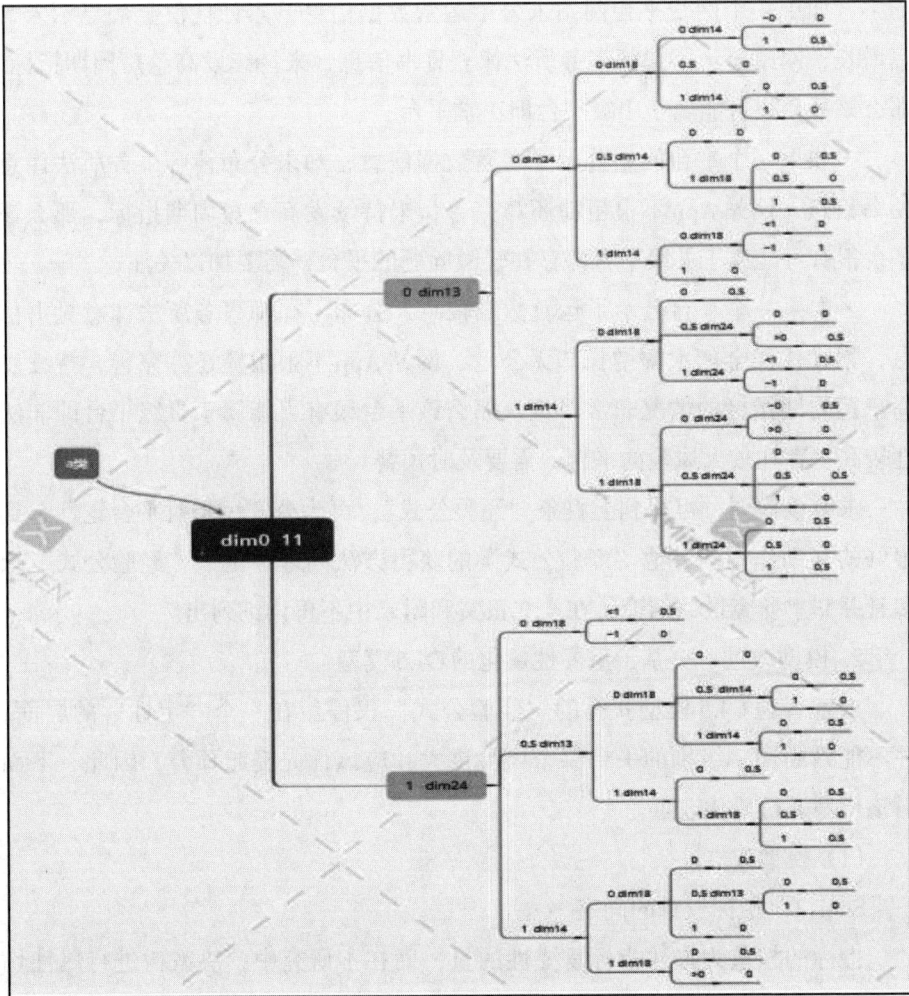

图23 A类平台的决策树分类结果

对如图23所示的A类平台的决策树分类结果进行分析，可以得到若干个规则。例如：

·如果指标$C_5 = 1$，$F_7 = 0.5$，$C_7 = 0$，$F_1 = 0$，那么平台评级$G = 0$；

·如果指标$C_5 = 0$，$C_7 = 1$，$D_1 = 0$，$F_1 = 0$，那么平台评级$G = 0.5$；

·如果指标$C_5 = 0$，$C_7 = 0$，$F_7 = 1$，$D_1 = 0$，$F_1 = 1$，那么平台评级$G = 1$。

这些规则作为判定平台性质的依据，根据评价指标及数字化变换规则表，可将这些规则转化为若干条"经验公式"，即

· 如果一个网贷平台网站未公示运营数据信息，累计代偿金额显示未大幅增长，网站公示了律师事务所法律意见书信息，未持续发高息短周期指标，那么该平台很可能属于Ⅰ级平台即正常平台；

· 如果一个平台网站公示了运营数据信息，却未公布律师事务所法律意见书信息，网站 App 不很粗糙还算完善，未持续发高息短周期指标，那么该平台很有可能属于Ⅱ级平台即存在轻微问题的平台，需要加以关注；

· 如果一个平台公示了运营数据信息，公布了律师事务所法律意见书信息，累计代偿金额大幅增长却无公示，网站 App 不很粗糙还算完善，持续发高息短周期指标的情况非常严重，那么该平台很有可能属于Ⅲ级平台即非法性较高、存在较大风险的平台，需要及时预警。

求解该模型，可得到上百条"经验公式"，可为公安民警对平台定性起到很好的帮助作用。其他"经验公式"的获得方法同理。由于"经验公式"众多且并非本研究最终结论，在本文正文和附录中不再详细列出。

2. 模型改进——基于重要性量化的 C4.5 模型

求解普通 C4.5 模型获得的"经验公式"仅停留在一个"定性"的层面，并不能判断同一级别的平台哪个风险更大，应该优先提起预警，因此，下面对该模型进行量化改进。

（1）模型建立

Step 1　指标权重的确定

指标的权重为描述指标重要性的量，而在本研究中，决策树进行属性切分的依据——信息熵增益率 *InfoGainRatio* 同样为衡量指标对平台分类重要程度的量，因此，考虑可将信息熵增益率进行一定变换，转化为指标权重[①]。

将指标总权重定为 100，根据指标重要程度的比例，分配权重，记第 i 个指标的重要程度为 β_i，那么该指标权重 Q_i 为：

$$Q_i = \frac{\beta_i}{\sum_{j=1}^{n} \beta_j} \times 100 \tag{22}$$

[①] 曾辉：《基于数据挖掘的银行个人客户信用评分模型的研究》，载《对外经济贸易大学》2007 年第 4 期。

以 A 类平台为例，将指标信息熵增益率按降序排列，并计算权重 Q_i，结果如表 7 所示：

表 7 指标信息熵增益率与权重一览表

指标	信息熵增益率 *InfoGainRatio*	权重 Q_i	指标	信息熵增益率 *InfoGainRatio*	权重 Q_i
C5	0.0028	11.38211382	A1	0.0007	2.845528455
F7	0.0028	11.38211382	A4	0.0007	2.845528455
C7	0.0024	9.756097561	F5	0.0006	2.43902439
D1	0.0023	9.349593496	B2	0.0005	2.032520325
F1	0.0018	7.317073171	F2	0.0005	2.032520325
C4	0.0014	5.691056911	F3	0.0005	2.032520325
C6	0.0013	5.284552846	C2	0.0003	1.219512195
B1	0.0012	4.87804878	C3	0.0003	1.219512195
F4	0.0012	4.87804878	F6	0.0003	1.219512195
A2	0.0009	3.658536585	C1	0.0002	0.81300813
E1	0.0009	3.658536585	A3	0.0001	0.406504065
E2	0.0009	3.658536585	D2	0	0

同理可计算 B、C 两类平台的指标权重，由于篇幅原因此处不再列出，详见附件名为 weight.xlsx 的 Excel 表格中的第一张工作单中。

Step 2 属性特征权重的确定

计算出每个指标的权重后，需要确定每个指标属性特征的权重，在这之前，还需确定同一指标的不同属性特征的重要性。

定义"鲁棒系数"，以衡量网贷平台各风险等级的鲁棒性。将 I、II 和 III 三级的鲁棒系数分别记作 R_1，R_2，$R_3(0 < R_1, R_2, R_3 < 1)$，这三个量含义分别为：

· 如果一个平台现在处于 I 级，那么该平台继续保持 I 级的可能性为 R_1；

· 如果一个平台现在处于 II 级，那么该平台转变至 I 级的可能性为 $1 - R_2$；

· 如果一个平台现在处于 III 级，那么该平台转变至 I 级的可能性为 $1 - R_3$。

显然 $R_1 > 1 - R_2 > 1 - R_3$。R_1、R_2 和 R_3 的值由主观确定，为增大模型可

x_1 I II III

信度，依然采用上文专家组运用特尔菲（Delphi）法进行确定，最终得到三个量的大小分别为0.8、0.3和0.01。

这里需要注意的是，虽然此处使用主观方法来确定参数，具有较大的不确定性，但是主观因素的介入，同时也在一定程度上减小了决策树模型这个客观模型偏离实际和违背常理的可能性。

接下来计算每个属性特征的重要性。记第i个指标的第j个属性特征的重要性为γ_{ij}，记第j个属性特征对应的Ⅰ级、Ⅱ级和Ⅲ级平台数目分别为n_{ij1}，n_{ij2}，n_{ij3}，则该属性特征的重要性可表示为：

$$\gamma_{ij} = \frac{\sum_{k=1}^{3} R_k n_{ijk}}{\sum_{k=1}^{3} n_{ijk}} \qquad (27)$$

再根据重要性分配属性特征的权重q_{ij}，其计算公式为：

$$q_{ij} = \frac{\gamma_{ij}}{\max \gamma_{ij}} \times Q_i \qquad (28)$$

式中m表示某一指标属性特征的个数。

仍然以A类平台为例，计算指标的属性特征重要性γ_{ij}和属性特征权重q_{ij}，结果如表8所示。

表8　属性特征重要性和属性特征权重一览表

指标	属性特征G	属性特征重要性γ_{ij}	属性特征权重q_{ij}
A1	0	0.478207608	2.52428
	1	0.539065934	2.845528455
A2	0	0.547963153	3.658536585
	1	0.459892473	3.070522955
A3	0	0.477241379	0.379691921
	1	0.510942029	0.406504065
A4	0	0.501686233	2.845528455
	1	0.494828614	2.806632532
B1	0	0.498826291	4.809686531
	0.5	0.493339192	4.75677988
	1	0.505916335	4.87804878

B2	0	0.587309645	2.032520325
	0.5	0.494978687	1.712987776
	1	0.400834951	1.387181691
		...	
F7	0	0.418610224	8.346936208
	0.5	0.507786596	10.12508077
	1	0.570828516	11.38211382

注：详细内容附件中名为 weight., xlsx 的 Excel 文件。

Step 3 平台合流

在上一步运算中，我们得到了 A、B、C 三类平台的指标属性权重，可作为三套对平台进行评价的标准，利用这三套标准，对平台进行评价，评分结果分别记为 m_1、m_2 和 m_3。

观察结果，发现由于评分标准得总分最大值为 100 但最小值不为 0，导致结果较为集中，不便于观察，因此利用式（29）对结果进行规范化处理。

$$m_i' = \frac{\max\left(m_i\right) - m_i}{\max\left(m_i\right) - \min\left(m_i\right)} \tag{29}$$

规范化处理后，结果更加直观。但是，这三套标准各有侧重点，只有将它们整合起来，才能客观全面地对所有平台进行评价。下面对平台进行合流。

记三套评价标准在总评价体系中所占权重分别为 w_1、w_2 和 w_3，则评价体系总评分 M 可表示为：

$$M = w_1 m_1' + w_2 m_2' + w_3 m_3' \tag{30}$$

式中，w_1、w_2 和 w_3 满足 $\sum_{i=1}^{3} w_i = 1$。

在本研究中，权重 w_1、w_2 和 w_3 服务于总得分 M 对平台性质的判断，应当使得判断准确率 P_r 最高。下面先对平台性质判断准确率进行描述。

理论上说，评价分值与平台的非法性成正相关，即得分越高，平台的非法性越高。因此被评价的平台中，III 级平台应当是评价分数 M 最高的那些平台的集合，I 级平台应当是评价分数最低的那些平台，II 级平台应是处于中间分数的那些平台。

定义 $M_a^b (a \le b)$，表示分数从低到高排列，从第 a 位到第 b 位的平台。记被评价的平台中 Ⅰ、Ⅱ、Ⅲ 级平台集合分别为 N_1、N_2 和 N_3，其实际数目为 n_1、n_2 和 n_3，理论数目分别为 n_1'、n_2' 和 n_3'，则有：

$$\begin{cases} card(N_1) = n_1 = n_1' = card(M_1^{n_1}) \\ card(N_2) = n_2 = n_2' = card(M_{n_1+1}^{n_1+n_2}) \\ card(N_3) = n_3 = n_3' = card(M_{n_1+n_2+1}^{n_1+n_2+n_3}) \end{cases} \tag{31}$$

式中，$card$ 表示集合内元素的个数。

基于上述思想，可写出平台判断准确率 P_T 的计算式：

$$P_T = \frac{card(N_1 = M_1^{n_1}) + card(N_2 = M_{n_1+1}^{n_1+n_2}) + card(N_3 = M_{n_1+n_2+1}^{n_1+n_2+n_3})}{n_1 + n_2 + n_3} \tag{32}$$

为确定权重 w_1、w_2 和 w_3 的值，我们将其转化为一个规划问题，如下：

$$\max P_T$$

$$s.t. \begin{cases} 式(29) \\ 式(30) \\ 式(31) \end{cases}$$

将目标函数的相反数作为适应度曲线，利用 MATLAB 遗传算法工具箱求解，参数全部默认，得到最优解为：

$$\begin{cases} w_1 = 0.407 \\ w_2 = 0.489 \\ w_3 = 0.104 \end{cases} \tag{33}$$

遗传算法适应度函数变化如图 24 所示：

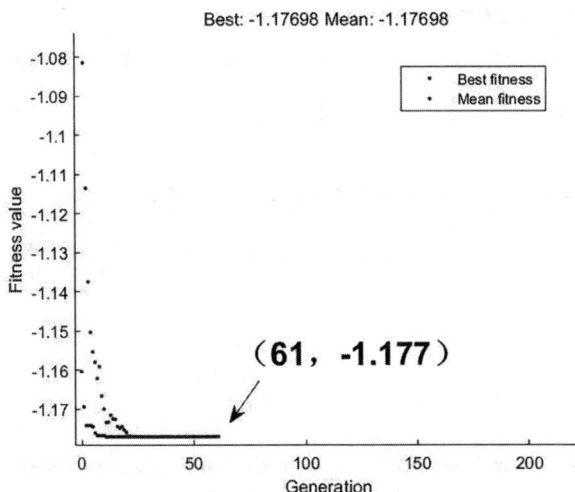

图24 适应度函数变化图

此时，规划目标判断准确率 P_T 达到最大，为73.22%。

联立式（29）（30）（33），将参数精确到万分位，可得评价体系总评分 M 的最终表达式为：

$$M = -2.3106m_1 - 2.0793m_2 - 0.4415m_3 + 483.1368 \quad (34)$$

式中，M 表示评价体系总评分，m_1、m_2 和 m_3 分别表示利用评分标准A、B、C得到的评分结果。

根据式（31）计算等级阈值 T'，得到：

$$\begin{cases} T'_1 = 44.95 \\ T'_2 = 62.0906 \end{cases} \quad (35)$$

平台性质等级阈值划分详细如表9所示：

表9 平台性质等级阈值划分表

分数 M	平台性质等级 G
$0 \le M < T'_1$	I
$T'_1 \le M < T'_2$	II
$T'_2 \le M \le 100$	III

至此，量化模型建立。

（2）模型检验与分析

量化模型对于实验数据的分类准确率达到了70%以上，但是能否用于实践仍然需要通过原始数据进行检验。

对原始数据中的63类平台进行打分并分类，得到模型对于原始数据的准确率P'_T为44.44%，画出分类对比图如图25所示：

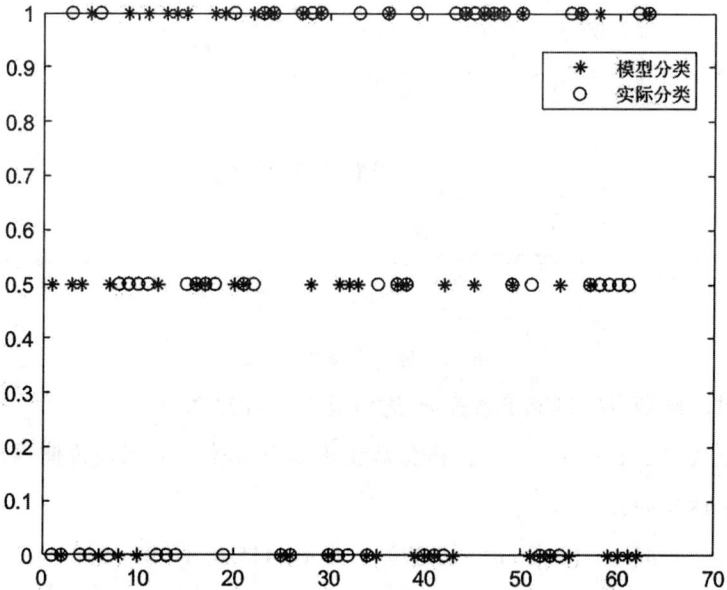

图25　模型对原始数据的分类对比图

图中，黑色圆圈代表实际数据，红色星号代表模型分类结果。当二者重合时，表示模型分类正确；反之，错误。准确率较低的原因，第一，专家评级时所采用的特尔菲法仍然存在较大的主观性；第二，本模型是建立在人造数据的基础上，扩增数据的准确率P_t只有66.6667%；第三，用于模型检验的数据较少，具有片面性。

五、模型检验

在上文中，本研究针对每个模型的特点与实际情况做了检验，包括针对基于BP神经网络算法的样本数据集扩增模型和基于C4.5算法的平台非法集资监测预警模型的准确性，以及针对基于PAM算法的平台分流模型的鲁棒性检验，大多呈现较好的结果。此外，本文还需对研究的第二条假设的合理性做一个检验。

根据本研究思路，平台评分越高，非法性越高；另外，评分体系指标属性特征从0到1，非法性越高。结合第二条假设，根据"无罪推定原则"，对于缺失值，应用0填补。下面对这条假设的合理性进行检验。

针对63个平台，对每个平台随机删除若干个属性特征值，表示缺失值，并用0填补，重新计算模型的分类准确率 P_T'。记每个平台的属性特征值缺失值数目为 ξ，缺失率为 μ，借助 MATLAB 展开试验，结果如表10所示。

表10 假设合理性检验

缺失数目 ξ	缺失率 μ	准确率 P_T'	准确率变化率 $\Delta P_T'$
0	0	44.4444%	—
1	4.2%	44.4444%	0
2	8.3%	44.4444%	0
3	12.5%	44.4444%	0
4	16.7%	42.8571%	3.5714%
5	20.8%	44.4444%	0
6	25%	42.8571%	3.5714%
7	29.2%	44.4444%	0
8	33.3%	44.4444%	0
9	37.5%	44.4444%	0
10	41.7%	42.8571%	3.5714%
11	45.8%	44.4444%	0
12	50%	44.4444%	0

分析表10，当每个平台的属性特征值缺失数目 ξ 达到12，即缺失率 μ 达到50%时，模型准确率的变化幅度未超过5%，这不仅验证了假设的合理性，同时也验证了模型极强的鲁棒性。

六、研究成果

本次研究主要针对网贷平台非法集资风险的监测预警，实现途径为机器学习数学模型，经过大量的计算机实验，我们得到三个成果，如下所示。

1. 归纳出具有较大风险的网贷平台的特征，见论文正文第20页。

2. 总结出网贷平台定性的"经验公式"，见论文正文第23页。

3. 总结出三张评分标准表，见附录A.3评分表；评分公式，见式（34）；性质划分阈值，见式（35）和表9。

七、模型评价与改进

（一）模型评价

1. 优点

（1）本研究在综合已有文献及研究结果的基础上，咨询专家，多次整合，最终得到的 P2P 非法性研究指标体系合理且针对性很强。

（2）利用大数据技术的知识，利用机器学习算法对基础样本数据进行学习训练，实现数据集的扩增，较好地解决了短时间内数据量匮乏的问题。此外，为尽可能提高算法准确率，使用现代优化算法对前者进行优化，以较高准确率实现了数据扩增。

（3）结合"随机森林"算法的思想，采用有监督和无监督学习相结合的方式，最终建立的监测预警模型针对性强，精度较高。

（4）深入研究机器学习原理，根据分类指标得到属性重要性，进而得出合理且鲁棒性很强的打分体系，为实战提供了可行性参考。

2. 缺点

（1）算法复杂度高，程序运行时间长，且对参数要求较高。

（2）虽然得到了合理且鲁棒性强的评分体系，但依然需要人工的方式先进行指标属性特征的选择。

（3）模型的主观性、数据的匮乏性等，导致最终模型虽然鲁棒性很好，但是准确率较低。

（二）模型改进

本部分主要针对模型的准确率进行改进。结合上文 4.3.2 中第 2 部分"模型检验与分析"对影响模型准确率的因素的分析，提出以下两条改进措施。

1. 针对主观性的改进

由于专家质量是影响主观性强弱的一个重要因素，因此，寻找经验更加丰富的专家进行再评级无疑会对模型的准确率有一个很大的提升。

2. 针对数据匮乏的改进

分析中后两个因素本质上都是数据匮乏造成的。一方面，可通过涉及更加合理的算法建立准确率更高的数据扩增模型来改进；另一方面，需要增加样本数据的数量。

由于数据的匮乏，本研究设计了扩增模型，模型准确率 P_t 为 66.6667%，也就是说，如果样本数据充足，模型准确率理论上可以达到：

$$P = \frac{P'_T}{P_t} \times 100\% = 66.66\%$$

这显然是一个更令人可以接受的结果，因此尽可能增加样本数据的数量，也是一个可行的方案。

A.1 评价指标及数字化变换规则表

维度	指标	代号	数字化变换规则
非法性A	平台没有工商部电信业务许可证	A_1	是：1 否：0
	平台没有资金存管银行	A_2	是：1 否：0
	平台没有机构信用证代码（新税号）	A_3	是：1 否：0
	平台没有公安部信息系统安全等级三级认证	A_4	是：1 否：0
利诱性B	虚假夸大宣传	B_1	高：1 中：0.5 否：0
	承诺保本保息等诱导性宣传	B_2	高：1 中：0.5 否：0
公开性C	线上向非实名注册用户宣传	C_1	是：1 否：0
	线下各类媒体宣传	C_2	是：1 否：0
	网站未公示备案信息	C_3	是：1 否：0
	网站未公示组织信息	C_4	是：1 否：0
	网站未公示运营数据信息	C_5	是：1 否：0

续表

维度	指标	代号	数字化变换规则
	网站未公示会计师事务所审计信息	C_6	是：1 否：0
	网站未公示律师事务所法律意见书信息	C_7	是：1 否：0
诈骗性D	网站App粗糙，不完善	D_1	是：1 否：0
	借款企业工商登记信息变更频繁（特别是法人变更）	D_2	是：1 否：0
	平台上线时间	D_3	55个月以内：1 55至73个月（含）：0.5 73个月以上：1
信用风险 E	平台公司有严重的涉诉信息	E_1	高：1 中：0.5 否：0
	平台存在行政处罚	E_2	高：1 中：0.5 否：0
	平台是否加入网络融资协会	E_3	中国：0 地方：0.5 否：1
资金链风险 F	持续发高息短周期指标	F_1	高：1 中：0.5 否：0
	有项目逾期，提现困难的相关资讯	F_2	高：1 中：0.5 否：0
	三个月内借贷笔数大幅增加但借贷余额并未同幅度增加	F_3	高：1 中：0.5 否：0

维度	指标	代号	数字化变换规则
	实控人失联跑路言论的相关资讯	F_4	高：1 中：0.5 否：0
	公安机关介入或有相关警情投诉	F_5	高：1 中：0.5 否：0
	逾期情况	F_6	无公示：1 显示无逾期：0.5 显示有逾期：0
	累计代偿金额大幅增长	F_7	无公示：1 显示大幅增长：0.5 显示未大幅增长：0

注：红色字体指标为在数据预处理步骤中删除的指标。

A.2 经数据预处理后的数据 postdata.xlsx

平台＼指标	A1	A2	A3	A4	B1	B2	C1	C2	C3
你＊贷	0	0	0	0	0	0.5	1	1	0
投＊网	0	0	0	1	0	0.5	1	1	0
钱包＊融	1	0	0	1	1	0.5	1	1	1
爱＊进	1	0	0	0	0	0	0	0	0
有＊网	0	0	0	1	0.5	0	0	1	0
网＊宝	1	0	0	1	1	1	1	1	0
桔＊理财	1	0	0	0	0.5	0	0	0	1
钱＊金融	1	0	0	0	0.5	0	0	0	1
向上＊服	1	0	0	0	0	0	0	0	1
两只＊	0	0	0	0	0	0	0	0	1
小＊在线	0	1	0	1	0	0	0	0	0
合＊贷	0	0	0	0	0	0	0	0	0
51＊品	1	0	0	0	0	0	0	0	0
麻＊财富	1	0	0	0	0.5	0	0	0	0

续表

指标 平台	A1	A2	A3	A4	B1	B2	C1	C2	C3
信＊财富	0	0	0	0	0	0	0	0	1
掌＊财富	1	0	0	0	0.5	0.5	0	0	0
花＊金融	1	0	0	0	0	0.5	0	0	0
达人＊	1	0	0	0	0.5	0.5	0	0	0
小＊网金	1	0	0	0	0.5	0.5	0	1	0
笑＊金融	1	0	0	1	0.5	0.5	0	1	1
＊子＊服	1	0	1	1	0.5	0.5	0	1	0
链＊金融	1	0	0	0	0	0	0	1	0
生＊金融	0	0	0	0	0.5	0	0	1	1
信用＊	0	1	0	0	0.5	0.5	0	1	1
拓＊金服	0	0	0	0	0.5	0	0	1	0
恒＊易贷	0	0	0	0	0	0	0	1	0
人众＊服	0	0	0	0	0	0.5	0	1	1
万＊金融	1	1	1	1	0.5	0.5	0	1	1
立＊所	1	1	0	0	0	0	0	1	0
恒＊融	0	0	0	0	0.5	0	1	1	0
＊人贷	0	0	0	0	0	0	0	1	0
拍＊贷	0	0	0	0	0	0	0	1	0
汇＊贷	0	0	0	0	0.5	0	0	0	1
＊木＊子	0	0	0	0	0	0	1	1	0
点＊网	1	0	0	0	0.5	0.5	1	1	0
口＊网	0	0	0	1	1	1	1	1	0
开＊网	0	0	0	0	0	0	1	0	0
齐＊金融	1	1	1	1	0	0	0	0	0
新＊贷	1	1	0	1	0.5	0.5	1	0	0
＊＊贷	0	0	0	0	0	0	1	1	0
人＊贷	0	0	0	0	0.5	0	1	1	0
陆＊服	0	0	0	0	0	0	0	0	0
团＊网	0	0	0	0	1	0	1	1	0
握＊贷	1	1	0	1	1	1	1	1	0

续表

平台\指标	A1	A2	A3	A4	B1	B2	C1	C2	C3
钱＊网	1	0	1	0	1	1	1	1	0
＊＊僧	1	1	0	1	1	1	0	1	0
＊联贷	1	0	0	1	1	1	1	1	1
宜＊网	1	1	0	0	0	0	0	0	0
博＊贷	1	1	0	0	0	0	1	1	1
银＊在线	1	0	0	1	1	0.5	0	1	0
泰＊金融	0	0	0	1	0	0	0	1	0
民生＊贷	0	0	0	1	0	0	0	1	0
＊旺财	1	0	0	0	0	0	0	0	0
民＊天下	1	0	0	0	0	0	0	1	0
钱＊牛	1	0	1	0	1	0	1	1	0
爱＊帮	1	0	0	1	1	0	0	1	0
融＊网	1	0	0	1	0	0	0	1	0
招＊猫	0	0	0	0	0	0	0	0	0
真＊宝	1	0	0	1	0	0	0	1	0
钱＊多	1	0	0	1	0	0	0	1	0
＊易贷	1	0	0	1	0	0	0	1	0
爱＊资	0	0	0	0	1	1	1	1	0
宜＊网	0	0	0	0	0	0	1	0	0

续

C4	C5	C6	C7	D1	D2	E1	E2
0	0	0	0	0	0	1	0
0	0	0	0	0	0	1	0
1	1	1	1	1	0	0	0
0	0	0	0	0	0	0	1
0	0	0	0	0	0	0.5	1
0	0	0	0	0	0	1	1
1	1	1	1	1	0	0	0
1	1	1	1	1	0	0	0

C4	C5	C6	C7	D1	D2	E1	E2
1	1	1	1	1	1	0	0
1	1	1	1	0	0	0	0
0	0	1	1	0	1	0	0
0	0	1	0	0	0	0	0
0	0	0	1	0	1	0	0
0	0	0	1	0	1	0	0
1	1	1	0	0	1	0	0
0	0	1	1	0	1	0	0
0	0	1	1	0	0	0	0
0	0	1	0	1	1	0.5	0.5
0	0	0	0	0	0	0.5	0
1	1	1	1	0	1	0	0
1	1	1	0	0	0	0	0
0	0	1	0	0	1	0	0
1	1	1	0	0	0	1	0
0	0	0	1	0	1	0	0
0	0	0	1	0	0	0.5	0
0	0	0	0	0	0	0	0
1	1	0	0	0	0	0	0
0	1	1	1	1	0	1	0
1	0	0	0	1	1	0.5	0
0	0	0	0	0	0	0	0
0	0	0	0	0	0	0	0
0	0	0	0	0	0	0.5	0
0	0	1	1	1	1	1	0
0	0	0	0	0	1	0	1
0	0	0	0	0	1	0	0
1	1	0	0	1	1	1	1
0	0	1	0	0	0	0.5	1
0	0	0	0	1	0	0.5	0
0	0	1	1	1	0	0.5	0

续表

C4	C5	C6	C7	D1	D2	E1	E2
0	0	0	0	0	0	0	1
0	0	0	0	0	1	0	0
1	1	0	0	0	0	0	0
0	0	1	1	0	0	0	0
1	0	0	0	1	0	1	1
1	0	0	0	1	0	1	1
1	1	0	0	1	0	1	0.5
1	1	1	1	1	0	1	0
1	1	1	0	0	0	0	0
1	0	1	1	1	0	0	0
1	0	1	1	0	0	1	1
0	1	1	1	0	0	0	0.5
0	0	0	0	0	0	0	0
0	0	1	1	0	0	0	0
0	0	0	0	0	0	0.5	0
0	1	0	1	0	0	0	0
0	1	1	0	1	1	0.5	0
1	0	0	1	0	0	0	1
0	1	0	1	0	1	0	1
0	1	0	1	0	0	0	1
1	0	0	1	0	0	0	1
1	0	0	0	0	0	0.5	0
0	0	0	1	0	0	1	1
0	0	0	1	0	1	1	0

续

F1	F2	F3	F4	F5	F6	F7	G
0	0	0	0	0	0	0	0
0.5	0.5	0	0	0	0.5	0.5	0
0.5	0.5	0	0	0	1	0	1
0	0	0	0.5	0	1	0	0

F1	F2	F3	F4	F5	F6	F7	G
0	1	0	0	0	0	0	0
1	1	1	0	0.5	0.5	0.5	1
0.5	0	0	0	0	0	0	0
0.5	0	0	0	0	0	1	0.5
0	0	0	0	0	0	0	0.5
0	0	0	0	0	0	1	0.5
0	0.5	0	0	0	0	0	0.5
0	0	0.5	0	0	0	0	0
0	0	0	0	0	0	0	0
0	0	0.5	0	0	0	0	0
0	0	0.5	0	0	0.5	0.5	0.5
0.5	0.5	1	0	0	0	0	0.5
0.5	0.5	0	0.5	0.5	0	0	0.5
0.5	0.5	0.5	0	0.5	0	0.5	0.5
0	0.5	0	0	0	0.5	0	0
0	0	0	0	0	1	1	1
0	0.5	0	0	0	0	0.5	0.5
0	0	0	0	0	1	0	0.5
0	1	1	1	1	1	0	1
0	1	0	1	1	0.5	1	1
0	0	0	0	0	0.5	1	0
0	0	0	0	0	1	1	0
0	1	0	1	0	1	1	1
0	1	1	1	1	1	1	1
0	1	0	1	1	0	1	1
0	0	0	0	0	0	0	0
0	1	0	0	0	0	0	0
0	0	0	0	0	0.5	0	0
1	1	1	0	1	1	1	1
1	0	0	0	0	0	1	0
1	1	0	1	0	1	1	0.5

续表

F1	F2	F3	F4	F5	F6	F7	G
1	1	1	1	1	0	0	1
0	0	0	0	1	1	0	0.5
0	0.5	0	0	0	0.5	0.5	0.5
0.5	1	1	1	1	0	1	1
0	0	0	0	0	0	0	0
0	0	0	0	0	0	1	0
0	0	0	0	0	0.5	0.5	0
1	1	1	1	1	0	0	1
1	1	1	1	1	1	1	1
1	2	1	1	1	1	1	1
1	1	0.5	1	1	1	1	1
0.5	0.5	1	0.5	1	0	0	1
0	1	1	0	1	1	0	1
0	0	0	0	0	0	0	0.5
0	1	0	0	0	1	0	1
0	0.5	0	0	0	0.5	0	0.5
0	0.5	0	0	0	1	1	0
0	0	0	0	0	1	0	0
0	0	0	0	0	1	0	0
1	1	1	0	0	1	1	1
0	1	0	1	1	0.5	0	1
0	0	0	0	0	1	0	0.5
0	1	0	0	0	1	0	0.5
0	0	0	0	0.5	0	1	0.5
0	0	0	1	0.5	0	1	0.5
0	1	1	0	0	1	1	0.5
1	1	0	0.5	1	0.5	0.5	1
0	0.5	0	0	0.5	1	0	1

A.3 评分表

指标	属性特征	属性特征权重 A	属性特征权重 B	属性特征权重 C
A1	0	2.52428	0.628625694	6.108456069
	1	2.845528455	0.651465798	7.276995305
A2	0	3.658536585	3.583061889	1.408450704
	1	3.070522955	2.999110225	1.159691868
A3	0	0.379691921	1.654552242	4.116868741
	1	0.406504065	1.954397394	4.460093897
A4	0	2.845528455	3.357352348	9.025138869
	1	2.806632532	3.583061889	9.389671362
B1	0	4.809686531	1.4890922	1.643192488
	0.5	4.75677988	1.604631804	1.485605217
	1	4.87804878	1.628664495	1.496571821
B2	0	2.032520325	6.188925081	3.521126761
	0.5	1.712987776	4.652159085	2.872684599
	1	1.387181691	3.652127108	2.012120345
C1	0	0.665949553	5.322586867	19.90675865
	1	0.81300813	7.166123779	27.46478873
C2	0	0.911555541	4.069709649	0.177923184
	1	1.219512195	5.211726384	0.234741784
C3	0	1.219512195	6.51465798	1.17370892
	1	1.127583046	5.776879623	1.056290908
C4	0	5.691056911	2.605863192	0.938967136
	1	3.725149936	1.385534768	0.537876355
C5	0	11.38211382	0.651465798	2.582159624
	1	10.9278799	0.587997593	2.523483035
C6	0	4.48199373	0	4.586956915
	1	5.284552846	0	5.633802817
C7	0	8.252196718	7.955893674	4.586956915
	1	9.756097561	9.120521173	5.633802817
D1	0	9.349593496	0.651465798	3.051643192
	1	7.597180606	0.480500479	2.317841984
D2	0	0	15.96091205	4.225352113

续表

指标	属性特征	属性特征权重 A	属性特征权重 B	属性特征权重 C
	1	0	10.4016764	2.682616747
E1	0	3.658536585	1.628664495	4.460093897
	0.5	3.242435261	1.372500246	3.599866311
	1	2.842801466	1.10632891	2.738247518
E2	0	3.658536585	6.496783247	2.112676056
	0.5	3.363041447	6.51465798	2.085161044
	1	3.165178904	6.152761924	1.847727729
F1	0	4.99714568	1.080465104	1.423148462
	0.5	6.169552534	1.266191564	1.707063492
	1	7.317073171	1.628664495	2.112676056
F2	0	2.032520325	1.302931596	1.877934272
	0.5	1.681317786	1.106093042	1.596326409
	1	1.485235977	0.987628438	1.273442504
F3	0	1.616753389	5.083432257	3.141992961
	0.5	1.873033203	5.648531593	3.435993358
	1	2.032520325	6.188925081	3.990610329
F4	0	4.87804878	1.954397394	0.704225352
	0.5	4.751233628	1.865741095	0.664667907
	1	4.803853014	1.824381472	0.676741346
F5	0	2.43902439	7.166123779	2.582159624
	0.5	1.879889806	5.600789251	1.790429648
	1	1.544577468	4.42598985	1.242861337
F6	0	1.021095067	0.595449946	0.61314175
	0.5	1.089965588	0.612280922	0.620322639
	1	1.219512195	0.651465798	0.704225352
F7	0	8.346936208	5.464542073	1.564109451
	0.5	10.12508077	6.514455302	1.975699982
	1	11.38211382	7.491856678	2.34741784

第六章　网络非法集资犯罪安全治理对策

　　金融是经济的核心，以最大力度推动经济与社会发展，为经济转型升级提供持续的"核动力"。随着信息时代的发展，我国金融改革不断深化，金融市场创新发展迅猛，行业混同迹象日益突出，行业监管和治理难度加大。近年来，金融监管部门研究行业状况总结监管漏洞，金融法制也紧跟时代积极变革，一系列金融监管政策密集出台，坚决抵制打着金融创新旗号的"伪创新"，吸收借鉴不同国家的先进成果，利用大数据、云计算技术发展，摆脱过去信息孤岛式的风控体系，利用区块链、人工智能等新兴技术将保障金融安全提升到国家战略高度。采取多方面的策略手段，以"依托数据、社会联动、综合治理、打防一体"为基本思路，在先进信息技术及多层次保障体系的基础上，通过创新风控治理模式，力求在降低风险的同时，利用刑事立法和刑事司法来促进智慧金融的创新和有序发展。搭建"立体布防、高压设防、信息导防、科技助防、民众自防"的网络非法集资犯罪多面立体化防控体系，形成全方位的网络非法集资犯罪安全治理新格局。

6.1　科技助防：整合社会数据资源，打造"穿透式"科技监管模式，研究犯罪预警类罪模型

　　互联网金融新型犯罪方式层出不穷，形式复杂，其最大特点就是以互联网为手段或渠道。作为一种非接触性犯罪，犯罪分子在网络上会留下大量的与犯罪有关系的痕迹信息，作为一种犯罪情报，公安机关应该加强情报信息的搜集、研判和应用，整合金融数据资源，通过研究犯罪预警类罪模型，提高防范打击犯罪的针对性和有效性。

6.1.1　打造"穿透式"科技监管模式

金融互联网化催生了混业经营现象，互联网金融模式与传统金融模式的

不同在于打破了传统的行业边界，业务之间没有明显壁垒，界限越来越模糊，一家互联网金融企业可能会同时从事多种金融业务，而各金融业务之间呈现出一体化。随着金融创新，只会有越来越多的混合型金融业务，监管主体会越来越不清晰，这就会给监管工作带来很大的困难和不便。于是，金融的监管协调便成为一个重要的问题。目前，我国采取银行、证券、保险"分业经营、分业监管"的框架，同时金融监管权高度集中在中央政府。分业监管情况下，监管机构由于职责所限，只会更多地关注自己监管范围内的风险，而金融风险往往是复合型风险，监管的有效性会受到很大影响。所以，金融机构的牌照发放、日常监管和风险处置责任，在不同政府部门间如何分担，在中央与地方政府之间如何分担，是非常复杂的问题。

传统的分业监管模式已无法满足其监管要求，建议由人民银行大数据金融风险监控中心为总调度监管协调，穿透各类网络金融活动的表象探究其本质，用业务的本质属性来确定监管要求和监管分工，其他相关部门相互协调配合，行业自律为补充的合作监管体系。人民银行大数据金融监管部门要提升信息技术在金融监测预警体系中的应用，积极运用监管沙箱、监管科技等新理念、新方式，建设基于大数据模型的金融风险实时监测处置平台，实现智能监管、自动预警、快速响应。其次要充分考虑网络金融科技不断革新的情形下，各类金融业态的发展变化，对新兴金融行业要及早明确准入和运营规则，坚持对相关行业积极引导和依法监管并举的理念，各部门确定监管要求和监管分工，实现全覆盖式监管，不留监管空白和套利空间，为促进金融智慧化有序发展提供保障。

6.1.2 广泛整合社会基础数据资源

互联网金融业务相关部门多、信息面广、呈现非中心化特征，互联网金融犯罪的防控需要首先做好社会基础大数据信息资源的整合，为发挥社会信息资源的价值做好充分的准备。社会基础数据资源包括工商部门的企业登记信息、中国人民银行的征信信息、第三方资金存管信息、第三方支付数据信息、网贷平台数据信息、税务信息等。这些信息涉及政府、行业、企业等众多部门和单位，由于存在信息资源壁垒式管理、分散储存、部门协作不畅等问题，造成了社会数据资源割裂，从而影响了犯罪信息的研判效率和可靠程度。鉴于此，首先，我们应以社会效益最大化为目标，通过国家级干预打通信息壁垒，公安机关、行政执法、经济管理部门、互联网金融协会组织及各大网络平台建立良好的沟通协作机制，逐步收集汇总相关数据，实现国家基础信息共享。通过完善大数据库，全面整合银行与第三方支付的资金数据、网络舆情信息、工商部门信息、企业生产经营信息、通信记录等信息，尽可能全面地收集各方面信息并实时更新，做好基础的数据收集工作。其次，对各个行业的风险型经济犯罪存在的共同特征和行业特征进行梳理，总结出各个行业发生风险型经济犯罪各个过程中的表现。最后，利用大数据分析技术对数据库的信息进行动态监测，对可能存在风险型经济犯罪倾向的，及时调查，必要时提前介入，预防危害后果的产生。

1. 提高信息共享，完善数据库。随着我国公安信息库的不断扩大，覆盖面也越来越广泛，能够满足大数据分析的基本要求，但是也存在着一些不足，公安机关作为社会管理的政府职能部门，与其他政府职能部门间的信息共享存在一定的滞后性与局限性，与工商、银行、税务、审计等多部门之间的数据库沟通共享需要进一步加强，同时公安机关要充分利用市场发展产生的各类数据库，努力加强与阿里巴巴、腾讯、网易、华为等企业的合作，简化信息调取程序，让市场信息数据库为打击犯罪所用。

2. 将在常规信息检查中发现可疑信息入库。风险型经济犯罪案件中，最重要的信息就是与资金相关的信息，从案件的定性到证据的收集再到定罪量刑，都离不开资金信息。因此，在排查是否存在非法集资犯罪时，可以从资金流入手。侦查部门在常规的信息检查中，着重对银行转账流水、支付宝转账记录、微信转账记录等转账信息进行分析。例如在一段时间内，存在多个账户突然向同个账户或户主间具有关系的几个账户进行汇款，尤其是陌生账户间在短时间内突然出现较多转账信息的，较为可疑。在检查这些信息时，还可以结合各个账户户主注册的手机号间的通信记录或其社交软件的聊天记录等信息进行综合分析，使检查结果具有更高的可信度。

6.1.3　打造网络非法集资犯罪情报信息综合研判平台

目前，公安机关涉网犯罪信息的收集方式是条块分割、各自为政。为适应互联网犯罪信息收集的技术性、专业性并重的特殊要求以及互联网信息自身互联互通、无边界的天然特征，可以由公安部情报中心牵头，情报、网安等专业部门及其他各警种专业力量共同参与的互联网金融犯罪信息收集平台，统一采集、汇总包括互联网金融资金交易数据、行政监管数据、警务信息数据、平台网站、经营主体、从业高管个人数据等可能与经济犯罪线索有关的基础信息，开发各类互联网金融犯罪案件性质、手段、特点基本信息库、互联网犯罪高危人员基本信息库、互联网犯罪线索信息库等。互联网金融犯罪情报综合研判库主要包括以下部分：（1）互联网金融犯罪线索信息库。将不同渠道的案源线索随时录入信息库，将社会监督举报线索也随时录入。（2）建立互联网金融犯罪案件情报信息库。录入典型案件中的一般作案规律、网上遗留信息、作案手法、人员特征、侵害对象情况、同案犯关系等信息，还可将一些有代表性的互联网金融案件创建特殊信息库，汇总网络病毒样式、钓鱼网站页面设置、黑客攻击技术、特殊网络诈骗手段等信息。（3）建立互联网金融违规前科人员、违法高危人员和犯罪嫌疑人员信息库。重点录入高危嫌疑人身份信息、假名网名、微博名、网上金融账户以及曾拥有的IP地址等信息。打造互联网金融犯罪情报信息综合研判平台，运用好大数据，形成高效的研判机制，发挥好其潜在的价值，通过大数据情报数据的分析、比对和碰撞梳理出犯罪网络基本架构，为进一步模型研判创造条件。

加强战略研判，剖析行业生态。从坚决维护资本市场秩序、保护人民群众合法财产权益、维护金融领域安全稳定的高度，积极开展网络非法集资行业专项风险研判，充分运用数据化经侦优势和手段，突破数据壁垒，并尝试性回溯分析近年来公安机关处置的网络集资爆雷案件和证监部门提出整改的网络集资违规案件，总结提炼犯罪成因手法、技战模式和数据分析方法，综合资金分析、重要关系人、公司企业主体、发行市场、交易市场以及交易行为之间的密切联系，按照"场景预研—人工研判—模型构建—拓展延伸—人工研判"的思路开展分析研判。建立集"数据汇聚、数据监管、智能分析、监测预警"等功能为一体、智能化的交易数据预警监测分析系统，适时对网络资金募集的行为、规模、运行、投资等情况进行全链条、全时段和全方位的监测、管理和预警。从静态研究、动态管控和追溯犯罪起源的角度出发，以横向和纵向、资本和集团运营等场景化视野，构建研判分析方法论和分析模型，力争查清网络非法集资管理人违法募集和投资运作规模、是否存在资金池情况、募集资金使用及最终流向，摸清风险底数。通过数据化导侦研判，深度挖掘网络融资领域犯罪宏观形势，揭露行业生态，发现存在的主要问题和风险隐患，摸排存在重大风险和隐患的私募机构，生成批量线索，并予以分类处置。

6.1.4 建立网络非法集资犯罪类罪模型，有效预警监管打击

网络非法集犯罪类罪模型是在办案民警的侦办经验基础上，通过总结提炼犯罪手段核心数据的共性化数据特征，利用大数据算法进行数据化编程描述，从而实现对数据进行挖掘分析。数据就是证据，挖掘数据、分析数据、印证数据就是固定证据。把不同行业的类罪监测模型前置在相关行政监管部门的网络信息系统中，研判模型可以对互联网金融业务中的可疑信息进行深度加工，对涉嫌网络融资犯罪的人员活动进行预警监测。在社会资源基础数据库和犯罪情报信息综合研判平台中实现对嫌疑数据的自动筛选和延伸提取，再通过人工加以甄别，实现对网络非法集资犯罪行为的精准查证。提升监管穿透性，推动监管模式由事后向事中、事前监管转变，提高行政监管效能。现阶段，部经侦局组织研发的类罪模型包括监测预警模型和研判模型两类，这些模型都利用先进的数据挖掘技术实现了应用数据挖掘的关联分析、聚类分析、预测分析等算法，服务于对经侦警务情报的关系分析、异常事件分析、犯罪形势分析预测等应用场景。类罪模型功能完善，主要包括数据采集、清洗、分析、使用和成果图形化展示五个步骤。模型主界面提供引导式研判流程，可针对不同来源、不同格式类型的基础数据，提供专用或通用数据导入模板，提取设定的核心关联数据项，按照全字段的标准，设计"补全、去重、校验、优化"等自动数据清洗流程，实现数据结构标准化、标签化入库，数据分析过程中，选择不同的分析角度、方向和切入点，筛选条件注重结合类罪规律以及行为模式合理选择分值，确保研判结论的准确性，利用图形化展示方法，将分析研判结果直观呈现给办案人员或决策人员，充分显示数据分析全过程，更加直观和便捷。类罪模型最大的优势是贴近实战需求。它可以根据网络非法集资案件数据特征，利用建立关键词搜索以及积分赋值两个模块，从而达到对相关数据进行自动检索以及累计赋分，以图表展示、一键导

出结果的形式向侦查员推送嫌疑重点人员的功能。同时，基于系统内沉淀的海量数据进行碰撞、分析，找到全国范围内主要的各类案件关系人，为线索扩线、深入打击犯罪网络提供强大的基础数据支撑，同时，还可结合案侦需求，自动形成研判报告，图形化直观展示研判成果，导出重点对象名单，实现了一键式研判，"傻瓜式分析"，极大地提高办案效率，把办案民警从繁杂的数据分析解脱出来。

6.1.5　利用区块链技术实现"智慧化"监管

利用区块链技术实现"智慧化"监管是推动网络融资健康化发展的新动力。区块链金融是金融科技发展阶段的产物，区块链技术的出现从一开始，就打上了区块链金融的烙印。区块链金融的发展有两条十分清晰的脉络：一是价值在网络上的传递，虚拟货币、数字资产的全球范围的交易与投资、各种社区代币（Token）的出现、数字银行、开放银行、金融界的API平台生态环境的建立等；二是将区块链技术的各种优点、特征进行拆分，结合实际情况，分别应用在金融领域的各种场景中，也就是我们通常所说的区块链赋能金融，即区块链+金融。[①]区块链的分布式共享特征，对于监管机构而言，只要成为其中一个节点，就可以实现全面掌握各节点信息，因此运用区块链技术可以极大提高金融的交易效率，优化信用机制，加强风险控制，大大降低了监管的难度。

1. 利用区块链去中心化优化信用机制

对于金融行业而言，需要实现对信用的评估和控制，而信用构建的基础在于信用数据的收集和分析，信用准确的程度很大部分取决于金融机构对数据的积累和理解。随着时代的发展，信用数据已然成为金融企业竞争的核心力量。传统金融实体机构由于交易双方缺乏现实中的沟通和交流，加之权威信用认证缺失，所以在虚拟网络中完成融资相关交易和服务的信任建立过程较为复杂。

区块链技术最大的颠覆性在于信用的创造机制。区块链技术基于数学非对称加密算法原理进行信用创造机制的重构：在系统中，参与者之间不需要

---

①徐明星，刘勇，段新星等：《区块链：重塑经济与世界》，中信出版社，2016年。

了解对方的基本信息，也不需要借助第三方机构的担保，可直接进行可信任的价值交换，区块链自身的技术特点保证了系统对价值交换的活动记录、传输、存储的结果都是可信的。区块链技术能释放核心企业信用到整个供应链条的多级供应商，提升全链条的融资效率，丰富了金融机构的业务场景，从而提高整个供应链上资金运转效率。目前，已有一批企业针对各类应用场景提出了相应的应用方案。其创新的步伐和内涵，不仅是对现有商业模式、交易流程的简单改造，更是结合行业痛点，在区块链技术的基础上，结合资产、交易和法律等要素，构建新流程、构建新型数字经济的生产关系、创新交易模式和信用模式等。

2. 在信息披露方面使交易更公开透明

在信息披露方面，利用区块链技术能够解决很多平台在虚构资产、隐秘交易方面的违规行为。因为利用区块链技术所有的数据可追溯，而且任何节点都不能篡改或者隐时数据，对参与各方形成有效约束。网络融资平台还可将重大事项签订的意向性协议、投资协议、股东名册等法律协议写入区块链中，该部分协议通常对保密性要求较高，非协议涉及关系人没有权限访问区块链中的敏感信息，当需要提供证据支持时区块链中的相关文件可作为法律承认的证据。融资成功后，项目方可以作为发布方向股东发放数字股权证书，该证书系统是基于区块链设计的。基于此项目方可以对股东动态实时追踪，间接为股权的即时转让提供了可靠的技术支持。区块链技术使交易公开透明、安全可靠、难以更改，并且自带时间属性、提高了智慧化征信系统的可靠性和准确性。

3. 去中心化保证网络交易的可验证性。

网络投资风险较高，监管机关目前对股权投资、场外私募股权的监管较为薄弱。监管机关可以利用区块链对行业进行实时动态监管，区块链技术监管部门提供了新的工具，每一个区块链信息的记录都包含完整的时间戳。由于采用通用共享的数据库，所有的数据都按照一个共同版本的要求进行记录和加密，监管部门通过授权节点进行实时观察、跟踪交易数据，并进行跨部门的协作管理，为政策的及时调整和制定提供依据，这将对行业起到很好的规范作用，促进行业健康发展。

6.2 政府督防：加快推进金融科技，完善制度设计，健全监管制度，发挥行业协会引领和自律机制

6.2.1 完善制度设计，弥补监管漏洞

建议监管部门加强对网络融资行业在执行过程中存在的问题和漏洞的搜集、整理和研究工作，及时对相关文件中弱化监管的条款提出修订建议，切实弥补监管漏洞，努力提升监管力度和监管效能。将网络融资行业的登记备案工作纳入国家信用体系建设中来，设立行业失信人联合惩戒机制。凡有不良从业记录的基金管理人和个人将被纳入国家信用体系当中予以记录并被终身禁入，切实加大对涉及金融领域诚信缺失和市场主体违法、违规行为的协同监管和联合惩戒力度。另外，还可以采用区块链技术搭建联盟链，保留所有委托记录，作为定纷止争的呈堂证供。建议将具有政府背景（比如财政背景、发改背景）而未向中基协备案发行的政府基金和产业基金纳入证监部门的统一监管，或者由证监部门会同各基金发行主体共同对相关基金进行共同监管。

6.2.2 政府应加快推进金融与科技的融合

根植于中国大众的数字金融、互联网金融、区块链金融企业，通过丰富多彩的金融产品和商业模式创新，在拓展普通消费者的金融消费宽度和深度，在向农村及小微企业提供融资、保险等金融服务领域，发挥了独特的优势。而大数据积累、区块链和人工智能的应用将是推动未来互联网金融创新的主要动力。未来金融科技产业将在人工智能和区块链领域出现新的发展浪潮。

1. 金融大数据的应用大大降低了网络空间距离所带来的信息阻隔和交易成本，利用数字技术金融机构可以迅速地构筑分布广阔、开放平等的金融客户网络，同时也可以动态地、多维度地搜集信息，通过网络效应聚集客户群体，实现可触达、可负担与可持续的协调统一。金融大数据的应用在扩展了金融服务包容性的同时，也借助于与社交电商等场景的深度嵌合，较好地避免了由于信息不对称造成的道德风险、逆向选择风险等问题，降低了坏账率，并更好地实现了可持续盈利。

2. 区块链在数字货币、资产交易、资产汇兑等领域拥有很好的应用前

景：区块链依赖于开放、分散的网络，与互联网金融服务群体数量多、分布分散的特点非常契合；区块链信息记录不可更改的特性，使信用信息高度完整精确，避免了现有征信体系在获取数据方面存在的一系列问题，甚至可完全替代征信，这对于高度依赖多维度信用信息的微型金融服务来说，意义重大。区块链技术公开、不可更改的属性，能够改变金融监管结构的模式，其在金融监管领域将拥有极为广阔的应用前景，以跨境支付结算、供应链金融数字票据和征信管理为代表的应用场景将随着技术的发展而不断成熟。[1]

3. 伴随着深度学习算法、高质量大数据和高性能计算资源的不断成熟，人工智能在金融领域的应用将不断深化，目前已开始在投资顾问、客户信用评估等方面使用，大大降低了提供一对一、定制化金融服务的成本和可靠性。以前专属于高净值客户的金融服务在人工智能普及后可以以零边际成本提供，低净值客户的需求也将会得到更全面的满足。以智能客服、智能投顾、智能投研、智能营销和智能风控等为代表的应用场景将呈现爆发式增长态势。

未来金融科技满足需求的同时，也将在需求的驱动下不断发展和创新盈利模式。新兴信息技术的应用在推动金融行业转型发展的同时，金融业务发展变革也在不断衍生出盈利模式创新需求，这种驱动主要体现在发展层面，新技术应用推动金融行业向普惠金融、小微金融和智慧金融的方向转型发展，同时衍生出产品和经营模式上的创新，信息技术的应用能够使金融企业更好地分析和利用现有数据，更快捷地对用户需求做出反应、更深入和低成本地挖掘用户需求，提供场景化、生活化驱动的产品服务。依托金融科技手段的智慧金融能够使金融行业在业务流程、业务开拓和用户服务等方面得到全面的智慧提升，实现金融产品、风控、获客、服务全方位的智慧化。金融科技中的互联网金融企业具有综合性平台化趋势。平台化企业的特征是吸引多类型的客户和服务厂商聚集在一个平台上。平台提供丰富的交易撮合以及附加服务，建一个账户就可以满足客户多方面的金融及非金融服务。在一个平台上提供多类型服务，可以很好地利用范围经济所带来的数据共享，客户基础共享的优势，也可以恰当地进行用户间、业务间的交叉补贴，且不必追求单

---

[1]Knight, F. Risk, Uncertainty and Profit, Boston, Houghtom Mifflin, 2006.

一业务的盈利，有助于建立良好的平台生态和商业秩序。在互联网金融领域中，这种平台化经营的企业可以赋予底端的"长尾客户"更多的市场价值，更有可能使之成为被补贴的对象，并且这种补贴是一种市场竞争的选择，并不具有政府支持的背景，因而使普惠和盈利在平台化经营中更能和谐共存。

总而言之，从未来的发展趋势看，随着金融与科技的结合更加紧密，技术与模式创新需求相互驱动作用将更加明显，金融科技的技术创新与应用发展将有望进入更加良性的循环互动阶段，可持续发展的盈利模式也将打破同质化经营的局面，推动网络金融未来的长期合规发展。

6.2.3 完善法律体系，健全监管制度

为进一步规范网络融资行业发展，保护投资者合法权益，应在现有法律法规基础上，进一步完善网络融资行业相关法律规定。一是要尽快出台相关行业监管文件，从形式和实质两方面加大对行业发展的监管。统一网络融资管理人名称规范，明确网络非法集资投资的负面清单，严禁将网络融资发展明股实债、高利转贷等非投资性活动，细化不得公开募集、不得向非合格投资者募集等规定。二是要加快修订《基金法》《刑法》等法律。正如《证券法》修订后，将行政罚款额提升至2倍于原来违法所得计算罚款额度、十倍于定额罚额度一样，也应尽快修订《基金法》加大对违法行为的惩罚力度，提高违法成本；制定或修改原有《刑法》条文，将相关机构及其直接主管或负责人员纳入刑事打击的主体要件，如可将其列入《刑法》第185条主体范围，解决因网络非法集资机构不属于《金融机构编码规范》规定的8大项而导致主体不符问题，增加入罪可能，提升监管威慑力。三是要推动完善监管体制机制。研究差异化准入、央地分层及基金分类监管等模式，实现全方位、多层次的监管制度。同时，横向做到与同级证监部门及地方政府的协调沟通、信息与数据共享，纵向统一各地公安机关步调，合力打击网络非法集资犯罪行为，丰富监管维度，提升整体监管水平。

互联网金融作为中国创新发展的一张名片，在高速发展的同时也带来了监管难点。互联网金融的长效发展离不开法治的有力保障，其前提必须是有法可依，应当按照互联网金融业务实质和法律关系，明确互联网金融业务的规则和监管分工，将金融科技全面纳入法制化的发展轨道。目前，我国的互

联网金融立法还远远不能适应互联网金融发展的实际需要，有很多问题在法律层面不够明确或不适用的领域，部分互联网金融业务仍处于法律的"灰色地带"。应该遵循金融基本规律，结合业务发展实际，对相关的规定进行适应性的调整，减少合法与非法之间的灰色地带。在法律确有空白的领域，抓紧完善地方性监管法律法规和配套细则的制定和建设，补齐制度的短板。应加强地方金融监管的法制建设，先推出区域性的金融监管条例，从法律层面赋予地方政府金融监管和风险防控执法权，明确地方金融监管内容与规则。

6.2.4 研究网络融资行业发展规律，推动制定行业发展规则和标准

要实现对网络融资行业的有效规制，促进行业的健康发展，离不开对行业风险逻辑产生的分析。《证券法》的核心是信用风险的规制，其规制逻辑是如果将发行对象控制在一定数量以内，或特定对象范围内，则风险是可控的。但是在互联网金融中的股权众筹打破了传统投资风险的逻辑，它借助熟人社会中人与人之间的各种不成文的规矩，在一定程度上缓和了风险。并且参与众筹人员越多，越能有效地分摊损失，每个参与者所面对的风险就越小，这些都是对传统投资逻辑的颠覆。使用等额的金融资产，互联网金融投资者能够以更小的单笔投资者身份，进行更多元分散的投资，以此获得更稳健的回报收益。从这个角度出发，网络融资行业应该顺应行业发展规律，推动制定合理的行业发展规则，发挥其应有的作用和职能。

互联网金融协会作为行业性自律组织，应当发挥贴近市场和会员组织的优势，起到金融管理部门和从业机构之间双向沟通的桥梁和纽带作用，引导从业机构合规审慎经营，维护良好的市场秩序，营造良性竞合的市场氛围。各省互联网金融协会在政府金融办的领导下，严格按照协会章程和要求，汇聚优势资源、凝聚高端人才、凝聚行业人气，提供全方位服务，推动行业发展、规范行业行为、防范行业风险。协助政府宣传贯彻落实，国家相关法律、法规和政策，研究和探索行业发展的未来方向，调查了解并及时反映行业及从业人员的诉求建议，为政府决策和制定政策提供建议和依据。行业协会应当根据业务类型，合理制定行业标准和经营管理规则，健全自律惩戒机制，研究制定行业准入标准，对注册资本、资金托管、征信体系、技术规格、从业资格、信息公开、利率水平、风险准备等方面严格规范，对不达标企业

惩戒退出。

6.2.5 合理运用资金查控和技侦手段，加强对嫌疑人员的控制

首先，加强网络应用监管，肃清网络环境。对本地网站、虚拟主机和主机托管服务商进行集中清理整治，全面清理与经济犯罪团伙勾结发布非法集资相关信息的网站，禁止为非法集资犯罪网站刊登广告提供搜索引擎等违法行为；依法查处为非法网络集资犯罪提供服务的网站、虚拟主机和托管主机服务商，切断其通过第三方支付平台洗钱的渠道。

其次，加强对网络非法集资犯罪组织者和参与者的监控。依法采用情报侦查技术，对网络非法集资犯罪的组织者和参与者进行网络监控，结合派遣特情、跟踪和守候等传统监控方法及时地发现和查清组织的成员和结构，厘清犯罪嫌疑人的上下线关系，固定好证据，改变以往主要依靠口供查找上下线或定案的被动局面。

最后，通过技侦手段加强电子证据的固定。网络数据、资金往来数据是认定网络非法集资犯罪涉案人数、数额的关键，但这些电子证据更易流失因此需要公检法各机关的高度重视和密切配合。一方面提前做好电子证据的固定，避免案发后远程电子证据被篡改、破坏或毁灭；另一方面应加强技术鉴定力量，在远程证据灭失的情况下，从涉案人电脑、手机等设备中还原数据、认定案件事实。

6.3 民众自防：建立互联网金融征信审核制度、风险提示制度、信息披露和合格投资者制度

金融的核心是信用和风控，而作为互联网最大的资源"大数据"是互联网金融平台判断借款人、贷款人资质的有力依据，是信用评价的可靠依据，要充分利用大数据建构互联网征信体系。保障金融消费者的合法权益，并不仅是为了服务金融消费者，也是为了互联网金融行业的持续健康发展。通过审慎监管与行为监管相结合，建立金融消费者权益保护监管、保障机制，规范金融机构行为。互联网金融从业者，应本着平等自愿、诚实守信等原则，尊重并保障金融消费者的财产安全权、知情权、自主选择权、公平交易权、依法求偿权等权利，并建立同互联网金融相适应的便捷高效的纠纷解决机制。

只有消费者的权益得到充分保护和尊重，才能保障市场机制的正常运行，保障公正的价格形成机制，保障良好的市场竞争秩序，最终通过消费者的自由判断与选择，通过优胜劣汰的市场机制，实现行业的健康可持续发展。

6.3.1 引入第三方审计加大信息披露

金融的交易是信用的交易，其核心是金钱的时间价值。审计是经济活动中最有效的监督手段之一，在市场中，信用的风险主要是由于交易主体的信息不对称而产生的道德风险和逆向选择。因而，在信息披露过程中引入第三方审计，可以强化对于信息披露规则的设立和监管，完善信息的传播流通机制，充分利用云计算、互联网通信、大数据等，提升信息供给，降低信息不对称，为缔造公开、透明的网络融资市场价格机制提供条件。第三方审计机构可以从专业角度对平台资金状况、资金流向等进行真实全面客观的监督，并且在平台间形成统一口径和标准，为监管部门制定细则提供数据依据，并且有了审计部门监督的披露数据更具信用，有利于增加平台信誉度，吸引更多优质投资者的进入。[①]从制度上和技术上缓解交易主体间的信息对称，大大减少流动性风险及非法集资风险的发生。

6.3.2 构建互联网金融行业征信体系

互联网金融发展规模有目共睹，但是我国征信领域不尽完善，也成为困扰行业发展的一大难题。目前，中国人民银行的征信网络已经覆盖全国，第三方征信机构也在进行市场化的充分竞争，整个征信行业处于快速发展时期。但是，现阶段整个征信行业被分割成一个孤岛，信息不能共享，无法挖掘数据蕴藏的价值。基于区块链技术，依靠程序算法实时记录海量征信数据，并存储在区块链网络的每一台计算机上，和传统中心模式的征信系统相比具有去中心化、信息公开、难以篡改、成本低等优势。区块链上的智能合约具有增强信任的特征，可以在有效保护数据隐私的基础上实现可管控的信用数据共享和验证。

6.3.2.1 搭建"智慧化"征信系统

金融市场运行的基石仍然是征信制度，网络融资的健康发展需要构建强

---

①宿玉海，徐立：《山东P2P网络借贷平台风险及对策研究》，齐鲁书社，2018年。

大的征信体系，在大数据信息时代的今天，需要利用区块链技术建立"智慧化"金融的征信制度来监管，才能保证网络融资的健康发展。

1. 网络融资企业可以通过收集用户的信用数据建立模型，分析平台上用户的累计信用和行为数据，以此来评估用户的还款能力和还款信用度。利用区块链技术可以将用户进行准确划分，包括白名单上的优先级用户、未入信用机制的潜在用户、黑名单上的规避用户等，通过对不同用户采用不同策略，从而实现有效的风险防控。

2. 利用区块链技术实现智能化征信。区块链可以帮助用户自身的数据确权，生成自己的信用资产。在信用确权的基础上，把用户的数据信息聚合起来，该平台可连接各个企业、机构及公共部门，进而开展用户数据授权，就可以解决数据孤岛的问题，非对称加密机制又能够在参与主体共享数据的同时确保各参与主体的数据安全。同时，区块链平台中的数据在一定程度上时效性、相关性较高，这些数据都可以追溯源头，严格关联到相应的用户。所以区块链在征信领域有着广阔的发展前景。

6.3.2.2 个人征信体系构建框架

1. 加快推进个人征信系统体系的框架构建。我国征信系统构建从信息来源上可以分为中国人民银行个人征信和网络个人征信两大渠道，但是这两大渠道之间以及网络各家征信机构之间都为信息孤岛，彼此之间信息壁垒严重，存在个人征信重复建设、信息使用效率低下等弊端，应尽快构建全国个人征信体系的框架，明确个人征信行业的准入标准，实施持牌运营。让行业的边界和底线不留灰色地带，让相关法律法规执行起来更清晰明确。

2. 征信标准比较笼统，不够详尽。中国人民银行征信中心建立的个人征信系统只有四个部分，网络上的各家征信机构如"蚂蚁金服""京东金融"等，这些金融服务产品依托其电商和社交平台积累了大量的用户数据，并据此形成各自繁杂多样的大数据征信指标，征信标准不统一，相互间信息隔离，导致征信结果也五花八门，所以建议从总体上规范网络征信的指标体系。网络征信指标体系应该充分反映借款人的还款意愿和还款能力，可以借鉴美国FICO信用评分体系，从个人基本信息、收入信息、负债信息、资产信息和信用信息五个方面作为大类指标，下设若干二级指标，其中对借贷行为影响较大的身份认证、收入认证、房产、车产认证可以加大指标权重。

3. 公民个人信息的保护工作也必须重视起来，在信息时代，社会上各种商业机构和中介机构通过各种数据存储、获取公民个人信息，由此带来的信息泄露风险非常大，因此，在征信体制的各个环节需要制定严格的管理标准和法律规范。目前许多互联网企业的所谓大数据来源渠道复杂，数据获取环节层层受到污染，可信度与合法性并不充分，部分征信公司参与征信数据黑产链条求得生存，客观上削弱了大数据征信的产业价值。鉴于近几年公民信息泄露导致的社会案件频发，政府已经开始全面加强了对征信行业的监管。最高法与最高检也对侵犯公民个人信息罪、非法购买和收受公民个人信息的定罪量刑标准以及相关法律适用问题进行了系统规定。所以征信体系建设中要加强个人隐私和商业秘密的保护，保证个人的隐私和企业的商业秘密不受侵犯和盗用。

6.3.2.3　企业征信系统构建框架

信用评价的好坏对于企业生存发展和商业合作的成功与否至关重要。目前，中国人民银行的全国企业信用信息库还在不断扩充各个行业的数据系统，以期望日趋完善企业信用评价体系。除此以外，商务部也鼓励具备资质的第三方信用服务机构建立健全企业信用的评估与认证，帮助企业有效识别和防范信用交易风险。企业的大数据征信系统应当包括政府监管信息、行业评价信息、媒体评价信息、金融信贷信息、企业运营信息和市场反馈信息等方面。企业征信的体系框架应该在确保数据资料客观真实的前提下，所有评判结果依据客观数据、统一标准计算得出，恪守"客观、公正、独立第三方"国际征信准则，接受全社会监督。健全的互联网征信体系有利于防范互联网金融犯罪的发生。

利用大数据技术建立行业信用库。信用风险是金融的政策要素，金融产品是风险的载体，在资本的供给者和需求者之间进行通配通行，所以信息不对称问题会直接干扰价格形成机制。大数据技术能够提高信息的透明度，使得信息不对称引发的问题得以缓解。大数据价值在于信息的收集、分布和分析，可以协助互联网金融企业加强对客户的了解，提升企业运作效率、稳定性。

6.3.3　建立风险提示、信息披露和合格投资者制度

数字互联网金融的发展一方面增加了金融服务的覆盖群体、拓展了普通消费者的金融服务选择范围，另一方面也加大了这些人群面临金融欺诈、资产价值波动以及个人数据外泄的风险。中国金融消费者一般没有接受过充分的投资者教育，自我保护意识和能力较差，他们风险意识不足、习惯保本投资和刚性兑付，一旦遭受投资损失涉及民事纠纷过度依赖政府的行政手段。随着互联网金融产品日趋多样复杂化，消费者作为交易的主体应该学习专业的金融知识、法律知识，树立正确的投资理念，增强金融消费者风险意识和自我保护能力，从根本上提高参与主体的金融投资素质。比如通过一些人民群众喜闻乐见（比如动漫、视频、微信、微博等）的方式，提升宣传的针对性和覆盖面，进一步加大对互联网金融的相关知识和风险的讲解力度，建立风险提示制度，采取信息通报、新闻发布、媒体座谈等方式公布、讲解典型案例，以案件释风险，提升人民群众对风险的认识水平和风险担当意识。因此，加强监管和消费者利益保护是未来互联网金融健康发展的当务之急。

此外互联网金融行业协会也需要充分发挥规范行业行为，督促从业机构向投资者充分披露信息，及时公布经营活动信息和财务状况，详细说明参与方各自的权利和义务，分享交易模式的风险提示。互联网金融要做好机构风险内控，特别是新兴业态主体应该摒弃粗放式的经营管理理念，切实改进公司治理和内控管理，加快培育合规文化，严格遵照监管规则和自律标准，开展合规审慎经营，绝不能无证经营或超范围经营。为了促使从业机构稳健经营和控制风险，提升对投资者的保护水平，协会应研究建立互联网金融的合格投资者确认制度。针对低收入农民等弱势群体参与互联网金融损失惨重，应当有针对性地开展金融知识普及和精准培训。

6.4　立体布防：打造行业协同、警企配合、行刑衔接的紧密型防控联合体

6.4.1　推动互联网金融行业与相关行业协同发展

互联网金融借助于互联网技术的应用，与银行、证券、保险、支付清算等行业都有交集。金融混业发展的趋势已经得到大多数人的认同和重视，也

对监管提出了新的挑战。互联网金融也是中国金融创新的代表，必须重视互联网金融的发展，并及时调整监管政策与立法规划。推动互联网金融犯罪防控体系的建设应该加强与这些相关行业的协同交流，了解互联网金融业最新动态和行业资讯，从而对互联网金融犯罪的规律、特点及防控方法有更加全面深刻的认识，并能够在打击犯罪上为公安机关提供较为准确的情报信息，成为重要依靠力量。因此必须紧密依靠行业组织，加强与行业组织的协同配合，共同推进互联网金融犯罪防控工作。

6.4.2　深化社会监督，完善有奖举报正向激励机制，建立紧密的警企合作模式

深化社会监督应该提高投诉、举报等渠道的便捷性和可获得性，完善有奖举报等正向激励机制，充分调动社会公众参与金融科技治理的积极性，间接打击那些打着金融科技创新旗号、行非法金融活动之实的行为。充分发挥律师事务所、会计师事务所、评级机构等中介服务机构作用，鼓励专业机构发挥专业优势、进行专业监督。探索运用在线纠纷调节中心、互联网法院等创新手段，加快建立综合性的消费者保护机制和多元化的纠纷解决机制。例如泰安经侦与当地律师协会、投融资商会共同搭建非法集资预警平台，定期召开信息通气会、联席会议，组建专门工作站等多种形式固化信息沟通渠道。给广大人民群众提供24小时法律服务释疑咨询热线，并及时通过广播、电视发布非法集资预警信息。公安机关要巩固既有经侦教育宣传阵地。依托"5·15"全国经侦宣传日、世界知识产权日、网络安全日等重大节点组织开展专题宣教活动，从专业角度引导群众理性投资、依法维权，促进当地涉众维稳工作的开展，切实增强互联网金融犯罪的分析研判和舆情应对能力。

当前我国互联网金融犯罪形势异常严峻，其中既有法律制度的不完善，市场监管缺失等外部原因，也有互联网金融企业自身防范薄弱的问题。为此帮助互联网金融企业提高犯罪防范意识和自我保护能力至关重要。建立紧密的警企合作也是防范互联网金融企业自身防范能力不足的有效手段。紧密型的警企双方合作必须建立稳固的联络机制，并且从一定范围内实现金融安全基础信息共享。公安机关围绕互联网金融犯罪的新形势、新情况、新特点、新表现，针对经侦工作中遇到的法律适用、事实认定等问题，组织开展企业

法制培训，增强企业高管法制意识。从企业角度，公安机关将相关法律知识、犯罪预警信息提供给企业，企业可以提前采取防范措施；从公安机关角度，可以及时了解企业的经营风险，帮助企业解决一定安全隐患。

6.4.3 做好行政执法与刑事司法的部门衔接

互联网金融犯罪本质上是一类典型的行政犯。其行为违反国家有关金融行政管理的法律、法规，是构成互联网金融犯罪的重要前提。因此，对金融犯罪的惩治应当遵循"先行政、后刑事"的原则，从犯罪防范和打击的角度来讲，做好行政执法与刑事司法的衔接至关重要。由于长期以来部门之间的条块分割，我国行政机关与司法机关在共同打击和预防互联网金融犯罪方面存在着严重的协作不足和衔接不畅：一是行政执法机关对互联网金融企业的日常经营行为管理不力，对于相关违法犯罪的打击和预防严重依赖刑事司法机关。二是在犯罪打击方面存在执法线索移交不及时、执法证据提供不完备以及执法沟通机制不畅通等问题，这一方面错失许多重要打击防范的时机，影响互联网金融犯罪的打击时效；另一方面造成了许多案件在侦查、起诉环节的工作反复，极大地浪费了有限的办案人力和物力。

鉴于此，必须切实做好网络非法集资犯罪行政执法与刑事司法的部门衔接。强化行刑协作，提升预警能力。近期，党中央领导同志就网络非法集资问题多次作出重要批示，强调各部门要警惕网络非法集资尤其是疫情影响下的集中爆雷风险，为维护社会稳定、人民财产安全，公安机关要与证监会、基金业协会等监管部门密切协作，形成工作合力，摸清网络非法集资行业风险底数、掌握行业发展动向、提升风险预警能力，配合行政部门做好风险处置工作。

1. 刑事司法部门应当与行政执法机关保持必要、及时的工作沟通，并定期或不定期开展双向的情况通报，针对移转来的网络非法集资领域违法犯罪线索要及时立案侦查。以使得彼此了解各自在打击和防范互联网金融犯罪方面的工作进展及衔接需要，共同推进互联网金融犯罪防控朝行政执法与刑事司法一体化的方向发展。

2. 国家的金融监管部门还要加强对网络融资产业融合新业态的风险监控和处理，监管方向应该转向加大事前预警监管手段、强化事中事后的动态监管，司法机关要配合行政监管部门对金融风险进行及时处理。根据涉稳因素网络非法集资名单，协调做好属地吸附、划地处突等应急维稳工作。紧密依托网络非法集资监管预警信息系统，并充分整合工商、税务、银行等数据，提升机构画像、风险排查及预警能力。

3. 要加强网络融资行业的基础性立法工作，要对互联网融资平台、资金监管、信用体系、个人信息和业务主体与范围等方面进行单纯立法，配备"系统化"的风控体系，起草相应监管文件，明确不同等级事件划分标准、处置流程和工作要求，增强应急处置水平，让互联网金融依法有序地健康发展。

6.5 高压设防：建设经侦数据化情报导侦系统，实现全要素、全链条打击

为主动适应数据社会对打防经济犯罪的新需求，结合公安部经侦局大力推动"信息化建设、数据化实战"发展战略和"锻造全新警种、建设经侦铁军"工作规划，分阶段推进经侦部门数据化情报导侦实战体系建设，探索出以运行机制变革为动力、以"经侦应用云"建设为载体、以资金查控手段应用为牵引、以人才培养为支撑的全新数据化情报导侦实战体系，使得对经济犯罪活动的全要素、全链条进行全方位、全角度的数据化描绘、信息化还原、动态化追踪并进而指引打击实战成为现实可能，形成打击和防范经济犯罪数据化实战新格局。

6.5.1 经侦数据化情报导侦能力建设的重点

在当今大数据时代背景下，人们从高科技发展和信息技术进步得到诸多便利，交易更加快捷、支付更加便利、通信更加畅通，越来越多的犯罪分子利用智能化犯罪、非接触犯罪、复合型犯罪发案明显上升，导致经济犯罪整体形势发生深刻变化，传统工作模式已难以适应社会发展对经侦工作的显著需要，难以有效监测发现和精准打击经济犯罪行为，经侦部门必须主动求变，适应数据社会的新发展，全面加强数据情报导侦能力建设。经侦数据化情报导侦体系建设需要紧扣"职能体系重构、数据资源融通、手段工具升级、应用能力提升"要素，全面推进"数据交汇中心、情报产品中心、人才培育中心、实战指挥中心"四位一体的情报导侦机制建设，坚持以数据流引领业务

流、重构管理流，将数据确定为经侦工作方向指引的基础性、源头性因素，有力推动研判专业化和常态打击专业化的全新打击模式，为信息化建设、数据化实战提供强力支撑。

1. 强化监测预警、批量挖掘线索

监测和分析经济运行领域，深度挖掘不同犯罪行为，总结经济犯罪数据特征，建立监测犯罪预警类罪模型，开展多维数据关联分析，批量挖掘经济犯罪线索，如通过不法分子设立空壳公司、采取网银转账等方式协助他人，将对公账户非法转移到对私账户、套取现金等行为的监测，可以发现非法支付结算犯罪；依据账户交易金额大、交易对众多、资金快进快出、账户不留余额、频繁更换账户等特征，可证明地下钱庄犯罪等。

2. 支撑侦查实践、实现智能研判

实现经济犯罪侦查工作从个案侦办，转到从宏观的、中观的、微观的数据层面来研究犯罪规律、趋势，以数据流推动业务流、再造管理流，通过数据穿透、迭代，可以发现虚开增值税专用发票案件的资金回流通道；通过资金交易、流动、归集、分散的方式和途径，发现非法集资案件集资账户、返利账户、资金沉淀账户等，实现主动、精确、集约打击，改革创新案侦工作理念。

3. 完善机制体制、服务领导决策

数据分析发现的立法、监测漏洞和管控缺位等方面可通过立法建议、监管意见等方式提出，建立"用数据说话、用数据决策、用数据管理、用数据创新、用数据引领警务实战化、用数据引领警务现代化"的工作新机制。

6.5.2 整合经侦情报大数据库

提高信息共享，完善数据库。随着我国公安信息库的不断扩大，覆盖面也越来越广泛，能够满足大数据分析的基本要求，但是也存在着一些不足，公安机关作为社会管理的政府职能部门，与其他政府职能部门间的信息共享存在一定的滞后性与局限性，与工商、银行、税务、审计等多部门之间的数据库沟通共享需要进一步加强，同时公安机关要充分利用市场发展产生的各类数据库，努力加强与阿里巴巴、腾讯、网易、华为等企业的合作，简化信息调取程序，让市场信息数据库为打击犯罪所用。目标是着力打通"一横一纵"数据通道，构建以经济专业数据为显著标志的经侦大数据。"一横"即经济专业数据通道，与中国反洗钱监测分析中心、银保监会、银联公司、网联公司等合作，实现资金查控全手段的集成应用；并同步打通证券、票据、税务、外汇、海关等8类经济专业数据通道，实现经济专业数据海量汇集。"一纵"即各地公安警务数据通道，完成了经侦业务系统与地方警综平台对接，推动了经济数据与警务数据的"合成反应"，形成数据共享、互联互通、业务协同的集约化、智能化、效能型的公安大数据基座，开创"由数到人""由数到案"的新型模式，成为办案新方向。

6.5.3 打造经侦数据化研判平台

推动"1+N"工程建设，"1"即建成上线"经侦应用云"，"经侦应用云"作为一站式情报导侦平台，"经侦应用云"平台集成了云端指挥调度、数据查询通道、数据处理应用、数据存储管理应用、管理应用维护等在内的主体功能，不仅整合了全国经侦资源，还盘活了沉淀数据，破除了各地数据壁垒，通过"经侦应用云"提请专业数据查询、应用云上模型工具开展情报导侦，已成为全国经侦民警研判专案研判的主要方式。"N"即经侦类罪模型和工具，研究制定数据武器谱系图，强化全国经侦模型工具序列顶层设计，通过各类类罪模型和各类实战工具，形成资金穿透、企业基因测序、非法财务软件识别锁定"三大技术"。

6.5.4 推动数据导侦实战化练兵，适时开展集群战役

紧盯数据导侦核心战斗力的提高，积极打造"比战训"相结合的能力提升模式，全面提升经侦部门实战能力水平。坚持实战导向，深入开展宏观战略研判工作，实现了分领域研判到全领域研判的拓展、战术研判到战略研判的跃升，坚持"全警参与、全域赋能"方针，洞察风险，把握规律，服务防范化解重大风险工作大局。

针对互联网金融犯罪团伙跨区域、产业化、链条化、集团性发展态势，侦查部门要主动经营，适时发动集群战役。配合证监会、基金业协会、互联网金融协会的每年一度的专项检查，适时开展打击网络非法集资行业乱象专项行动。要坚持以打开路，以打促治，以打促防，一方面，要积极会同行政监管部门，惩戒一批失信人员；另一方面，要根据互联网金融协会提出的及

战略研判生成的高危机构名单及实际控制人和高管名单，综合采取多种措施，强化侦查打击，用足用好法律，挂牌督办重点案件，集中抓获一批以网络非法集资手段非法集资、集资诈骗等行为的违法犯罪团伙，坚决打出声威，打出实效。网络非法集资犯罪进行集群战役的优势在于能根据其流动性广的特点统筹全国优势侦查力量，整合所有涉案地公安机关的优势侦查资源，也利于跨区域的线索经营、落地查证、信息共享，具有跨区域特征的互联网金融犯罪侦查适合多警种协同作战和推进集群战役。

6.5.5 重视采集电子物证

不同类别的经济犯罪案件侦查要使用不同的技术战法，在网络非法集资犯罪案件的侦查中应重视计算机犯罪现场勘验采集电子物证，主动开展技术侦查，提高电子证据的提取、判断、鉴定、固定技术能力，这是至关重要的，尤其要加以重视。大数据分析能够有效解决风险型经济犯罪案件侦办过程中取证难的问题。能够为案件定性、案件侦破提供有力支持。

网络非法集资犯罪归根结底是一种信息犯罪。侦查部门应充分利用各类信息资源，通过情报信息收集、分析和研判等方式，完成打击犯罪的全部调查取证工作。侦查中各警种要协同作战，强化现场勘查技术，提高电子证据提取、鉴定、固定等技术水平和审查判断能力。由于互联网金融犯罪几乎都没有可直接感知的物理犯罪现场，在犯罪时间上也并不同现实世界的时间一一对应，侦查破案更不像传统刑事案件一样可进行物理现场勘查。但是互联网金融犯罪案件在计算机上、互联网空间会遗留信息痕迹，侦查人员可通过犯罪分子使用的计算机、存储介质、手机、扫描仪、笔记簿等发现大量的电子证据，分析判断案件性质，划定侦查方向和范围。另外电子证据易被篡改和销毁，故侦查人员应特别讲究提取、固定、保存、鉴定证据的方法；对因犯罪而产生的计算机系统运算过程、测试结果等，要及时做出计算机勘验检查笔录；对与犯罪相关的程序代码、病毒代码等，要由专业机构制作鉴定结论；要深入检查、分析电子数据，及时通过利用数据挖掘技术搜寻、筛取数据库中的犯罪信息。[1]互联网金融犯罪分子具有一定的计算机技术基础，有的

---

①杨瑜拥，刘显鹏：《电子数据收集程序探析》，载《交通大学学报》2014年第1期。

还精通大数据、云计算，因此侦办互联网金融案件能否取得成功，在很大程度上取决于侦查人员与犯罪分子侦查与反侦查的技术较量。为了抢占取证技术的制高点，起到对互联网金融犯罪实施有效打击的效果，侦查中的经侦和网侦要密切合作，及时引入技术手段和网络信息挖掘技术等展开犯罪侦查。

参考文献

论文类

1. 彭冰：《非法集资活动规制研究》，载《中国法学》2008年第4期。

2. 熊迟：《处置非法集资问题探析》，载《中国证券期货》2012年第11期。

3. 黄韬：《刑法完不成的任务——治理非法集资刑事司法实践的现实制度困境》，载《中国刑事法杂志》2011年第11期。

4. 丁建臣，刘亚娴：《非法集资与金融制度》，载《社会科学辑刊》2012年第6期。

5. 闵衫，朱亮：《非法集资类案件实证研究——以江苏省S市数据为基础》，载《中国刑事法学杂志》2013年第1期。

6. 赵文聘：《公司+网络+传销：非法集资犯罪的新模式及预防》，载《犯罪与改造研究》2014年第10期。

7. 单丹，王铼：《大数据在网络非法集资案件侦查中的应用》，载《中国人民公安大学学报（社会科学版）》2017年第4期。

8. 苏培添：《"互联网+"背景下的金融犯罪问题》，载《赤子》2016年第11期。

9. 刘品新：《网络犯罪证明简化论》，载《中国刑事法杂志》2017年第6期。

10. 白阳：《"e租宝"非法集资案真相调查》，载《中国刑事法杂志》2017年第6期。

11. 褚非：《强化科技赋能，打击非法集资》，载《中国银行业》2020年第9期。

12. 刘枧，李淞，余先锋等：《平安风险实时防控系统在公安警务大数据中的研究与应用》，载《中国人民公安大学学报（自然科学版）》2017年第2期。

13. 王昱，盛阳，薛星群：《区块链技术与互联网金融风险防控路径研究》，载《科学学研究》2021年第4期。

14. 王铼，胡锦鑫：《论网贷平台非法集资犯罪的打击侦办技战法》，载《山东警察学院学报》2017年第4期。

15. 孔庆波，闫宏伟：《P2P网贷平台违法违规运营排查途径探讨》，载《福建警察学院学报》2016年第2期。

16. 潘璐：《论网贷平台非法集资的数据化排查方法》，载《山东警察学院学报》2018年第5期。

17. 曾辉：《基于数据挖掘的银行个人客户信用评分模型的研究》，载《对外经济贸易大学学报》2007年第4期。

18. 戴新福，胡斌勇，袁维：《互联网金融发展现状与经济犯罪风险防范》，载《上海公安高等专科学校学报》2015年第4期。

19. 谢平，邹传伟，刘海二：《互联网金融监管的必要性与核心原则》，载《国际金融研究》2014年第8期。

20. 刘宪权：《互联网金融股权众筹行为刑法规制论》，载《法商研究》2015年第6期。

21. 谢平：《互联网金融的现实与未来》，载《新金融》2014年第4期。

22. 赵鹞：《Fintech的特征、兴起、功能及风险研究》，载《金融监管研究》2016年第9期。

23. 李文红，蒋则沈：《金融科技（FinTech）发展与监管：一个监管者的视角》，载《金融监管研究》2017年第3期。

24. 周茂清：《互联网金融的特点、兴起原因及风险应对》，载《当代经济管理》2014年第10期。

25. 薛紫臣：《互联网金融流动性风险的成因和防范》，载《中国发展观察》2016年第12期。

26. 李丽萍：《互联网非公开股权融资法律风险及防范逻辑》，载《西南金融》2017年第8期。

27. 姚蔚子：《金融隐私保护与征信制度国内研究综述》，载《时代金融》2016年第21期。

28. 罗小玲：《互联网金融犯罪与防控对策研究》，载《中共乐山市委党校学报》2016年第3期。

29. 陈新月：《互联网金融形势下集资类犯罪存在的问题及建议》，载《成都理工大学学报》2016年第2期。

30. 袁勇，王飞跃：《区块链技术发展现状与展望》，载《自动化学报》2016年第4期。

31. 黄辛，李振林：《互联网金融犯罪的刑法规制》，载《人民司法（运用）》2015年第5期。

32. 杨瑜拥，刘显鹏：《电子数据收集程序探析》，载《交通大学学报》2014年第1期。

33. 张影：《P2P网贷债权转让模式的法律风险与防范》，载《哈尔滨商业大学学报（社会科学版）》2015年第2期。

34. 王拓：《P2P网贷平台非法吸收公众存款行为的司法认定》，载《中国检察官》2016年第1期。

35. 赵铭，刘佳佳，苗晋瑜等：《我国P2P借贷信息服务平台发展模式研究》，载《科技促进发展》2016年第2期。

36. 杨东，苏伦嘎：《股权众筹平台的运营模式及风险防范》，载《国家检察官学院学报》2014年第4期。

37. 邓建鹏：《互联网金融时代众筹模式的法律风险分析》，载《江苏行政学院学报》2014年第3期。

38. 许多奇：《论股权众筹的法律规制——从"全国首例众筹融资案"谈起》，载《学习与探索》2016年第8期。

39. 何东，卡尔·哈伯梅尔，罗斯·莱科等：《虚拟货币及其扩展：初步思考》，载《金融监管研究》2016年第4期。

40. 张力：《比特币的风险及其监管》，载《经济师》2016年第8期。

41. 冯涛，张翠芳：《虚拟货币洗钱风险研究及监管对策——基于FATE监管指引视角》，载《西部金融》2016年第6期。

42. 王展：《区块链式法定货币体系研究》，载《经济学家》2016年第9期。

43. 张锐：《基于区块链的传统金融变革与创新》，载《国际金融》2016年第9期。

44. 霍学文：《区块链——未来金融战略制高点》，载《首都金融》2016年第28期。

45. Financial Stability Board, Fintech: Describing the Landscape and a Frame work for Analysis, Research Report, 2016.

46. U. S. Department of Treasury, Opportunities and Challenges in On line Marketplace Lending, Research Report, 2016.

47. Michael, S., Facilitating Innovative Fintech Business-A Regulator's Perspective, SSRN, 2015.

48. Weiss G. N., Pelger K., Horsch A., Mitigating adverse selection in P2P lending-empirical evidence from Prosper. com, Social Science Electronic Publishing, 2010.

49. Bachmann, A. et al., Online Peer-to-peer Lending: A Literature Review, Journal of Internet Banking and Commerce, 2011.

50. Freedman, S., Jin, G.Z., Dynamic Learning and Selection: The Early Years of Prosper, Working paper, University of Maryland, 2008.

51. Ibrahima N., Verliyantina D., The Model of Crowdfunding to Support Small and Micro Businesses in Indonesia Through a Web-based Platorm, Procedia Economics and Finance, 2012.

52. Tarazi, M., P. Breloff, Nonbank E-Money Issuers: Regulatory Approaches to Protecting Vustomer Funds, CGAP Focus Note, 2010.

53. Barber, S., X.Boyen, E. Shi and E. Uzun, Bitter to Better——How to Make Bitcoin a Better Curreney, Financial Cryptography and Data Security, Hei Commerce, 2011.

书籍类

1. 马克思，恩格斯：《资本论》，人民出版社，1975年。

2. 邓小平：《邓小平文选（第3卷）》，人民出版社，1993年。

3. 单丹：《网络非法集资案件侦查研究》，中国人民公安大学出版社，2019年。

4. 杨东，文诚公：《互联网金融风险与安全治理》，机械工业出版社，2016年。

5. 袁小萍：《网络借贷非法集资犯罪风险侦防对策研究》，中国人民公安大学出版社，2015年。

6. 郭华：《互联网金融犯罪概说》，法律出版社，2015年。

7. 刘永斌：《法律风险防范实务指导》，中国法制出版社，2015年。

8. 张明楷：《诈骗罪与金融诈骗罪研究》，清华大学出版社，2006年。

9. 陈瑞华：《刑事证据法学》，北京大学出版社，2012年。

10. 刘平，高一兰：《实用金融科技教程》，中国金融出版社，2020年。

11. 赵海军等：《互联网金融实务与创业实践》，经济科学出版社，2018年。

12. 刘丹：《经济犯罪预警》，中国人民公安大学出版社，2018年。

13. 徐理虹，林玮，钱小鸿等：《智慧金融》，清华大学出版社，2018年。

14. 刘丹：《经济犯罪预警》，中国人民公安大学出版社，2018年。

15. 宿玉海，徐立：《山东P2P网络借贷平台风险及对策研究》，齐鲁书社，2018年。

16. 谢平，邹传伟：《网络借贷与征信》，中国金融出版社，2017年。

17. 冷雨泉，张会文，张伟：《机器学习入门到实战——MATLAB实践应用》，清华大学出版社，2019年。

18. 刘志硕，郭海峰，张杰：《股权众筹：创业融资指南》，机械工业出版社，2017年。

19. 刘飞宇：《互联网金融法律风险防范与监管》，中国人民大学出版社，2016年。

20. 郭华：《非法集资的认定逻辑与处置策略》，经济科学出版社，2016年。

21. 陈小辉，陈富节，陈文：《互联网金融全面风险管理手册》，电子工业出版社，2017年。

22. 刘燕：《金融犯罪侦查热点问题研究》，知识产权出版社，2014年。

23. 毛玲玲：《金融犯罪的实证研究——金融领域的刑法规范与司法制度反思》，法律出版社，2014年。

24. 陶晓华，曹国岭：《互联网金融风险控制》，人民邮电出版社，2016年。

25. 邓建鹏，黄震：《互联网金融法律与风险控制》，机械工业出版社，2014年。

26. 张明楷：《刑法学》，法律出版社，2016年。

27. 徐忠，孙国峰，姚前等：《金融科技：发展趋势与监管》，中国金融出版社，2017年。

28. BR互联网研究院：《互联网金融报告2017——金融创新与规范发展》，中国经济出版社，2017年。

29. 李东荣：《互联网金融蓝皮书——中国互联网金融发展报告2018》，社会科学文献出版社，2018年。

30. 中国互联网金融安全课题组：《中国互联网金融安全发展报告2016》，中国金融出版社，2017年。

31. 高铭暄：《刑法学》（第八版），北京大学出版社，2017年。

32. 徐明星，刘勇，段新星等：《区块链：重塑经济与世界》，中信出版社，2016年。

33. 张玉鲲：《非法集资犯罪的理论与司法实践》，中国检察出版社，2016年。

34. ［美］阿尔文德·纳拉亚南，约什·贝努，爱德华·费尔屯等：《区块链：技术驱动金融，数字货币与智能合约技术》，中信出版社，2016年。

35. Shiller, J. Robert, Finance and the Good Society, Princeton University Press, 2012.

36. Knight, F.Risk, Uncertainty and Profit, Boston, Houghtom Mifflin, 2006.